KB265562

조선 전기의 입양과 가족제도

조선 전기의 입양과 가족제도

박 경

이화여자대학교 인문대학 사학과를 졸업하고, 같은 대학원에서 석·박사학위를 받았다. 이화여대, 덕성여대 등에서 강의했고, 현재 이화여자대학교 한국문화연구원 HK연구교수로 재직하고 있다. 주요 논문으로는 「조선전기 친속 용은(容隱) 규정의 수용과 그 의미」(『역사와 현실』 75, 2010), 「조선전기 棄妻 규제 정책의 영향과 한계」(『사학연구』 98, 2010), 「살옥(殺獄) 판결을 통해 본 조선후기 지배층의 부처(夫妻) 관계상」(『여성과 역사』 10, 2009), 「自賣文記를 통해 본 조선후기 하층민 가족의 가족질서」(『고문서연구』 33, 2008) 등이 있다.

이화연구총서 12

조선 전기의 입양과 가족제도

박 경 지음

2011년 8월 30일 초판 1쇄 발행

펴낸이 · 오일주
펴낸곳 · 도서출판 혜안

등록번호 · 제22-471호
등록일자 · 1993년 7월 30일

⑨ 121-836 서울시 마포구 서교동 326-26번지 102호
전화 · 3141-3711~2 / 팩시밀리 · 3141-3710
E-Mail hyeanpub@hanmail.net

ISBN 978-89-8494-428-2 93910

값 24,000 원

이화연구총서 12

조선 전기의 입양과 가족제도

박 경 지음

혜안

이화연구총서 발간사

이화여자대학교 총장 김 선 욱

125년의 역사와 정신적 유산을 가진 이화여자대학교는 '근대', '여성', '교육'이라는 측면에서 한국 사회에 매우 괄목할 성취로 사회의 많은 분야에 변화를 주도해 왔습니다. 우리 이화여자대학교는 이러한 역사와 전통을 바탕으로, 연구와 교육의 수월성 확보라는 대학 본연의 과제에 충실하려 노력하고 있습니다. 구체적으로 국내외 학문적 상호 협력의 연구공동체 거버넌스 구축을 비전으로 삼아, 상호 협력하는 개방적이고 민주적인 소통을 지향하며 다양한 포럼과 학문의 장 안에서 서로의 경험과 성과를 나누는 체계를 지향합니다. 아울러 다문화, 다언어의 역량을 갖추고 세계와 협력 · 경쟁하면서 타문화를 배려하는 나눔과 섬김의 이화 정신과 가치를 세계 속에 구현하려 합니다.

열린 학문 공동체 안에서 이화의 교육은 한 개인의 역량을 강화하는 데 머무는 것이 아니라 타인과 약자, 소수자에 대한 배려 의식, 다른 사람과 소통하는 공감 능력을 갖춘 여성의 배출을 목표로 합니다. 이러한 교육 속에서 이화인들의 연구는 무한 경쟁의 급박한 현실에 안주하지 않고, 섬김과 나눔이라는 이화 정신과 닿아 있는 21세기 우리 사회와 세계가 요구하는 사회적 책무를 다하려 합니다.

학문의 길에 선 신진 학자들은 새로운 시대정신과 도전 정신을 바탕으로 창의력 있는 연구 방법과 새로운 연구 성과를 낼 수 있는 든든한 이화의 자산이자 미래입니다. 따라서 신진 학자들에게 주도적인 학문 주체로서 역할에 대한 기대가 매우 큽니다. 또한 그들로부터 나오는 과거를 토대로 새로운 것을 創造하는 '法古創新'한 연구 성과들은 가까이는 학계의 발전을 이끌어 내고, 나아가 '변화'와 '무한경쟁'으로 대변되는 오늘의 상황을 발전적으로 끌어갈 수 있는 저력이 될 것입니다.

이제 이화가 글로벌 지성 공동체로 자리 매김하기 위해서는 이 학문 후속세대를 위한 지원과 연구의 장을 확대할 필요가 있습니다. 이에 따라 이화여자대학교 한국문화연구원에서는 창조적인 도전 정신으로 학문의 방향을 이끌어 갈 학문후속세대를 지원하기 위해 '이화연구총서'를 간행해 오고 있습니다. 이 총서는 최근 박사학위를 취득한 신진 학자들의 연구 논문 가운데 우수논문을 선정하여 발간하는 것입니다. 총서의 간행을 통해 신진 학자들의 논의가 보다 많은 사람들에게 제공되어 이들의 연구 성과가 공유될 수 있는 기회를 줌으로써, 이들이 미래의 학문 세계를 이끌 주역으로 성장하는 데 도움을 주고자 합니다.

앞으로도 '이화연구총서'가 신진 학자들이 한발 더 높이 도약할 수 있는 발판이 되기를 희망합니다. '이화연구총서'의 발간을 위해 애써주신 연구진과 필진 그리고 한국문화연구원의 원장을 비롯한 모든 연구원들의 노고에 진심으로 감사드립니다.

책머리에

'유교가 조선시대 국가, 사회, 개인의 의식을 어떠한 방식으로 지배해나갔는가?' 현재 필자는 이 질문에 대한 답을 얻고자 연구를 진행하고 있다. 여기에서 유교는 경전에 나타난 유교가 아니라 조선 사회의 필요성에 의해 재구성된 유교를 의미한다. 이러한 연구 목표는 석사·박사학위 논문을 작성하고, 이를 바탕으로 문제의식을 키워나가면서 자리잡게 되었다. 1997년 필자는 조선시대 여성의 의식과 생활을 연구하고자 석사과정에 입학하였다. 그런데 점차 여성의 생활이 제도와 관습, 위정자들의 인식 등 당시의 사회상과 유기적인 관계를 가지고 있다는 점을 인식하게 되었고, 여성을 둘러싼 가족, 친족, 지역사회, 국가의 체제, 관습 등의 문제로 관심 영역이 확대되었다. 물론 이 모든 것은 유교 이념과 불가분의 관계를 가지고 있었다. 이에 따라 석사·박사학위 논문도 여성의 삶에 큰 영향을 미쳤던 제도, 관습, 사회상 등을 설명해 줄 수 있는 주제를 선택하였다. 석사 논문에서는 조선 전기 적첩(嫡妾)의 문제를 제도를 중심으로 다루었고, 박사 논문에서는 조선 전기의 입양 형태인 수양(收養), 시양(侍養), 입후(立後)의 실상을 살펴보았다.

이 책은 필자의 박사 논문인 『조선 전기 收養·侍養의 실태와 立後法의 정착』을 수정·보완한 것이다. 조선 왕조가 500년이 넘는 긴 세월동안 지속되었던 만큼 시기별로 사람들의 의식과 사회상에 많은 변화가 있었다.

그럼에도 불구하고 그 변화상이 구체적으로 밝혀져 있지 않은 부분들이 있다. 입양 형태도 그러한 부분들 중 하나였다. 입후를 조선의 대표적인 입양 형태로 인식하였고, 상대적으로 다른 입양 형태에 대해서는 크게 주목하지 않았던 것이다.

조선 건국 이전부터 존재했던 입양 형태이자 조선 전기, 특히 15세기에 성행했던 수양, 시양의 관행에는 이 시기의 가족·친족관계는 물론이고 당시의 사회상이 잘 반영되어 있었다. 부처(夫妻) 양측의 친족 뿐 아니라 혈연관계가 없는 타인(他人)까지 수양, 시양의 대상이 되었다. 또한 양육이나 봉사를 위해 양자녀를 삼는 사례에서 출세나 경제적 이익을 바라며 양부모, 양자녀 관계를 맺는 사례에 이르기까지 수양·시양자녀 입양 목적이 매우 다양하게 나타났다. 유교적 사회질서가 정착되어 가면서 이러한 자유로운 양부모, 양자녀 관계 형성이 점차 위축되어갔기 때문에 15세기의 이러한 입양 실태는 조선 전기의 사회상을 이해하는 데 중요한 연구대상이 될 수 있다. 한편, 조선 전기는 유교적 사회질서를 정착시키기 위한 제도들이 제정되고 장려되던 시기였다. 조선 초 가족 정책에서 중요한 위상을 차지하였던 유교적 제사 형태 정착이라는 과제와 밀접한 관련이 있는 입후법의 제정과 이 법의 정착 과정은 조선 사회에 유교적 사회질서가 어떠한 방식으로 정착되었는지를 알려준다. 따라서 필자는 이 책에서 이러한 조선 전기의 입양 형태를 통해 당시의 가족·친족관계뿐 아니라 이 시기 유교적 사회질서의 정착 과정을 살펴보고자 하였다.

이 책의 일부는 박사학위 논문을 완성하기 전 3편의 논문으로 발표된 바 있다. 2005년 8월 『고문서연구』 27호에 「조선 전기 收養·侍養자녀의 입양 형태─16세기 分財記에 나타난 입양 형태의 변화를 중심으로─」를 발표하였는데, 그 주요 내용을 이 책 Ⅵ장 2절 '봉사(奉祀)에 대한 인식 변화와 입양의 양상'에 수정 수록하였다. 2006년 3월 『역사와현실』 59호에

「15세기 立後法의 운용과 繼後立案」을 발표하였는데, 그 주요 내용을 이 책 V장 1절 '입후법의 제정', 2절 '입후법 시행의 법제적 기반 마련'에 수정 수록하였다. 2006년 9월『조선시대사학보』38호에 「15세기 王子女, 權勢家子女 入養의 성격」을 발표하였는데, 이 책 Ⅳ장 3절 '유력자(有力者)와의 교결'에 그 주요 내용을 수정 수록하였다. 또한 Ⅱ장 1절 '고려말의 입양 관행' 중 '혈연관계가 없는 타인(他人) 입양' 항목의 내용 중에 이 논문의 일부분을 수정 수록하였다. 그리고 이 논문들이 박사학위 논문을 완성하기 전 문제의식을 발전시켜 나가던 과정에서 작성되었던 논문이었던 만큼 이 논문들에서 가졌던 문제의식이 이 책의 내용에도 부분적으로 반영되어 있음을 밝혀두고자 한다.

박사학위를 받은 후 형정(刑政) 운용, 자매(自賣), 상속 등의 주제로 조선시대 가족·친족관계에 작용하였던 이념과 지배층의 논리를 파악하기 위한 연구를 진행해 왔다. 그리고 한편으로 조선 후기의 입후, 수양, 시양의 실태를 보다 세밀하게 장기적으로 연구할 필요성을 인식하고 있다. 이 책의 출간을 계기로 이에 대한 연구 또한 심층적으로 진행하고자 한다.

박사학위 논문을 집필하고 책을 출간하기까지 많은 선생님들의 지도와 격려, 조언을 받았다. 지도교수님이신 이배용 선생님께서는 필자가 역사 연구에 대한 호기심을 발전시켜 연구자의 길로 들어설 수 있도록 격려하며 이끌어주셨다. 또한 어렵게 느껴졌던 역사 연구에 자신감을 가지고 차근차근 공부해 갈 수 있도록 배려하고 지도해주셨다. 김영미, 이영춘, 권오영, 백옥경 선생님께서는 필자의 미진한 논문을 세심하게 지적해주고, 연구주제에 대해 더 깊이 성찰할 수 있도록 도와주셨다. 김인걸, 한상권, 김현영, 양진석, 김경숙 선생님을 비롯한 한국역사연구회 고문서반 반원들은 박사논문이 완성될 수 있도록 조언과 격려를 아끼지 않으셨다. 국사편찬위원회 연수과정에서 초서와 고문서를 지도해 주신 박병호 선생님께서는 부족한 필자가 한 걸음씩 나아갈 때마다 격려하고 북돋워 주셨다. 강영심, 남미혜, 이방원, 김수자, 김은정 선배님 등 이화여대 사학과 선후배님들의 조언은 학위논문을 집필하고 연구를 진행하는 데 큰 힘이 되어주셨다.

이 모든 분들께 이 책을 출간하는 자리를 빌어 진심으로 감사드린다.

이화여대 한국문화연구원에서 이화연구총서로 출간할 수 있도록 해 주신 것에 감사드린다. 또한 교정과 편집을 위해 애써주시고 책이 출간되기까지 도와주신 김태규 실장님을 비롯한 도서출판 혜안 가족들께도 고마움의 인사를 전한다.

필자가 연구자의 길을 걷는데 부모님이 가장 큰 힘이 되어주셨다. 연구를 핑계로 자식의 도리를 다하지 못하는 딸자식을 너그럽게 이해해주시고, 항상 든든한 버팀목이 되어주시는 부모님께 이 책을 바친다.

목 차

이화연구총서 발간사 5

책머리에 7

Ⅰ. 머리말 15

　1. 연구 현황 및 연구의 필요성 15

　2. 연구 방향 25

Ⅱ. 15세기 수양, 시양 관련법의 제정 29

　1. 고려의 입양 관행 29

　　1) 부처(夫妻) 양측 친족의 입양 29

　　2) 혈연관계가 없는 타인(他人)의 입양 38

　2. 수양, 시양 관련법의 제정 43

　　1) 법 제정의 배경 43

　　2) 법의 내용 46

　3. 수양, 시양 관련법의 성격 59

Ⅲ. 15세기 친족 관념과 수양·시양자녀 입양의 대상 66

　1. 부처(夫妻) 양측 친족의 입양 66

　　1) 입양의 범위 66

　　2) 입양의 주체 72

　　3) 친족관계, 상속 관행과 입양 대상의 선정 76

　2. 혈연관계가 없는 타인(他人)의 입양 84

3. 입양 대상 선정의 특징 89

Ⅳ. 15세기 수양·시양자녀 입양의 목적과 양부모, 양자녀 관계 92

1. 양육, 봉양, 봉사 92

  1) 양육 96
  2) 봉양 및 봉사자 선택 100

2. 가족의 화합과 안정 104

  1) 왕실의 사례 107
  2) 민가(民家)의 사례 115

3. 유력자(有力者)와의 교결(交結) 118

  1) 왕자녀 입양 118
  2) 권세가 자녀 입양 128

4. 수양, 시양의 성격과 양부모, 양자녀 관계 138

Ⅴ. 입후법의 제정과 15~16세기의 입후 장려 정책 144

1. 입후법의 제정 144

  1) 입후법 제정의 배경 144
  2) 입후법의 제정과 정비 146

2. 입후법 시행의 법제적 기반 마련 154

  1) 입후의 행정 절차 154
  2) 계후자(繼後子) 위상의 강화 162

3. 입후 정착을 위한 정부의 시책 167

  1) 왕명에 의한 입후 167
  2) 법외입후(法外立後)의 부분적 허용 170

Ⅵ. 16세기 수양·시양자녀 입양 형태의 변화와 입후의 증가 177

1. 입후와 기존 관행의 갈등과 공존 177

  1) 입후 정착의 제약 요인-친족관계, 재산상속 관행, 봉사 관행 177
  2) 입후와 기존 관행의 절충 181

2. 봉사(奉祀)에 대한 인식 변화와 입양의 양상 189

  1) 수양·시양자녀 입양 대상의 변화 189

   2) 부측(夫側) 친족 입양의 목적   194

 3. 입후의 증가 양상   199

   1) 안정적 봉사자(奉祀者) 확보의 바람과 입후의 양상   199

   2) 첩자 승중(承重)의 기피와 입후의 양상   201

Ⅶ. 맺음말   205

부록 : 15, 16세기 양자녀 재산 증여 관련 고문서   221

  1. 승니 장씨가 수양녀 박씨에게 노비를 허여한 문기와 사급 입안(斜給立案)   222

  2. 김효지 처 황씨가 계후자, 수양녀, 시양녀 등에게 노비를 허여한 문기와 사급 입안   224

  3. 김효지 처 황씨가 계후자, 수양녀, 시양녀에게 가사(家舍)와 전답(田畓)을 허여한 문기와 사급 입안   229

  4. 김효원 처 오씨가 수양자 김연에게 노비와 전답을 허여한 문기와 사급 입안   231

  5. 권통 처 전씨가 시양자 권주에게 노비와 전답을 허여한 문기와 사급 입안   237

  6. 권사수와 처 금씨가 시양자 권벌에게 노비와 전답을 별급한 문기와 사급 입안   242

  7. 이계세가 수양여서 김연에게 노비를 별급한 문기   246

  8. 김채 처 김씨가 시아버지의 수양자 김연에게 노비를 허상(許上)한 문기   247

  9. 손중돈 처 최씨가 수양여서 손광서에게 노비와 전답을 허여한 문기와 사급 입안   248

  10. 이반 처 김씨가 시양자 이용에게 노비, 전답, 가사를 허여한 문기와 사급 입안   252

  11. 김부필과 처 하씨가 수양자 노미에게 노비, 전답, 가사를 허여한 문기와 사급 입안   255

  12. 이언적의 첩 임씨가 수양자 이의윤 등에게 노비와 전답을 허여한 문기   260

 참고문헌   263

 찾아보기   270

표 목차

〈표 Ⅱ-1〉 15세기 수양·시양자녀의 법정 상속분의 변화 (자녀가 없는 경우)　51
〈표 Ⅱ-2〉『경국대전』에 규정된 가족 유형별 수양·시양자녀의 상속분　52
〈표 Ⅱ-3〉『대명률직해』에 나타난 '수양(收養)'의 사례　61
〈표 Ⅲ-1〉 15세기 친족 입양의 경향　67
〈표 Ⅲ-2〉 15세기 혈연관계가 없는 타인(他人)의 입양 사례　85
〈표 Ⅳ-1〉 조선 전기 왕실 여성들의 왕자, 왕손 입양 사례　107
〈표 Ⅳ-2〉 조선 전기 외부인의 왕자녀 입양 사례　120
〈표 Ⅳ-3〉 조선 전기 권세가 및 권세가 자손의 입양 사례　129
〈표 Ⅳ-4〉 권세가 자녀 입양에 나타난 정략적 관계　134
〈표 Ⅴ-1〉 세종 19년 입후법과『을사대전』입후조의 비교　148
〈표 Ⅴ-2〉『경국대전』에 규정된 수양·시양자녀에 대한 양부 재산 상속분　165
〈표 Ⅵ-1〉 김효지 처 황씨의 노비 증여　183
〈표 Ⅵ-2〉 15세기 후반~16세기의 분재기에 나타난 입양 대상　190
〈표 Ⅵ-3〉 수양·시양자녀에 대한 재산 증여의 소종래(所從來)별 분류　192

Ⅰ. 머리말

1. 연구 현황 및 연구의 필요성

조선 건국 후 위정자들은 유교적 가족질서의 확립을 바탕으로 사회질서를
확립하고자 하였다. 양부모, 양자녀 관계에 관한 법도 이러한 정부 정책에
따라 제정되고 정비되었다. 조선의 위정자들이 추구한 이상적인 입양[1]

---

1) '수양'과 '시양'은 입양 대상이나 목적에 제한을 받지 않고 개인들의 합의에 의해
성립되는 관계였다. 한편 '입후'는 종법적(宗法的) 가계계승체제의 정착을 위해
제정한 입후법 규정에 따라 양자를 세워야 했고, 정부의 허가를 받아야 했다.
필자는 본서에서 수양, 시양, 입후가 모두 양부모, 양자녀 관계를 형성하는 것을
지칭한다는 점에서 이 세 경우 모두에 '입양'이라는 단어를 사용하였다. 그러나
이 세 입양 형태는 모두 현재의 입양과는 차이가 있다. 현재 입양은 법에 정한
기준과 절차를 따라야 성립된다. 그리고 입양이 성립된 후에는 양부모 및 양부모의
친족과 양자녀 사이에 친자녀와 동일한 친족관계가 형성된다. 법에서 정해진
기준과 절차를 따라야 하고, 자녀로서의 지위가 법으로 보장된다는 점에서는
입후가 현재의 입양의 의미에 가장 가깝다고 할 수 있다. 그러나 입후는 아들
없는 집안에서 종법적 가계계승자를 세우는 것으로 입양 대상과 목적이 엄격하게
제한되어 있었다는 점에서 현재의 입양과 차이가 있다. 한편 수양과 시양의 경우에
는 양부모, 양자녀 관계 성립의 요건을 규정한 법이 없었으며, 법적으로 그 안정성도
보장되어 있지 않았다. 따라서 수양, 시양, 입후를 현대의 용어인 '입양'으로 등치시
키기에는 무리가 있다. 입후에 대해서는 '계후자(繼後子)를 세운다', 수양, 시양의
관계 성립에 대해서는 '수양〈시양〉자녀로 삼는다', 혹은 '양부모, 양자녀 관계를
맺는다'와 같이 기술하는 것이 당시 수양, 시양, 입후의 성격을 그대로 전달할

형태는 아들 없는 사람이 조상의 제사를 받들고 가계를 계승하기 위해 부측(夫側) 동성 친족을 양자로 들이는 것이었다. 그러나 당시 현실 사회에서는 수양(收養), 시양(侍養)이라고 불리는 자유로운 입양이 행해지고 있었다.

본서에서는 15~16세기의 수양, 시양, 입후(立後)에 대해 살펴보고자 한다. 수양, 시양은 고려시대 관행이 계승된 입양 형태인데, 조선 건국 직후에 법제상으로 3세 이전의 아이를 입양하였으면 '수양', 3세가 넘은 사람을 입양하였으면 '시양'으로 구분되었다. 한편, 세종 19년(1437)에 입후법(立後法)이 제정되었는데, 이 법에 따라 부측(夫側) 동성 친족 중에서 가계계승자를 세우는 것을 '입후'라고 하였다. 이 중 15~16세기에 계층에 관계없이 주로 행해지던 입양 형태는 수양, 시양이었다. 그러나 조선 후기에 이르면 상류층에서 입후는 매우 중요한 위치를 차지하게 된 반면 수양, 시양은 거의 행해지지 않게 되었다.[2]

현재 많은 분야에서 조선 후기의 사회상이 조선 전체의 사회상으로 인식되고 있다. 입양도 이러한 부분 중 하나이다. 그런데 조선의 입양 풍속을 살펴보면, 시기에 따라 주요 입양 형태에 변화가 있었을 뿐 아니라 수양, 시양의 경우 입양 대상이나 목적 등이 시기에 따라 변화하였음을 알 수 있다. 그리고 이러한 변화는 조선시대 유교적 사회질서의 보급 및 정착 과정과 밀접한 연관을 가지고 있다. 따라서 입양 풍속은 조선 사회에서 유교 이념이 기존 풍속과 어떻게 공존하면서 정착되어 갔는가를 보여주는

수 있는 서술 방식일 것이다. 그러나 이러한 표현을 사용했을 때 문장이 매끄럽지 않은 경우가 많다. 따라서 부득이하게 수양, 시양, 입후에 모두 '입양'을 사용하였다.

[2] 17세기 후반에서 18세기 후반까지의 수양·시양자녀 입양에 관한 기록인 『수양시양등록(收養侍養謄錄)』을 분석한 박병호, 최재석은 『수양시양등록』에 기재된 양부모의 신분이 하급 양반 이하 양인층이 대부분이라고 하였다(朴秉濠(1973), 「異姓繼後의 實證的 硏究」, 『法學』 14-1 ; 崔在錫(1980), 「朝鮮時代의 養子制와 親族組織(下)」, 『歷史學報』 87). 이를 통해 조선 전기 상류층에서 성행하던 수양·시양자녀 입양이 조선 후기에는 상류층에서 거의 행해지지 않게 되었음을 알 수 있다.

좋은 예가 된다. 조선 전기 수양, 시양에 대한 연구를 통해서는 이 시기 기존 질서가 유교적 사회질서를 지향하는 정책과 어떠한 방식으로 공존하고 변모해갔는지를 파악할 수 있다. 그리고 입후에 대한 연구를 통해서는 조선 사회에서 어떠한 과정을 거쳐 유교적 가족질서가 정착되었는지를 알 수 있다.

그렇다면 조선 전기 수양, 시양 및 입후에 대한 선행 연구를 살펴보도록 하겠다.

조선의 수양, 시양, 입후에 관한 연구는 일제시기 조선총독부에서 조선의 풍속을 조사하는 자료 조사 차원에서 처음 시작되었다. 조선총독부에서 편찬한 『관습조사보고서(慣習調査報告書)』에서는 조선의 기본적인 입양 형태를 입후로 보고, 입후에 관한 법과 관행을 중심으로 기술하였다. 그리고 수양, 시양에 대해서는 수양자(收養子)는 수양부모에 대해 은의(恩義)상 상복을 입는 존재로, 시양자(侍養子)는 여자를 입양하는 것은 영리(營利)를 위해서, 남자를 입양하는 것은 노후에 의탁할 목적에서 나온 것으로 하류(下流)사회에서 보이는 풍습이라고 간단하게 설명하였다.3) 『조선의 제사상속법론서설(朝鮮の祭祀相續法論序說)』은 조선의 제사 풍속에 대한 조사서인 만큼 양자녀에 대해서도 봉사자로서의 계후자(繼後子), 시양자, 수양자를 다루었다. 따라서 입후법에 의해 세워진 계후자를 중심으로 서술하였고, 시양자, 수양자에 대해서는 이들을 봉사자로 삼았던 이유와 족손(族孫)을 후사로 삼는 것이 타당한지에 대한 한강(寒岡)과 우암(尤庵)의 논의를 짧게 수록하였다.4) 그리고 『이조의 재산상속법(李朝の財産相續法)』에서는 수양자녀, 시양자녀, 계후자에 대한 재산상속법제를 중심으로 기술하였다.5)

---

3) 統監府 法典調査局(1910, 1912), 『慣習調査報告書』, 조선총독부(정긍식(1992), 『國譯 慣習調査報告書』, 한국법제연구원 참조).

4) 野村調太郎 편(1939), 『朝鮮の祭祀相續法論序說』, 朝鮮總督府 中樞院.

5) 喜頭兵一(1936), 『李朝の財産相續法』, 朝鮮總督府 中樞院.

18

이렇게 일제시기 양자녀에 대한 연구는 조선의 풍속을 조사·정리하는 차원에서 이루어졌다. 따라서 조선 후기 주요 입양 형태인 입후를 중심으로 조사되었으며, 수양, 시양에 대해서는 단편적인 사실이나 법제를 기술하는 데 그쳤다.

광복 이후에는 연구가 구체화되었던 만큼 수양, 시양에 관한 연구와 입후에 관한 연구로 나누어 살펴보도록 하겠다. 먼저 수양, 시양에 관한 연구를 입양 대상에 대한 연구와 입양 목적에 대한 연구로 나누어 살펴보겠다.

수양·시양자녀 입양 대상에 대한 연구는 고려시대와 조선 전기에 외가, 처가와 가까웠다는 점, 부계(父系)와 모계(母系)를 구분하지 않는 혈연의식을 가지고 있었다는 점을 밝혔던 종래의 가족·친족관계 연구와 맥을 같이하고 있다. 그동안 혼인,6) 재산상속,7) 제사,8) 가계기록,9) 동성촌(同姓村)의 형성과 문중화 경향,10) 친족 용어와 친족 의식11) 등의 연구에서 고려와

---

6) 孫晋泰(1954), 「朝鮮 婚姻의 主要 形態인 率壻婚俗考」, 『朝鮮民族文化의 研究』, 을유문화사 ; 朴秉濠(1962), 「우리나라率婿婚俗에 由來하는 親族과 禁婚範圍 —母族·妻族을 中心으로—」, 『法學』 4-2 ; 金一美(1969), 「朝鮮의 婚俗變遷과 그 社會的 性格—李朝前期를 中心으로」, 『梨花史學研究』 4 ; 朴惠仁(1988), 『韓國의 傳統婚禮 研究—婿留婦家婚俗을 중심으로』, 고려대학교 민족문화연구소 ; 장병인(1997), 『조선전기 혼인제와 성차별』, 일지사 ; 이순구(1994), 「朝鮮初期 宗法의 수용과 女性地位의 변화」, 한국정신문화연구원 박사학위 논문 ; 장병인(2005), 「조선중기 혼인제의 실상—반친영(半親迎)의 실체와 그 수용여부를 중심으로—」, 『역사와 현실』 58.

7) 崔在錫(1972), 「朝鮮時代의 相續制에 關한 一研究—分財記 分析에 依한 接近—」, 『歷史學報』 53·54합집 ; 金容晩(1983), 「朝鮮時代均分相續制에 關한 一研究—그 변화요인의 역사적 성격을 중심으로」, 『大丘史學』 23 ; 李樹健(1991), 「朝鮮前期 社會變動과 相續制度」, 『歷史學報』 129 ; 文叔子(2004), 「조선시대 재산상속과 가족」, 경인문화사.

8) 鄭肯植(1996), 「朝鮮初期 祭祀承繼法制의 成立에 관한 研究」, 서울대학교 법학과 박사학위논문.

9) 宋俊浩(1980), 「韓國에 있어서의 家系記錄의 歷史와 그 解釋」, 『歷史學報』 87 ; 李樹健(1992), 「朝鮮前期 姓貫體系와 족보의 編纂體制」, 『水邨 朴永錫教授華甲紀念 韓國史學論叢』上 ; (1994), 「朝鮮後期 姓貫意識과 編譜體制의 변화」, 『九谷 黃鍾東教授 停年紀念 史學論叢』 ; 오영선(2001), 「조선초기 家系記錄에 대한 일고찰」, 『典農史論』 7.

조선 전기의 가족·친족구조는 조선 후기의 부계(父系) 중심의 가족·친족 구조와는 다르다는 점을 밝혔다.

입양 연구에서도 이성 양자(異姓養子)가 존재했다는 점에 일찍부터 주목하였다. 김두헌, 박병호, 이병수의 연구가 그러한 연구들로, 입후법 제정을 이성 입양 관행이 변화하는 계기로 파악하였다.[12] 이 중 김두헌은 입후법 제정을 계기로 이성 수양이 금지되었다고 하였다. 그러나 이는 입후법이 입후의 기준을 세운 법이고 이성 입양을 금지하는 법이 아니라는 점을 간과한 데서 나온 오해로 판단된다. 입후법의 성격에 대해서는 V장에서 자세히 살펴볼 것이다. 반면에 박병호는 입후법 제정으로 이성 양자의 법률상 계후자로서의 자격이 부정되었으나 그 이후에도 이성 양자가 존재하였다고 하였다. 또한 이성 양자가 조선 전기에 법제상으로 수양자와 시양자로 구별되었다는 점과 시양자에 동성(同姓)도 있었다는 점을 지적하고,『수양시양등록(收養侍養謄錄)』에 나타난 조선 후기의 수양·시양자녀 입양의 실태를 분석함으로써 수양, 시양에 대한 연구가 구체화될 수 있는 기반을 마련하였다.

최근에는 부측(夫側) 동성 친족인 양자를 동성 양자로, 이 외의 양자를 이성 양자로 구분하여 진행하였던 종래의 양자 연구에서 탈피하여 조선 전기에 부처(夫妻) 양측의 친족이 모두 입양 대상이 되었다는 연구가 행해졌

---

10) 鄭震英(1991),「조선후기 동성마을의 형성과 사회적 기능—영남지역의 한 두 班村을 중심으로—」,『韓國史論』21, 국사편찬위원회 ; 李海濬(1993),「朝鮮後期 門中活動의 社會史的 背景」,『東洋學』23 ; (1996),『조선시기 촌락사회사』, 민족문화사 ; (2003),「조선후기 '문중화'경향과 친족 조직의 변질」,『역사와 현실』48.
11) 李鍾書(2003),「14~16세기 韓國의 親族用語와 일상 親族關係」, 서울대학교 국사학과 박사학위논문 ; (2004),「'전통적' 계모관(繼母觀)의 형성과정과 그 의미」,『역사와 현실』51.
12) 金斗憲(1969),『韓國家族制度研究』, 서울大學校出版部 ; 朴秉濠(1973), 앞의 논문 ; 李丙洙(1981),「우리 나라의 異姓不養考」,『法史學研究』6.

다. Mark A. Peterson은 여성을 입양하거나 여성 쪽의 친족을 입양하는 일이 허용되었다는 점에서 조선 전기의 수양·시양자녀에 대하여 주목하였다.13) 그런데 Mark A. Peterson이 조선 후기의 주요 입양 형태인 입후와 비교하여 조선 전기에 다른 형태의 입양이 있었다는 현상을 언급하는 데 그친 데 비해 이종서는 조선 전기의 혈연 의식과 입양 관행을 연계하여 설명하였다. 그는 부(夫)와 처의 모든 계통의 혈족이 양자 입양 대상이 되었으며, 부처(夫妻) 중 일방의 혈족으로 양자가 된 사람은 혈연관계가 없는 타방(他方)의 계승자가 될 수 없었다는 점을 지적하였다. 이를 통해 16세기 이전의 양자 관행은 계통을 구분하지 않는 혈연의식에 근거한 것이었으며, 부(夫)의 부계친(父系親)을 입양하는 것만을 가계계승이라고 하는 조선 후기의 가계계승의 개념을 16세기 이전의 양자 입양에 적용시킬 수 없다고 하였다.14)

이렇게 조선 전기 수양·시양자녀 입양 대상에 대한 연구는 이성 양자의 존재를 규명하고자 하는데서 시작하여 조선 전기 계통을 구분하지 않는 혈연의식의 영향으로 부처(夫妻) 양측의 친족이 모두 입양 대상이 될 수 있었다는 점이 밝혀지는 데까지 이르렀다. 그러나 친족관계와 입양을 연계한 연구도 당시의 혈연의식을 설명하기 위한 예로 수양, 시양의 사례를 거론하였을 뿐이고, 본격적으로 당시 입양 대상 선정의 특징을 규명한 것은 아니다. 따라서 이에 대하여 본격적으로 분석할 필요가 있다고 판단된다. 그리고 필자는 이를 바탕으로 이 시기 가족·친족관계를 비롯한 당시 사회상을 살피고자 한다.

---

13) Mark A. Peterson(1996), *Korean Adoption and Inheritance—Case Studies in the Creation of a Classic Confucian Society*, New York : East Asia Program Cornell University(마크 피터슨 지음, 金惠貞 옮김(2000), 『유교사회의 창출—조선 중기 입양제와 상속제의 변화—』, 일조각).
14) 李鍾書(2003), 앞의 논문.

수양·시양자녀 입양 목적에 대한 연구는 다음과 같다. 김두헌은 고려시대의 이성 양자를 계사(繼嗣), 가계존속을 위한 것이라고 하였다.15) 박병호는 기본적으로 수양자나 시양자를 가계계승이나 봉사를 위한 것으로 보았다. 그리고 이외에 조선 후기『수양시양등록』의 사례를 통해 친적(親的) 본능의 충족이나 양육을 목적으로 한 입양이 있었을 것이라고 추측하였다.16)

이후 최재석은 고려시대의 양자가 가계계승을 위한 양자가 아니었다고 주장하였다. 그는『국조방목(國朝榜目)』과 묘지명의 사례 중 고려시대에 가계계승을 위한 양자 입양이 이루어진 사례가 없으며, 100여 종에 이르는 족보 조사에서도 고려시대에서 조선 전기에 이르기까지 장자(長子)의 가계가 단절되지 않은 족보는 하나도 없다고 하였다. 이를 통하여 고려시대에는 아들이 없더라도 가계계승을 위한 양자를 들이지 않았다고 하였다. 또한 『고려사』,『고려사절요』, 묘지명에 나타난 사례 연구를 통해 고려시대의 양자와 양녀가 가계계승과 관계가 없는 양자, 양녀였다고 하였다.17) 그런데 『국조방목』과 족보에는 대부분 입후법에 의해 세워진 계후자(繼後子)를 양자로 기록하였다. 따라서 특정 입양 형태에 대한 기록에 치중된 이 자료들의 분석만으로 양자를 가계계승을 위한 것으로 파악했던 이전 연구를 부정하기에는 한계가 있다. 그러나 고려의 상류층에서 가계계승과 관계없는 양자, 양녀가 있었다는 사실을 밝힌 것만으로도 양자가 가계계승을 위한 것이라고 인식하였던 기존 관념에서 탈피하는데 기여한 것으로 평가할 수 있을 것이다.

정긍식은 제사승계에 대한 연구에서 수양자와 시양자는 가계계승자, 즉 종법적 제사승계인이 될 수 없었다고 하였다. 또한 수양자와 시양자를 이성(異姓) 양자라고 규정하고, 가계계승과 제사승계를 목적으로 하는 양자

---

15) 金斗憲(1969), 앞의 책.
16) 朴秉濠(1973), 앞의 논문.
17) 崔在錫(1982),「高麗時代의 親族組織」,『歷史學報』94·95합집.

가 아니라 사후봉양(死後奉養)을 위한 양자라고 하였다. 그리고 시양자는 봉사를 위한 것이라기보다는 권력과 재물을 위한 것이라고 하였다.[18] 이 연구는 양자가 가계계승을 위한 것이라는 기존 견해에서 벗어나서 조선 전기에 사후봉양을 위한 양자와 권력과 재물을 위한 양자가 있었다는 점을 밝혔다는 점에서 의미가 있다. 그러나 부측(夫側)과 처측(妻側)의 동성(同姓) 및 이성(異姓) 친족, 부처(夫妻) 모두에 혈연관계가 없는 타인(他人)이 모두 그 대상이 될 수 있는 수양자와 시양자를 이성 양자로 규정하고, 일부의 사료를 통해 수양자를 사후봉양을 위한 양자로, 시양자를 권력과 재물을 위한 양자로 단정지은 부분은 수정될 필요가 있다.

이렇게 수양·시양자녀 입양 목적에 대한 연구는 수양자, 시양자를 가계계 승을 위한 양자로 보았던 단계에서 가계계승이 아닌 다른 목적으로 이들 양자녀를 입양하였다는 단계로 나아갔다. 그러나 현재까지는 수양·시양자 녀 입양의 목적이 개별 사례를 바탕으로 파편적으로 언급되었을 뿐이다. 따라서 수양, 시양의 목적을 당시의 사회적 상황 및 수양, 시양의 성격과 연계하여 구조적으로 밝힐 필요가 있다.

다음으로 입후에 대한 연구를 살펴보도록 하겠다. 김두헌은 입후법의 제정과 파계귀종(罷繼歸宗) 문제, 형망제급(兄亡弟及)과 총부권(冢婦權)의 문제, 친생자(親生子)가 태어났을 때 계후자의 거취 문제, 첩자가 있는 경우 입후를 허락할 것인지의 문제와 같은 입후법 제정 이후 발생한 주요 논쟁점들을 정리하였다.[19] 이 연구를 통해 조선 전기 입후와 관련된 여러 논쟁점들이 일차적으로 정리되었다. 이후 입후법 제정과 입후 관련 논쟁들에 대한 사상적 접근과 계후부모(繼後父母)와 계후자의 법제적 관계, 총부권과 입후 보편화의 관계에 대한 연구가 진행되었다.

---

18) 鄭肯植(1996), 앞의 논문.
19) 金斗憲(1969), 앞의 책.

지두환과 박연호는 입후법의 제정과 이후 발생한 입후 관련 논쟁들을 종법질서의 이해와 정착과정을 중심으로 분석하였으며,[20] 정긍식은 입후법의 제정과 복제(服制), 친족간의 관계, 재산상속 규정, 파양(罷養) 등 계후부모(繼後父母)와 계후자의 법제적 관계에 대하여 정리하였다.[21] 또한 이순구, 김윤정은 입후의 일반화가 총부(冢婦)의 입후권과 관련이 있다는 점을 지적하였다.[22] 총부는 자신의 입지 확보와 재산권 유지를 위해 입후권을 지키기 위하여 노력하였고, 이러한 노력이 입후의 보편화에 크게 작용하였다는 것이다. 이는 입후의 확산을 사상적 측면에서가 아니라 현실에서 찾았다는 점에서 주목된다. 그런데 이 주장은 처가 거주가 많았고, 남녀 균분 상속이 이루어지고 있었던 당시 현실에서 총부의 시가에서의 입지가 어떠하였는지, 봉사위(奉祀位) 확보가 그들에게 얼마나 절실한 문제였는지에 대한 논증이 선행되어야 더욱 설득력을 가질 수 있을 것이다. 또한 조선에서는 적장자가 아니더라도 아들이 없는 사람이면 입후를 할 수 있었다. 따라서 입후 보편화의 현실적 이유를 더 근본적인 데서 찾아야 할 필요가 있다고 본다. 이외에 Mark A. Peterson은 입후와 관련된 여러 가지 논쟁점들에 대하여 정리하였다.[23]

이렇게 조선 전기 입후에 관한 연구에서는 입후와 관련된 여러 가지 논쟁들을 사상적 측면에서 접근한 연구와 입후 보편화의 원인을 총부의 입후권 유지 노력이라는 현실적 측면에서 찾은 연구들이 행해졌다.

---

20) 池斗煥(1984), 「朝鮮前期 宗法制度 이해과정」, 『泰東古典研究』 창간호 ; 박연호(1990), 「조선전기 士大夫禮의 변화양상－「家禮」와 宗子法을 중심으로－」, 『淸溪史學』 7.

21) 鄭肯植(1996), 앞의 논문.

22) 李舜九(1996), 「朝鮮中期 家婦權과 立後의 강화」, 『古文書研究』 9 · 10합집 ; 김윤정(2002), 「朝鮮中期 祭祀承繼와 兄亡弟及의 변화」, 『朝鮮時代史學報』 20.

23) Mark A. Peterson(1996), 앞의 책(마크 피터슨 지음, 金惠貞 옮김(2000), 앞의 책).

그렇다면 선행 연구에서 밝혀진 부분과 미진한 부분을 정리하고, 이를 바탕으로 본 연구의 필요성을 제시하도록 하겠다.

첫째 기존 연구에서는 수양·시양자녀의 성격이 명확하게 밝혀지지 않았다. 입양 대상 연구에서는 이성 양자의 존재나 부처(夫妻) 양측 친족이 모두 입양 대상이 되었다는 점에 주목하였으나, 이는 조선 전기의 친족구조를 설명하는 사례로써만 이용되었을 뿐이다. 또한 종법적 가계계승을 위한 양자가 아닌 다른 목적의 양자녀가 있었다는 사실은 언급되었지만 이를 수양·시양자녀의 성격과 연관시켜 파악하는 데까지는 이르지 못하였다. 본서에서는 당시 사회상과의 연관성속에서 수양·시양자녀 입양 대상과 목적을 구조적으로 분석함으로써 수양, 시양의 성격을 명확히 밝히고자 한다. 이는 지금까지 구체적으로 밝혀지지 않았던 조선 전기 사람들의 의식과 행위 패턴을 이해하는 한 방편이 될 수 있을 것이다.

둘째 입후에 대한 연구는 입후 정착 과정에서 나타난 논쟁을 중심으로 진행되었다. 이러한 연구에서 입후는 종법 및 성리학에 대한 이해가 심화되어 가면서 정착되었던 것으로 파악되어 왔다. 물론 입후의 정착을 유인하였던 근본적 원인은 유교 이념에 있다. 그러나 법제정을 중심으로 한 정부의 정책과 사대부들의 의식 및 생활 양식의 변화와 같은 실제적인 측면이 변화의 직접적인 원인이 되었다는 것도 간과할 수 없는 부분이다. 물론 선행 연구 중에서 입후 보편화의 원인을 총부권에서 찾으려는 연구도 있었지만 이보다 더 근본적인 입후 증가의 원인을 조선의 실제 사회상과의 관련성 속에서 찾을 필요가 있다고 생각한다.

필자는 15세기 수양·시양자녀의 성격을 밝히기 위한 연구, 입후법의 정책적 특성과 현실 적용 실태 및 입후법 제정의 사회적 의미를 밝히기 위한 연구, 그리고 16세기 사대부들의 의식과 생활의 변화에 기인한 수양·시양자녀 입양 형태의 변화에 대한 연구를 하였다.[24] 이를 기반으로 본 연구에서는 조선 전기 수양, 시양, 입후에 대한 구조적인 접근을 시도하고자 한다. 이를 통하여 고려의 풍속이 계승된 사회 모습과 유교적 사회질서의 기반을 마련하기 위한 정부 정책이 공존하던 15세기 사회상과 16세기에 사대부들의 의식과 생활이 변화해감에 따라 부계(父系)중심 가족질서가 형성되어갔던 과정을 실증적으로 밝히고자 한다.

2. 연구 방향

본 연구에서는 구체적으로 다음과 같은 문제들을 해결하고자 한다.

첫째 15세기 수양·시양자녀 입양 실태를 밝힘으로써 고려 풍속의 지속 실태와 이 시기 사대부들의 의식 및 생활에 대해 살펴보도록 하겠다.

둘째 15세기 수양, 시양 관련 정책의 특징과 입후법의 성격을 밝힘으로써 당시 위정자들이 유교적 가족질서를 확립하기 위한 정책 방향과 현실을 어떻게 조화시켜 나갔는지를 살펴보도록 하겠다.

셋째 입양 관련 정책의 변화를 통해 15~16세기 사회상의 변화를 밝히고자 한다. 수양, 시양 관련법과 입후법의 제정, 그리고 입후법 정착을 위한 정책들을 통해 유교적 가족질서 확립을 위한 정책의 실현 방법이 시기에 따라 어떻게 변화하였는지 살펴보도록 하겠다. 이는 15~16세기를 거치면서 변화해가는 사회상을 밝히는 일이기도 하며, 조선 사회에 유교적 사회질서가 정착되어가는 방식의 변화를 보여주는 것이기도 하다.

넷째 16세기 수양·시양자녀 입양 형태가 변화하고 입후가 증가해가는

---

24) 박경(2006), 「15세기 王子女·權勢家子女 入養의 성격」, 『朝鮮時代史學報』 38 ; (2006), 「15세기 立後法의 운용과 繼後立案」, 『역사와현실』 59 ; (2005), 「조선 전기 收養·侍養 자녀의 입양 형태－16세기 分財記에 나타난 입양 형태의 변화를 중심으로－」, 『古文書研究』 27.

과정에서 나타나는 입후 정착의 현실적 원인을 재산 증여·상속 형태의 변화를 통해 추적함으로써 사대부들의 의식 및 생활의 변화에 대해 살펴보도록 하겠다.

이와 같은 문제를 해결하기 위해 본문에서는 다음과 같은 방향으로 연구를 진행해나가고자 한다.

II장에서는 15세기에 제정한 수양·시양자녀의 위상에 관한 규정을 살펴봄으로써 조선 전기 수양·시양 관련 정책의 특징을 밝히고자 한다. 우선 고려 말의 입양 관행을 살펴봄으로써 조선 전기에 수양, 시양 관련법이 제정되게 된 원인을 파악해 보도록 하겠다. 그리고 조선 전기에 제정된 양부모와 수양·시양자녀간의 법적 권리, 의무 관계에 관한 규정인 상속 규정과 복상(服喪) 규정을 분석하여 이 법의 제정 이유를 밝히도록 하겠다.

III장과 IV장에서는 15세기 수양·시양자녀 입양 실태를 살펴봄으로써 유교적 제사형태가 정착되기 전의 수양, 시양의 성격을 규명해보고자 한다.[25]

III장에서는 15세기 수양·시양자녀 입양 대상을 부처(夫妻) 양측의 친족 입양과 부처에 모두 혈연관계가 없는 타인(他人) 입양으로 나누어 살펴봄으로써 수양·시양자녀의 선정 경향을 당시 사람들의 의식 및 관행과 연관하여 고찰해보도록 하겠다.

IV장에서는 상류층의 입양 사례를 중심으로 수양·시양자녀 입양 목적을 살펴보도록 하겠다. 양육, 봉양, 봉사, 가족의 화합, 유력자(有力者)와의 교결(交結)을 위한 입양의 사례 분석을 통해 양반 사회에서 어떻게 수양, 시양의 관계가 형성되었는지를 구체적으로 검토하고자 한다. 이를 바탕으로 수양, 시양의 성격을 밝히고, 그 속에서 이후 입양 풍속이 변화하게 된

---

25) 본서에서는 '유교적 제사형태'를 『주자가례』에 따라 종법적 가계계승자인 적장자가 주관하여 행하는 제사형태를 뜻하는 의미로 사용하였다.

원인을 탐색해보도록 하겠다.

 V장에서는 입후법의 제정과 운용, 입후법 정착을 위한 정부의 정책을 살펴봄으로써 입후법의 성격을 밝히고, 입후 정착을 위한 정부 정책의 변화 양상을 검토해보고자 한다. 우선 세종 19년(1437)에 입후법이 제정되게 된 배경과 입후법의 성격을 밝히도록 하겠다. 그리고 입후의 행정절차를 검토하고, 입후법 제정 직후 이 법의 현실 적용을 위한 조치들과 중종반정 이후에 등장한 법외입후(法外立後)의 실태를 살펴보도록 하겠다. 이를 통해 시기 변화에 따른 법의 역할 변화를 고찰하고자 한다.

 VI장에서는 수양·시양자녀 입양 형태가 변화하고 입후가 증가하는 과정을 살펴봄으로써 자식 없는 집안에서 부계(父系)중심 가족질서가 구축되어가는 모습을 추적해보고자 한다. 먼저 친족관계, 상속 관행, 봉사 관행, 혈연의식과 같은 입후 정착의 제약 요인을 살펴보고, 이러한 제약 요인들의 영향력이 약화되어가는 과정을 수양·시양자녀 입양 형태의 변화를 중심으로 살펴보도록 하겠다. 이러한 변화 양상을 추적해 나가면서 16세기 이후 입후가 증가하게 되었던 원인을 함께 밝히고자 한다.

 이 연구에서 이용된 사료는 다음과 같다. 고려시대의 입양 관련 규정, 조선 건국 이후의 수양, 시양 관련법과 입후법 제정, 입후법 정착을 위한 정부의 정책에 관해서는 주로 『고려사(高麗史)』, 『조선왕조실록(朝鮮王朝實錄)』과 같은 연대기 자료와 『경국대전(經國大典)』을 비롯한 15~16세기의 법전을 이용하였다. 또한 고려와 조선의 입양 관련법의 특징을 파악하기 위해 중국 형률과의 비교 분석을 행하였으며, 입후법의 운용 실태를 파악하기 위해서 고문서 자료인 계후입안(繼後立案)을 이용하였다. 그리고 고려시대의 입양 실태, 15세기 수양, 시양의 실태, 16세기 수양·시양자녀 입양 형태의 변화와 입후법의 정착 과정을 살피기 위해서는 철저한 사례 분석이 필요하였다. 이에 따라 『조선왕조실록』, 분재기(分財記), 묘지명(墓誌銘),

일기류, 문집류에 나타난 사례들에 대한 실증적 분석을 바탕으로 연구를
진행하였다.

Ⅱ. 15세기 수양, 시양 관련법의 제정

1. 고려의 입양 관행

1) 부처(夫妻) 양측 친족의 입양

조선 전기, 특히 15세기의 입양은 고려의 관행이 계승된 형태가 주류를 이루었다. 따라서 조선의 입양 풍속을 살펴보기 전에 고려의 입양 관행에 대하여 검토해 볼 필요가 있다. 이를 위해 우선『고려사(高麗史)』에 수록된 고려의 입양에 관한 법 중 당률(唐律)을 수용하여 제정한 조문을 살펴보도록 하겠다.

먼저 당률의 입양 관련 규정인『당률소의(唐律疏議)』양자사거조(養子捨去條)의 율문 내용을 살펴보면 다음과 같다.

(가) 양자(養子)가 양부모에게 아들이 없는데 버리고 떠나면 도(徒) 2년에 처한다. 만약 양부모가 아들을 낳거나 친부모에게 아들이 없어 (친부모에게) 돌아가고자 하는 경우에는 들어준다.

(나) 이성(異姓) 남자를 입양하면 도 1년에 처하고, (아들을 이성에게 양자로) 준 자는 태 50에 처한다. 단, 유기소아(遺棄小兒)로 나이가 3세 이하인 경우에는 비록 이성이라 하더라도 수양하는 것을 들어주고, 곧 양부의

성을 따르게 한다.[1]

(나)는 '아들이 없으면 동종(同宗) 중에 소목(昭穆)에 합당한 자를 입양하는 것을 허락한다.'[2]는 당령(唐令)의 조문을 근간으로 하여 이성 남자를 입양하여 가계를 계승하는 것을 금지한 조항이다. 다만 3세 이하의 버려진 어린아이의 경우에는 예외적으로 이성 입양을 허락하고, 입양된 아이는 양부(養父)의 성을 따르게 함으로써 가계계승도 가능하도록 하였다. 이성이라 하여 입양을 허락하지 않는다면 아이의 생명이 끊어질 수도 있기 때문이었다.[3] 또한 (가)의 조항을 통해 양자가 함부로 입양을 파기하는 것을 금지함으로써 가계계승의 안정성을 보장하고자 하였다.

이 조항들은 종법에 근거하여 입양의 목적이 아들이 없는 사람이 부측(夫側) 동성 친족 중 소목에 합당한 자를 양자로 삼아 가계를 계승하기 위한 것이라는 전제하에 제정된 조항이다.[4] 종법에 따르면 양녀는 가계계승자가 될 수 없었다. 따라서 소의(疏議)에서 양녀의 경우에는 이성 입양을 허용하도록 규정되어 있음을 확인할 수 있다.[5]

그렇다면 『고려사』 형법지(刑法志)에 수록된 입양 규정을 살펴보도록 하겠다.

---

1) "諸養子 所養父母無子而捨去者 徒二年 若自生子及本生無子 欲還者 聽之"(『唐律疏議』 卷12, 戶婚, 養子捨去, 律文1) ; "即養異姓男者 徒一年 與者 笞五十 其遺棄小兒年三歲以下 雖異姓 聽收養 即從其姓"(『唐律疏議』 卷12, 戶婚, 養子捨去, 律文2).

2) "依戶令 無子者 聽養同宗於昭穆相當者"(『唐律疏議』 卷12, 戶婚, 養子捨去, 疏議1).

3) "其小兒 年三歲以下 本生父母遺棄 若不聽收養 即性命將絶 故雖異姓 仍聽收養 即從其姓"(『唐律疏議』 卷12, 戶婚, 養子捨去, 疏議2).

4) 李迎春(1998), 『朝鮮後期 王位繼承 硏究』, 집문당, 40쪽 참조.

5) 『당률소의』에는 이성 남자를 입양한 사람과 아들을 이성에게 양자로 준 사람을 처벌하도록 한 규정의 '소의' 부분에 '(이성) 여자를 입양한 경우에는 이 처벌 규정을 적용하지 않는다[養女者 不坐]'라고 되어 있다(『唐律疏議』 卷12, 戶婚, 養子捨去, 疏議2).

이성(異姓) 남자를 입양한 경우에 (아들을 양자로) 준 자는 태(笞) 50에 처하고 입양한 자는 도 1년에 처한다. (양부모에게) 아들이 없는데 (양부모를) 버리고 떠난 자는 도 2년에 처한다. 양녀(養女)인 경우에는 죄를 주지 않는다. 유기소아(遺棄小兒)로 3세 이하이면 이성이라도 입양하는 것을 허락한다.6)

이 규정에서는 『당률소의』 양자사거조의 주요 내용인 이성 남자 입양 금지 규정과 양자가 함부로 입양을 파기하는 행위를 금지한 규정을 수용하였음을 알 수 있다. 이는 고려에서도 종법에 근거한 부계(父系)중심 가계계승체제를 수용하고자 하였음을 의미한다.

그런데 이 규정에는 당률의 조문 중 다음 두 가지 내용이 포함되어 있지 않다. 그 하나는 '양부모가 아들을 낳거나 친부모에게 아들이 없어 (친부모에게) 돌아가고자 하는 경우에는 들어준다'는 내용이다. 그리고 또 다른 하나는 이성(異姓)인 3세 이하 유기소아를 수양한 경우 양부의 성을 따르도록 한다는 내용이다. 전자는 양자가 함부로 양부모를 버리고 떠나는 행위를 처벌하도록 한 규정을 시행했을 때 발생할 수 있는 문제점을 해결하기 위한 부가 규정이다. 그리고 후자는 예외적으로 허용한 이성 양자의 성(姓)에 관한 규정이다. 즉, 이 규정들은 당률의 입양 관련 주요 조문을 시행하였을 때 발생하는 문제를 해결하기 위해 제정된 규정이었다.

또한 위의 『고려사』의 입양 관련 조문은 그 제정 시기가 기록되어 있지 않으며, 편년기사 앞에 수록된 형률들 중 하나이다. 『고려사』에 이러한 형태로 수록된 형률은 대체로 당률을 형식적으로 채록한 것이 많다.7) 이를 당률의 주요 조문만 수록하고 이 주요 조문을 시행했을 때 발생할 수 있는 문제를 해결하기 위해 제정된 조문은 수록하지 않았다는 사실과 함께 고려해

---

6) "養異姓男 與者 笞五十 養 徒一年 無子而捨去者 二年 養女 不坐 其遺弃小兒三歳以下 異姓 聽養"(『高麗史』卷84, 志38, 刑法, 公式, 戶婚).

7) 辛虎雄(1995), 『高麗法制史研究』, 국학자료원, 74쪽.

보면, 『고려사』의 이 입양 관련 조문은 현실 시행을 염두에 두었다기보다는 형률 제정의 방향을 제시한 것으로 보는 것이 타당할 것이다.

이렇게 고려의 위정자들은 종법적 가계계승체제를 수용하고자 하는 원칙을 가지고 당률의 입양 관련 조항의 주요 조문을 법조문화하였다. 그러나 이 조문이 현실에 적용되기 어려운 규정이기 때문에 현실에 적용할 때에나 필요한 조문을 넣을 필요성을 느끼지 못하였던 것이다.

고려율에서 실제 고려 사회상을 고려하여 제정되었던 형률은 왕의 판(判), 제(制), 교(敎) 등의 형식으로 그 제정 시기가 수록된 형률이었던 것으로 보인다. 그렇다면 이를 검토함으로써 고려시대 입양의 실태를 유추해보도록 하겠다.

(다) 인종 14년 2월에 명을 내렸는데, '동종지자(同宗支子) 및 유기소아(遺棄小兒)로 3세전에 절부(節付)하여 수양된 자는 수양부모(收養父母)를 위하여 모두 3년복을 입도록 하고, 유기소아는 수양부(收養父)의 성을 잇게 한다. 동종지자는 친부모를 위하여 기년복(期年服)을 입도록 한다. 이성 족인(異姓族人)의 자식을 수양한 경우에는 복상(服喪)의 제도가 예(禮)에 비록 근거할 바가 없으나 은의(恩義)가 모두 무거워 복(服)이 없을 수 없으니, 그에게 대공(大功) 9월에 49일의 복(服)을 입게 한다.' 하였다.[8]

(라) 공양왕 3년에 낭사(郎舍)에서 상소하기를, "…… 조상이 물려 준 노비는 손외(孫外)에 전하는 것을 허락하지 말며, 비록 후사가 없다 하더라도 그 부부 중에 동종(同宗)을 입양하여 전하게 하소서." 하였다.[9]

---

8) "仁宗十四年二月制 同宗支子 及遺棄小兒三歲前節付收養者 爲收養父母 並服三年喪 遺棄小兒 仍繼其姓 同宗支子 爲親父母 期年 異姓族人之子收養者 服喪之制 禮雖無據 恩義俱重 不可無服 其令服大功九月四十九日"(『高麗史』卷64, 志18, 禮6, 凶禮, 五服制度).

9) "恭讓王三年 郎舍上疏曰 …… 祖業人口不許孫外相傳 雖無後者 養其夫婦中同宗者 相

　(다)는 인종대에 제정된 복상(服喪) 규정으로, 가계계승을 위한 부측(夫側) 동성 양자와 3세전 유기소아의 복제(服制)와 함께 이성 족인(異姓族人)의 자식을 수양한 경우에 그 양자녀의 양부모에 대한 복제도 규정되어 있다. 이를 통해 고려시대에 부측 이성 친족이나 처측 친족의 입양이 행해졌음을 알 수 있다. 그리고 이는 앞서 언급했던 이성 양자 입양 금지 규정이 제 역할을 하지 못하였음을 알려주는 것이기도 하다. 또한 이성 친족인 양자녀와 양부모의 관계에 대하여 '은의(恩義)가 모두 무겁다'고 한 내용이 주목된다. 이를 통해 당시 위정자들이 이성 친족을 양자녀로 삼는 것을 자연스럽게 여겼고, 이들 양부모, 양자녀 관계를 매우 친밀한 관계로 인식하고 있었음을 알 수 있다. 이는 부계(父系)와 모계를 구분하지 않고 혈연관계의 친소에 따라 친족간의 친소관계가 결정되었던 고려 친족구조의 영향으로 나타난 현상이었다.10)

　부처(夫妻) 양측의 친족이 입양 대상이 되는 것을 당연시하던 인식은 고려 말 집권한 조선 건국 주체들에게서도 나타난다. (라)는 공양왕대에 낭사(郞舍)에서 올린 상소로 왕의 윤허를 받아 법으로서 기능하였다. 이는 권세가의 환심을 사고자 권문(權門)에 노비를 증여하고, 복(福)을 얻고자 절에 노비를 바치는 행위를 규제하고자 올린 상소이다. 권세가와 절에 노비를 주는 행위를 규제하기 위해 손외(孫外)의 타인(他人)에게 노비를 전하는 것을 금지하고, 자식이 없는 사람에게는 부부의 동종(同宗) 중에서 입양하도록 하였다.

　조선 건국 주체들은 정권을 잡은 후 유교적 가족질서를 확립하고자 하는 목표를 가지고 정책을 입안해 나갔다. 그럼에도 불구하고 입양 대상을

　傳"(『高麗史』卷85, 志39, 刑法2, 奴婢).

10) 盧明鎬(1988), 「高麗社會의 兩側的 親屬組織 硏究」, 서울대학교 국사학과 박사학위논문 ; 李鍾書(2003), 앞의 논문 참조.

부측(夫側) 동성 친족으로 한정하지 않았다. 자식 없는 사람이 입양할 때에도 부처(夫妻) 양측의 친족이 모두 입양 대상이 될 수 있다고 인정하고 정책을 입안하였다. 이는 당시에 사회적으로 남편이나 처 중 어느 쪽의 친족을 입양하든 문제시되지 않았다는 것을 의미한다.

이렇게 고려시대에는 자식 없는 사람이라 하더라도 부처(夫妻) 양측의 친족을 모두 입양 대상으로 삼는 것이 가능하였다. 그렇다면 과연 자식 없는 사람의 부처 양측 친족 입양이 가계계승을 위한 것이었는지의 여부를 검토해 보고자 한다. 이는 자식 없는 사람이 양자녀를 들이는 행위가 종법적 가계계승을 위한 것이라는 선입견을 가지고 접근하지 않도록 하기 위해서이다. 이러한 선입견을 가지고 고려에서 부처 양측의 친족이 입양 대상이 되었다는 사료를 접하면 '당시 사람들이 왜 입양을 했을까?'에 대한 고민은 제쳐두고 이 시기에는 부계나 모계 친족 모두 가계계승자가 되는 것이 가능하였다는 성급한 결론을 도출할 수도 있기 때문이다. 따라서 조선 전기 다양한 입양 형태를 검토하기 위해서는 그 앞선 시기인 고려시대 입양 목적에 대한 기초적 검토가 필요하다.

문종대에 문하시랑평장사(門下侍郎平章事) 황보영(黃甫穎)이 후사가 없어 왕에게 자신의 외손 김녹숭(金祿崇)을 후사로 삼기를 청하여 허락받은 사례가 있다. 이후 김녹숭은 음직(蔭職)으로 9품직을 받았다. 기존 연구에서는 이를 외손이 외가를 계승한 사례, 즉 계사(繼嗣)를 위해 외손을 양자로 삼은 사례로 파악하기도 하였다.[11] 그런데 필자는 황보영이 김녹숭에게 음직을 받게 하고 공음전시(功蔭田柴)를 체수(遞受)할 수 있도록 하기 위해 이러한 절차를 밟았을 가능성이 크다고 생각한다. 국가에서 주는 특전인

---

11) 金斗憲(1969), 앞의 책, 221~222쪽. 『고려사』원문의 내용은 다음과 같다.
　　"門下侍郎平章事皇甫穎上言 臣無嗣 乞以外孫金祿崇爲後 從之 官祿崇九品"(『高麗史』卷7, 世家 7, 文宗 元年(丁亥)).

음직과 공음전시를 포기하지 않기 위해서는 이를 받을 사람을 지정해야
할 필요가 있었던 것이다. 필자는 국가 제도로서의 승음(承蔭)과 사가(私家)
의 가계계승을 위한 입양은 구분하여 파악할 필요가 있다고 본다. 이렇게
보았을 때 황보영이 김녹승을 후사로 삼기를 청했던 것을 가계계승을 위해서
라고 쉽게 단정짓기는 어렵다. 기존에 황보영의 사례에 대해 계사를 위하여
외손을 양자를 삼은 것으로 파악했던 것은 아들 없는 사람이라면 가계를
계승하기 위해 계후자를 세우는 것이 당연시되었던 조선 후기의 사회상을
고려시대에 그대로 대입하였기 때문에 나타난 현상이라고 생각한다. 그러나
유교적 제사형태가 정착된 후 행해진 종법 원리에 의거한 가계계승과 고려시
대의 양자를 같은 성격으로 파악하는 것은 무리가 있다고 본다.

14세기의 인물인 이공수(李公遂)의 묘지명에는 '자식이 없어 족녀(族女)
를 입양하였다'고 기록되어 있다.12) 자식이 없는데 자신의 직계가 아닌
친족을 입양하면서 남성이 아닌 여성을 택하였다는 사실을 통해 고려시대
사람들은 자식이 없다 하더라도 가계계승의 필요성보다는 봉양, 봉사 등
자식의 역할을 대신해 줄 사람이 더 필요하였을 것이라고 추정해 볼 수
있다.

13세기 전반에 씌어진 이적(李績) 묘지명에서 이러한 추정을 뒷받침할
단서를 찾을 수 있었다. 이적의 묘지명에서는 자녀에 대한 내용이 열거될
부분에 선취(先娶)와 후취(後娶)에 모두 후사가 없었다고 기록되어 있을
뿐 양자에 대한 내용은 기재되어 있지 않다.13) 그런데 이 묘지명의 말미에
이규보에게 이적의 묘지명을 지어줄 것을 부탁한 사람이 이적의 양자라는
사실이 기재되어 있다.14) 만약 이규보가 이적의 양자가 묘지명을 지어줄

---

12) "公無子 養族女 適成均生員安束"(金龍善(2001), 『高麗墓誌銘集成』(第3版), 「李公遂
　　　墓誌銘, 574쪽, 한림대학교 출판부).
13) "公先娶某官某氏女 無嗣 後娶某官女 又無嗣"(앞의 책, 「李績 墓誌 銘」, 344쪽).
14) "養息某官某來 乞銘勤勤敢受而銘之"(위와 같음).

것을 부탁하였다는 내용을 기록하지 않았다면 이적에게 양자가 있었다는 사실을 사료상에서 확인할 길이 없었을 것이다. 이 양자가 가계계승을 위해 세운 양자였다면 자녀가 기록되어야 할 부분에 그의 이름이 기재되었을 것이다. 그러나 그곳에 그의 이름이 기재되지 않았다는 사실을 통해 그가 조선시대의 계후자와 같이 양부모의 친자와 같은 위상으로 양부의 가계를 이어나갔던 존재가 아니었음을 알 수 있다. 다만 양부의 묘지명을 부탁하였다는 것을 통해 볼 때 양부모의 상사(喪事)나 봉사는 책임졌을 것으로 생각된다.

위의 외손과 족녀를 양자녀로 삼은 사례도 이에 해당한다고 판단된다. 이 시기 자식 없는 사람의 양자녀는 가계를 잇는 존재라기보다는 고려시대에 자녀가 부모에게 했던 역할들을 대신하는 존재였으며, 이것이 행위로 외화된 것이 바로 양부모에 대한 봉양, 상사, 봉사 등을 담당하는 것이었다.

이러한 점을 고려해 볼 때 고려시대에 아들이 없어도 양자를 들이지 않았다는 점을 지적하였던 기존 연구에 대해서도 재해석할 필요를 느낀다.[15] 이 연구에서는 족보, 『국조방목』, 묘지명에서 아들이 없는 사례를 조사하여 고려시대에는 아들이 없어도 양자를 하지 않는 경향이 있었다고 논증하였다. 이 연구는 조선 후기뿐 아니라 고려시대에도 자식이 없는 사람은 가계계승을 위해 양자를 들였을 것이라고 여겼던 기존의 인식에 대하여 실증을 통해 반박하였다는 점에서 의미가 크다고 할 수 있다. 그러나 이 연구에서는 근거로 든 사료의 성격에 대하여 간과한 부분이 있다.

이 사료들의 양자녀 기재 형식을 살펴보면 다음과 같다. 족보에서는 종법적 가계계승 원리에 부합하는 양자 이외의 양자녀를 거의 기재하지 않았다. 또한 『국조방목』에 기록된 양자는 거의 대부분 계후자이다. 양부가 '부(父)'로 표기된 것은 대부분 계후자이고, 계후자가 아닌 수양, 시양의 경우 양부가 '부(父)'로 표기되거나 양자라는 내용이 부기(附記)되어 있는

---

15) 崔在錫(1982), 앞의 논문, 210~214쪽.

경우가 소수 나타난다. 그런데 이러한 수양, 시양에 대한 기록은 부측(夫側) 동성 친족 중 소목에 합당한 자를 수양자나 시양자로 삼은 경우 중에서도 극소수에 한정되어 있다.16) 이러한 기재 형식을 고려해 본다면『국조방목』에 고려시대 인물의 입양 사례가 전혀 나타나지 않는다 하여 실제로도 양자가 없었다고 단정지을 수 없다고 판단된다. 묘지명에는 이적의 사례에서도 확인할 수 있듯이 자식 없는 사람에게 양자가 있더라도 아들로 기록되지 않았던 사례가 나타난다.

이러한 사실들을 고려해 볼 때 사료상에 아들이 없어 가계가 끊긴 것으로 나타나는 사례 중에는 양자녀가 있었던 사례도 있고, 없었던 사례도 있었다고 보아야 할 것이다. 고려시대에 입양이 얼마나 행해졌는지는 확인할 수 없으나 조선시대의 계후자와 다른 성격의 양자녀가 있었음을 알 수 있다.

이와 같이 고려시대에는 부처(夫妻) 양측의 친족이 모두 입양 대상이 되었으며, 고려 말 조선 건국 주체들도 이를 일반적인 입양 형태로 인식하였다. 부계(父系)와 모계(母系)를 구분하지 않고 혈연관계의 친소에 따라 친족 간의 친소관계가 결정되었던 친족관계가 지배적이었고, 가계계승 관념에서 자유로웠던 고려시대의 사회상 속에서 계통에 관계없이 심정적으로 가까운

---

16)『국조문과방목(國朝文科榜目)』에 수양, 시양이 기재되어 있는 사례들을 살펴보면 다음과 같다. 성종 20년(1489) 식년시에 갑과(甲科) 1인(人)으로 급제한 김전(金詮) 은 ‘부(父)’란에는 친부 우신(友臣)이 기재되어 있으나 따로 숙부 제신(悌臣)의 시양자임이 부기되어 있다. 또한 중종 4년(1509) 별시(別試)에 을과(乙科) 1인으로 급제한 김안세(金安世)는 ‘부(父)’란에 숙부이자 양부인 심(諶)이 기재되어 있고, 심의 시양자라는 사실이 따로 부기되어 있다.『국조문과방목』에는 일반적으로 수양, 시양이 기재되어 있지 않지만 부측(夫側) 동성 친족 중 소목에 합당한 사람을 수양자나 시양자로 삼은 경우 중 극히 일부가 이와 같은 형식으로 기재되어 있기도 하다(『國朝文科榜目』卷4, 己酉(성종 20)榜 ;『國朝文科榜目』卷6, 己巳(중종 4년), 別試榜). 그리고『국조문과방목』에 김안세는 김심의 시양자로 기재되어 있으나 중종 11년(1516)의 실록 기사에는 수양자로 언급되었음도 함께 밝혀두고자 한다 (『中宗實錄』卷26, 中宗 11年 11月 22日 己亥).

38

친족을 입양하는 현상이 나타났던 것이다. 이에 대해서는 Ⅲ장과 Ⅳ장에서 언급할 고려시대 입양 관행을 계승한 조선 전기 수양·시양자녀 입양의 실태를 살펴보면 더욱 명확히 파악할 수 있을 것이다.

2) 혈연관계가 없는 타인(他人)의 입양

전근대시대에 입양은 혈연적으로 가까워 친밀해지기 쉬운 친족간에 이루어지는 경우가 많았던 것 같다. 그러나 가계계승을 위한 입양이 아닌 다른 목적의 사적인 입양이 많은 사회라면 친족이 아닌 사람과 양부모, 양자녀 관계를 맺는 일이 충분히 나타날 수 있다. 실제로 고려 후기의 입양 사례 중에는 부처(夫妻)에 혈연관계가 없는 타인(他人)[17]의 입양 사례가 나타난다.

무신정권기에 김준(金俊)은 고성현(固城縣)에 유배갔을 때 고성현 사람인 박기(朴琪)에게 은혜입은 인연이 있어 그를 양자로 삼았다.[18] 그리고 충선왕은 권재(權載)를 양자로 삼아 왕후(王煦)라는 이름을 하사하기도 하였다.[19]

이렇게 고려 후기의 기록에는 부처(夫妻)에 모두 혈연관계가 없는 타인(他人)의 입양이 행해지고 있었다는 사실이 나타난다. 김준의 예에서 확인할 수 있듯이 은혜를 입었다 하여 양부모, 양자녀 관계를 맺기도 하였다. 사적인 친분관계만으로도 양부모, 양자녀 관계가 형성될 수 있었던 것이다. 이러한

---

17) 타인(他人)은 흔히 다른 사람, 즉 '내가 아닌 다른 사람'의 의미로 사용된다. 그런데 고려시대나 조선시대에는 이러한 뜻 외에도 족인(族人)이나 자손에 대비되어 '족인(族人)이 아닌 사람'이나 '자손이 아닌 사람'의 의미로 사용되기도 하였다.

18) "初俊流 固城縣人朴琪頗有恩 俊以爲養子 累授承宣"(『高麗史』 卷130, 列傳43, 叛逆4, 金俊).

19) "王自都召公一見 遂以爲子 慈愛兼至 …… 公本姓權氏諱載 改姓名卽王煦 忠宣王所賜也"(金龍善(2001), 앞의 책, 「王煦 墓誌銘」, 545~547쪽);"煦鷄林府院大君 德陵養爲子 附籍宗簿寺"(金龍善(2001), 앞의 책, 「權溥 妻 柳氏 墓誌銘」, 522~523쪽).

상황에서 권세가와 양부모, 양자녀 관계를 맺은 사례도 기록에 나타난다. 『고려사절요(高麗史節要)』에는 배원룡(裵元龍)이 우왕대의 권신(權臣)인 염흥방(廉興邦)을 양부(養父)로 섬기고 그에게 가사(家舍)를 증여하고서 계림부윤(鷄林府尹)이 되었으며, 계림부윤이 된 이후 백성들을 침탈하였다는 내용이 실려 있다.[20] 배원룡은 출세를 위해 권신과 친밀해지는 수단으로 염흥방을 양부로 섬겼으며, 염흥방에게 재물을 증여하고 관직을 얻었던 것이다.

한편 고려 말에 입양은 권세가에 재물을 증여하는 수단으로 이용되기도 하였다. 고려 후기에 권세가에 뇌물을 주는 일이 성행하였다는 것은 다음의 기록들에서 확인할 수 있다. 13세기 후반에서 14세기 초반의 인물인 김사원(金士元)은 유서에서 "뒤의 자손들 중에 …… 이록(利祿)을 바래서 노비를 권세가에 뇌물로 주는 자가 혹 있으면 효순(孝順)자손이 관에 고장(告狀)하여 그 노비를 빼앗고 속적(屬籍)에서 영원히 끊어버리라."고 하였다.[21] 또한 공양왕 3년(1391) 낭사에서 올린 상소에서는 "근래에 분경(奔競)하는 풍속이 성행하여 모두 권문(權門)에 잘 보이고자 하여 비록 자손이 있는 자라도 조상이 물려 준 노비를 모두 타인(他人)에게 줍니다."라고 하며, 권세가에 뇌물을 주는 풍속을 근절시킬 방안을 제시하였다.[22] 전자는 개인의 유서로,

---

20) "以裵元龍 爲鷄林府尹 元龍素名能吏 托廉興邦爲養父 贈家舍得是任 侵漁百姓 至載鐵把歸之家 其狀如文魚故 鄕人目之曰 鐵文魚府尹"(『高麗史節要』卷32, 辛禑3, 甲子(辛禑 10年), 12月).

21) "後子孫(等)以 …… 慕利祿以 奴(婢賄賂於權勢之門者) 如或有之 孝順子孫告狀於官 奪其奴婢 永絶屬籍"(왕실도서관 장서각 디지털 아카이브, 문중 고문서, 安東 光山金氏 後彫堂, 奴婢許與文記(金務－金坦之외 15인)).
   현재 문서상에는 (   ) 안의 내용이 결락되어 그 내용을 확인할 수 없다. 그런데 1981년에 출간된 『慶北地方古文書集成』에서는 해당 부분을 결락된 부분으로 표시하고 위의 (   ) 안의 내용을 기입해 넣었다(李樹健(1981), 『慶北地方古文書集成』, 嶺南大學校 出版部, 120쪽). 이는 처음 판독했을 때에는 이 부분이 온전하였지만 이후에 훼손되었기 때문으로 판단된다.

일어나지 않은 일을 미리 상정하여 자손에게 이러한 당부를 하였다는 점을 통해 볼 때 당시에 권세가에 뇌물을 주는 일이 많았음을 알 수 있다. 그리고 후자는 관인(官人)들이 상소라는 공적인 경로로 당시에 권세가에 뇌물을 주는 일이 성행하고 있다는 것을 언급하고 이에 대한 대책을 발의한 것이다.

이렇게 권세가에 뇌물을 주는 일이 성행하는 상황 속에서 입양이 권세가에게 뇌물을 주는 수단으로 이용되는 현상도 나타나게 되었다. 권세가의 자녀가 권세가와 친분을 다져 이득을 취하고자 하는 사람의 양자녀가 되어 양자녀의 자격으로 그들의 재산을 증여·상속받는 현상이 나타났던 것이다.

(가) (공양왕) 4년에 인물추변도감(人物推辨都監)에서 노비결송법(奴婢決訟法)을 정하였다. …… 1. 동종지자(同宗支子) 및 3세전 유기소아(遺棄小兒)로 호적에 붙여 수양으로 삼은 경우에 자기 자식과 같이 전해주는 것 외에 지금부터 노비를 얻고자 하여 수양(收養)이라 모칭(冒稱)하는 것을 일체 금한다.[23]

(나) 유기소아(遺棄小兒)는 친부모가 기르기가 어려워 버린 어린 아이인데, 요즈음에 부모가 모두 있고 재물이 넉넉한 사람들이 이익을 탐하려고 제 자식을 다른 집에 억지로 맡겨 유기소아라고 모칭(冒稱)하는 바, 이는 풍속을 훼손하고 어지럽히는 일이므로 이 규정의 적용을 받지 않는다.[24]

---

22) "恭讓王三年 郎舍上疏曰 比年以來 奔競成風 皆欲冒寵於權門 雖有子孫者 祖業人口盡與他人 ……"(『高麗史』 卷85, 志39, 刑法2, 奴婢).

23) "四年 人物推辨都監定奴婢決訟法 …… 一 同宗支子 及三歲前遺弃小兒 戶口付籍 爲收養者 卽同己子 傳給外 自今窺得奴婢冒稱收養者 一切禁之"(『高麗史』 卷85, 志39, 刑法2, 奴婢).

24) "遺棄小兒叱段 親生父母亦 難便棄置小兒是去有乙 時亦中 父母俱存民財富足爲在 人等亦 貪利爲要 自矣 子息乙 他戶良中 强置 冒稱遺棄小兒爲臥乎所 毁亂風俗爲臥乎事是良厼 不在此限齊"(『大明律直解』 卷4, 戶律, 戶役, 立嫡子違法).

(가)는『고려사』형법지에 실린 내용으로 공양왕대에 노비를 얻고자 하여 수양이라 모칭하는 것을 금하는 법이 반포되었다는 사실을 알려준다. 이를 통해 고려 말에 노비를 얻기 위해 양부모, 양자녀 관계를 맺는 현상이 나타났음을 알 수 있다. 관에서 이러한 관계에 대해 수양이라 모칭하는 것이라고 공언한 것을 통해 당시에 친분관계만으로 양부모, 양자녀 관계가 쉽게 형성되었음을 짐작할 수 있다.

그리고 (나)는『대명률직해(大明律直解)』에 실린 내용으로 노비 등의 재물을 얻기 위해 수양이라고 모칭하는 행위가 구체적으로는 자식을 다른 사람의 양자녀가 되게 하는 행위였다는 것을 알려준다.『대명률직해』는 태조 4년(1395)에 편찬된 형률서로『대명률』원문과 함께 이를 조선 사람들이 이해하기 쉽도록 번역한 직해문이 실려 있다. 그런데 (나)의 내용은『대명률』원문에는 없고 직해문에만 있는 내용이다.

『대명률』입적자위법조(立嫡子違法條)에서는 양자 입양에 동종(同宗) 중 소목(昭穆)에 합당한 자의 입양만을 인정하고, 이성(異姓) 양자의 입양을 금지하였다. 단, 이성이라 하더라도 유기소아로 나이가 3세 이하라면 수양하는 것을 허락하고 양부모의 성을 따르도록 하였다. 그런데『대명률직해』편찬자들은 이 부분을 직해한 후 원문에는 없는 (나)의 내용을 포함시켰다.25) 직해에『대명률』원문에 없는 내용이 삽입되는 경우는 극소수로 중국과 조선의 실정이 아주 다른 경우에 한정되어 있다. 따라서 직해에 이러한

---

25) ◎ 대명률 원문 : "○其乞養異姓義子 以亂宗族者 杖六十 ○若以子與異姓人爲嗣者 罪同 其子歸宗 ○其遺棄小兒 年三歲以下 雖異姓 仍聽收養 卽從其姓".
◎ 대명률 직해문 : "○他異姓人子乙 收養作子爲 敗亂宗族者乙良 杖六十齊 ○親子乙 異姓人亦中 收養以 給付爲在乙良 罪同遣 其子乙良 還父母齊 其遺棄小兒乙良 三歲以下 是去等 必于 異姓是良置 聽許收養 卽從其姓爲乎矣 遺棄小兒叱段 親生父母亦 難便棄置 小兒是去有乙 時亦中 父母俱存民財富足爲在 人等亦 貪利爲要 自矣 子息乙 他戶良中 强置冒稱遺棄小兒爲臥乎所 毁亂風俗爲臥乎事是良尒 不在此限齊"(『大明律直解』卷4, 戶律, 戶役, 立嫡子違法).

내용이 포함되어 있다는 것은 고려 말·조선 초에 재물을 획득하려고 자식을 다른 사람의 양자녀가 되게 하는 일이 관에서 주목할 정도의 사회 현상으로 나타났기 때문일 것이다.

이를 통하여 고려 후기에 권세가를 통해 원하는 것을 얻고자 하는 사람들이 권세가와의 친밀한 관계를 더욱 돈독히 하기 위해서 양부모, 양자녀 관계를 맺기도 하였음을 알 수 있다. 그리고 이러한 양부모, 양자녀 관계 형성에는 서로 재물을 주고받는 행위가 수반되었다. 이는 (나)의 『대명률직해』 직해문을 통해서 알 수 있듯이 주로 권세가의 자녀가 권세가와의 유대를 돈독히 하려는 사람의 양자녀가 되어 그들의 재산을 증여·상속받는 것으로 표출되었던 것 같다. 자녀들이 다른 사람의 양자녀가 되어서 양부모로부터 재산을 증여·상속받는 것이 실질적으로는 뇌물을 받는 것일지라도 표면적으로는 양자녀로서 재산을 증여·상속받은 것이라는 명분이 있었던 데 그 이유가 있었을 것이다.

이와 같이 고려 후기의 기록에는 부처(夫妻) 양측의 친족뿐 아니라 부처 모두에 혈연관계가 없는 타인(他人)을 양자녀로 삼는 현상이 나타났다. 서로간에 유대관계를 돈독히 하려는 사람들 사이에 양부모, 양자녀 관계가 자유롭게 형성되었던 것이다. 특히 그 한 형태로서 고려 말에는 권세가와 친분관계를 돈독히 하려고 양부모, 양자녀 관계를 형성하는 사례가 성행하였다는 사실을 확인할 수 있었다.

2. 수양, 시양 관련법의 제정

1) 법 제정의 배경

고려 말 조선 건국 주체들이 정권을 잡은 후 『경국대전』이 완성되기까지 위정자들의 가족 정책의 방향은 유교적 가족질서의 틀을 확립하는 것이었다. 이는 유교 이념에 부합하는 부부(夫婦)관계와 부자(父子)관계의 정립으로 나타났다.

먼저 부부관계를 정립하기 위한 대표적 정책으로는 일부일처제(一夫一妻制)를 확립하고, 친영례(親迎禮)를 보급시키기 위해 시행한 정책들을 들 수 있다.[26] 이러한 정책들의 기저에는 부부는 인륜(人倫)의 근본이라는 인식이 있었다. 조선 전기의 위정자들은 부부가 인륜의 근본인 이유를 종사(宗祀)를 받들고 후세(後世)를 잇기 때문이라고 하였다.[27] 이렇게 종사를 받들고 후세를 잇는 것은 부가(夫家) 조상의 제사를 받들고 가계를 계승하는 것을 의미한다. 이렇게 조선 전기 위정자들이 추진한 부부관계 정립을 위한 정책은 제사 및 가계계승과 밀접한 관련을 가지고 있었다.

다음으로 부자관계를 정립하기 위한 정책으로는 효(孝)에 대한 장려와 유교 의식에 따른 상장례(喪葬禮) 및 제사형태의 확립을 들 수 있다. 태조는 즉위 직후 내린 교서(敎書)에서 충신, 효자, 의부(義夫), 절부(節婦)를 발탁하여 등용하고 정표(旌表)함으로써 이를 장려할 것이라는 점을 언급하였다.[28]

---

26) 『太宗實錄』 卷25, 太宗 13年 3月 10日 己丑 ; 『太宗實錄』 卷29, 太宗 15年 正月 15日 甲寅 ; 『世宗實錄』 卷28, 世宗 7年 5月 12日 辛巳 ; 『世宗實錄』 卷50, 世宗 12年 12月 22日 戊子 ; 『世宗實錄』 卷64, 世宗 16年 4月 12日 己未 ; 『世宗實錄』 卷64, 世宗 16年 4月 17日 甲子 ; 『世宗實錄』 卷67, 世宗 17年 1月 23日 乙未 ; 『世宗實錄』 卷67, 世宗 17年 2月 29日 辛未.

27) "議政府左議政李原等陳言 夫婦人倫之本 所以承宗祀而繼後世也 ……"(『世宗實錄』 卷28, 世宗 7年 6月 23日 辛酉).

28) 『太祖實錄』 卷2, 太祖 元年 7月 28日 丁未.

44

그만큼 조선 건국 주체들의 효의 장려에 대한 의지가 강하였음을 알 수 있다. 상장례와 제사형태의 정비도 부모에 대한 효의 실천의 외적 형태를 정비한다는 의미를 가지고 있다. 그런데 조선의 위정자들은 부모가 사망한 후에도 생전과 같이 효를 행한다는 차원에서 그치지 않고, 불교나 민간신앙에 의해 행하던 이전의 상장례와 제사형태를 유교적인 의식으로 변화시키고자 하였다.

조선의 위정자들은 유교적 제사형태와 가계계승체제의 확립을 위해서 가묘제(家廟祭)와 적장자(嫡長子) 중심의 제사계승 형태 정착을 위해 노력하였다. 이를 위해서는 적장자의 집에 가묘(家廟)를 세우는 것이 선행되어야 했다. 유교적 제사형태가 정착되기 이전에도 부모 사후에 자식이 효를 행한다는 차원에서 불교나 민간신앙에 의존하여 사망한 부모의 묘를 돌보고 제사를 지냈다.[29] 그런데 조선 정부에서는 단순히 사망한 부모에 대하여 효도한다는 차원에서 제사를 지내도록 하는데 그치지 않고, 가묘 설립을 독려함으로써 적장자 중심의 제사 설행과 가계계승체제 정착을 위해 노력하였던 것이다.

조선 건국 주체들은 고려 말 공양왕대부터 조선 초에 이르는 시기에 가묘를 설치할 것을 법령으로 제정하여 사대부들에게 가묘를 설치하도록 독려하였다.[30] 그러나 가묘를 설치하는 집이 많지 않자 태종대에는 사대부 중에 가묘를 세우지 않는 자를 적발하도록 하였다.[31] 그리고 세종대에는 관직에 있는 사람에게 품계에 따라 기한을 정하여 가묘를 설치하도록 하고 가묘를 설치하지 않는 사람에게는 죄를 과하게 하였다.[32] 또한 대소인리(大

---

29) 朱雄英(1985), 「家廟의 設立背景과 그 機能－麗末鮮初의 社會變化를 중심으로－」, 『歷史敎育論集』 7 참조.

30) 『高麗史』 卷63, 志17, 禮5, 吉禮小祀 大夫士庶人祭禮 ; 『太祖實錄』 卷2, 太祖 元年 9月 24日 壬寅 ; 『太祖實錄』 卷11, 太祖 6年 4月 丁未.

31) 『太宗實錄』 卷25, 太宗 13年 5月 10日 戊子.

小人吏)들도 기한을 정하여 가묘를 설치하지 않으면 처벌하게 하였다.[33] 이렇게 가묘 설치를 독려하는 강력한 정책을 실시했음에도 불구하고 여전히 가묘를 설치하지 않는 사람들이 많았다.[34] 그러나 이러한 정책이 지속적으로 추진됨에 따라 가묘를 설치하는 사람들이 점진적으로 증가하였고, 이는 유교적 제사형태가 정착되는 근간이 되었다.

이렇게 조선 정부에서는 적장자의 집에 가묘를 세워『주자가례』에 따라 제사의식을 행하도록 하였다. 그런데 이러한 제사형태에서는 아들이 없으면 제사를 행할 수 없게 된다. 이전에는 아들이든 딸이든 제사를 행할 수 있었고, 자녀가 없는 경우 근친이나 노비가 제사를 받들기도 하였다. 그러나 이러한 정부 정책에 부응하기 위해서는 아들이 없는 집안에서는 제사를 주관할 양자를 부측(夫側) 동성 친족 중에서 세워야 했다. 그리고 이러한 입양 형태가 유교적 가족질서를 정착시키고자 하였던 위정자들에게 가장 이상적인 입양 형태로 인식되었다.

이에 따라 우선 부처(夫妻) 양측 친족과 부처에 모두 혈연관계가 없는 타인(他人)의 입양이 가능하였던 기존 입양 관행에 대한 정비가 이루어졌다. 유교적 제사형태와 가계계승체제를 확립하고자 하였던 위정자들의 입장에서 보았을 때 부측(夫側) 동성 친족 중 소목에 합당한 자 외의 입양은 규제되어야 할 대상이었다. 또한 권세가와 교결하기 위한 입양도 행해지고 있어 이에 대한 규제도 필요하였다. 이렇게 기존 입양 관행은 유교 이념에 따라 새로운 사회질서를 구축하고자 하였던 조선의 위정자들에게 부정적으로 인식되었다. 그렇지만 많은 관료들이 기존 입양 관행에 젖어 있는 것 또한 현실이었다. 이러한 상황에서 기존 입양 관행을 정비하는 법이 제정되게

---

32) 『世宗實錄』卷35, 世宗 9年 2月 10日 戊辰 ;『世宗實錄』卷54, 世宗 13年 12月 22日 癸丑.
33) 『世宗實錄』卷55, 世宗 14年 2月 2日 辛卯.
34) 高英津(1989),「15 · 16世紀 朱子家禮의 施行과 그 意義」,『韓國史論』21, 94~95쪽.

되었다.

2) 법의 내용

(1) 재산상속 규정

고려 말 조선 건국 주체들이 정권을 잡은 이후 양자녀에 대한 재산 증여·상속에 관한 규정을 살펴보면, 부처(夫妻)에 혈연관계가 없는 타인(他人)을 양자녀로 삼아 재산을 증여하거나 상속하는 행위를 규제하고자 하였음을 알 수 있다.[35] 우선 입양이 뇌물을 증여하는 수단으로 이용되는 폐단을 막고자 하였던 것이다. 유교적 가족질서의 확립을 위해서는 우선 정략적 목적의 입양이 규제되어야 할 필요가 있었다.

조선 건국 후에는 재산 분쟁에 대비하여 상속 규정을 정비하였다. 이는 태조 6년(1397)에 처음 규정되어 태종 5년(1405)에 수정되었고, 다시 수정되고 보완되는 과정을 거쳐『경국대전』에 수록되었다.[36] 이 세 법조문에서 모두 수양자녀와 시양자녀를 합법적인 재산상속 대상자로 규정하였다. 이 중 태조 6년과 태종 5년 규정에서는 자녀가 없는 경우의 상속분만을 규정하였고,『경국대전』규정에서는 적자녀(嫡子女)가 있는 경우, 적자녀는 없고 첩자녀(妾子女)만 있는 경우, 자녀가 없는 경우의 상속분을 모두 규정하였다. 이 규정들을 살펴보면 다음과 같다.

(가) 태조 6년 규정

자식이 없는 사람이 온전히 계사(繼嗣)를 위하여 3세전에 절부(節付)한 경우 및 유기소아(遺棄小兒)인 수양자(收養者)는 곧 자기 자식과 같으니

---

35)『高麗史』卷85, 志39, 刑法2, 奴婢.
36)『太祖實錄』卷12, 太祖 6年 7月 25日 甲戌 ;『太宗實錄』卷10, 太宗 5年 9月 6日 戊戌 ;『經國大典』卷5, 刑典, 私賤.

비록 전계명문(傳繼明文)이 없더라도 그 노비를 모두 주도록 허락한다.
무릇 시양(侍養)이 된 자에게는 진실로 전득명문(傳得明文)이 있으면 명문에
따라 결급(決給)하고, 명문이 없으면 반을 결급하되 나머지 반은 본종의
제사를 주관하는 자나 자신에게 효도한 친척에게 차등 결급하도록 한다.37)

(나) 태종 5년 규정

자식이 없는 사람으로 오로지 계사(繼嗣)를 위하여 3세전에 절부(節付)한
경우 및 유기소아(遺棄小兒)인 수양자(收養者)에게는 노비를 모두 주고,
시양자(侍養者)에게는 동성은 1/3을 주고 이성은 1/4을 주며, 그 나머지
노비는 윗 조항의 예대로 사손(使孫) 4촌에 한하여 분급(分給)하고 4촌이
없으면 속공(屬公)한다. 전계(傳係)가 있으면 이 규정을 적용하지 않는다.38)

(다) 『경국대전』 규정

◎ 무자녀(無子女) 양부모 노비 : 1/7 〈3세전이면 모두 지급 ……〉
◎ 적실에 자녀가 있는 양부모 노비 : 1/10. 3세전이면 1/7 〈1/10은 적실에
　　자녀가 있으면 시양자녀는 1/10을 주는 것을 말한다. 만약 적실에 자녀가
　　없고 첩자녀만 있으면 아버지의 노비는 양자녀에게 1/7을 주고 나머지는
　　모두 첩자녀에게 준다. 어머니 노비는 본래 분수대로 첩자녀, 양자녀에게
　　주고, 나머지는 본족(本族)에게 되돌린다. 1/7은 적실에 자녀가 있으면
　　수양자녀에게 1/7을 주는 것을 말한다. 만약 적실에 자녀가 없고 양첩자녀
　　(良妾子女)만 있으면 아버지 노비는 수양자녀와 평분(平分)한다. 천첩자
　　녀(賤妾子女)는 1/5을 준다. 어머니 노비는 본래 분수대로 첩자녀에게
　　주고, 나머지는 모두 수양자녀에게 준다.〉39)

---

37) "無子息人 全爲繼嗣 三歲前節付 及遺棄小兒 收養者 即同己子 雖無傳繼明文 其奴婢許令
　　全給 凡爲侍養者 苟有傳得明文 則從明文決給 無明文者 爲半決給 一半許於本宗主祀及
　　己身孝道親戚 差等決給"(『太祖實錄』 卷12, 太祖 6年 7月 25日 甲戌).
38) "無子息人 專爲繼嗣 三歲前節付 及遺棄小兒 收養者 奴婢專給 侍養者 同姓給三分之一
　　異姓給四分之一 其餘奴婢 以上項例 限使孫四寸分給 無四寸者屬公 有傳係者 不在此限"
　　(『太宗實錄』 卷10, 太宗 5年 9月 6日 戊戌).
39) ◎ "無子女養父母奴婢 七分之一 〈三歲前 則全給 ……〉".

48

태조 6년과 태종 5년의 규정을 살펴보면, '자식이 없는 사람으로 오로지 계사(繼嗣)를 위하여 3세전에 절부(節付)한 경우 및 유기소아(遺棄小兒)인 수양자(收養者)'와 '시양자(侍養者)'를 나누어 그 상속분을 차별화하였음을 확인할 수 있다. 그리고 『경국대전』 규정에서는 3세전 양자녀인 수양자녀와 이외의 양자녀인 시양자녀를 구분하여 상속분을 차별화하였음을 알 수 있다.

그런데 태조 6년, 태종 5년 규정에서의 '수양'의 개념과 『경국대전』 규정의 '수양'의 개념이 다르게 규정되어 있다는 점을 확인할 수 있다. 수양자녀와 시양자녀의 상속분을 살펴보기 전에 우선 이에 대하여 검토하고자 한다.

태조 6년과 태종 5년의 규정을 살펴보면, '수양'에는 3세전에 입양한 경우라는 조건 외에 다른 조건이 포함되어 있다. 즉, 계사(繼嗣)를 위하여 3세전에 절부(節付)한 경우와 (계사를 위해 3세전에 수양한) 유기소아가 '수양'으로 기술되어 있다. 그런데 당시 관료들이 이 규정을 실제로 적용할 때 어떻게 해석하였는지를 살펴보면, '3세전'이라는 기준 외에 다른 조건들은 큰 의미를 가지지 못했다는 것을 알 수 있다.

한 사례로 태종 13년(1413) 군사(軍士)의 수양부모에 대한 상제(喪制)를 논하면서 병조참의(兵曹參議) 김자지(金自知)가 『경제육전(經濟六典)』 내용의 일부를 인용하였는데, 그 내용을 살펴보면, '육전(六典)에 이르기를, 3세전 수양은 곧 자기자식과 같다'라고 하였다.40) 『경제육전』은 태종 7년(1407) 개수작업을 시작하여 태종 12년(1412) 4월에 『경제육전원집상절(經

◎ "嫡有子女養父母奴婢 十分之一 三歲前 則七分之一 〈十分之一 謂嫡有子女 則侍養子女給十分之一 如嫡無子女而只有妾子女 則父奴婢給養子女七分之一 餘並給妾子女 母奴婢從本分給妾子女養子女 餘還本族 七分之一 謂嫡有子女 則收養子給七分之一 如嫡無子女而只有良妾子女 則父奴婢與收養子女平分 賤妾子女 則給五分之一 母奴婢從本分給妾子女 餘並給收養子女〉"(『經國大典』卷5, 刑典, 私賤). * 이하 세주는 〈 〉로 표시함.

40) "六典曰 三歲前收養 卽同己子"(『太宗實錄』卷25, 太宗 13年 4月 24日 壬申).

濟六典元集詳節)』3권과 『경제육전속집상절(經濟六典續集詳節)』3권을 찬진(撰進)하였으며, 다음해 2월에 이를 반행(頒行)하였다.[41) 즉, 김자지가 인용한 『경제육전』은 태종 7년까지의 수교(受敎)를 모은 것이다. 따라서 여기에서의 상속 규정은 태종 5년에 개정된 규정이 반영된 것이라 할 수 있다. 그런데 『경제육전』의 조문을 완성하는 과정에서 태조 6년 규정에 포함된 '곧 자기자식과 같다(卽同己子)'라는 문구도 포함된 것으로 보인다.

김자지는 이 『경제육전』 조항을 인용하면서 다른 조건은 언급하지 않고 '3세전 수양'이라고만 하였다. 『경제육전』에 '3세전 수양' 이외의 다른 조건이 명시되어 있었는지의 여부는 알 수 없다. 그러나 이는 『경제육전』 편찬자들이나 김자지 중 적어도 한 쪽에서는 3세전에 입양했다는 조건 이외의 조건들은 별 의미가 없다고 판단했다는 것을 알려준다. 이외에도 왕, 정부 기관, 법사(法司)에서 『경제육전』이나 태종 5년의 수교를 인용하면서 다른 조건은 제외하고 '3세전 수양'이라고만 언급한 사례가 다수 나타난다. 이렇게 실제 법 해석에서는 다른 조건은 중요하지 않았고, 3세전에 수양했는지의 여부가 중요시되었다.

이렇게 '수양'의 개념에 있어서 태조 6년과 태종 5년의 법조문과 이 조문에 대한 인식에 차이가 나타나는 이유는 당시 위정자들의 정책 지향점과 현실의 괴리에서 찾을 수 있을 것이다. 조선 초 위정자들은 유교적 이상 사회를 구현하려는 목표하에 많은 새로운 법과 제도들을 제정해나갔다. 그러나 이것이 현실을 반영하는 정제된 조문으로 만들어지기 위해서는 많은 판례가 축적되어야 했다. 이러한 이유 때문에 법조문과 위정자들의 조문 해석에 이와 같은 차이가 나타나게 되었던 것이다.

조선 초의 위정자들은 중국의 여러 왕조와 고려에서 이미 법으로 제정됨으로써 법제적 근거가 있는 계사(繼嗣)를 위한 입양과 유기소아 입양의 요소를

---

41) 연세대학교 국학연구원 편(1993), 『經濟六典輯錄』, 신서원, 3~5쪽 참조.

법조문상에 그대로 넣었다. 계사를 위한 입양은 조선의 위정자들이 입양의 목적 중 가장 중요시 여겼던 것이었다. 따라서 현실과는 괴리되는 내용이었음에도 불구하고 법조문 내에 포함시켰던 것 같다. 한편 '유기소아'의 경우 조선에서는 당률에서 사용하였던 버려진 어린 아이를 뜻하는 '유기소아'의 의미가 아닌 다른 의미로 사용되는 경우가 있었다. 앞서 부모도 있고 재물이 넉넉한데도 자식을 남의 집에 억지로 맡기고 유기소아라고 모칭하는 현상이 나타난다는『대명률직해』의 직해문을 인용한 바 있다. 이를 살펴보면, 당시에 부모에게 버려진 아이가 아니더라도 '유기소아'라고 칭하기도 하였음을 알 수 있다. 이러한 사례들이 만연함에 따라 '유기소아'는 부모에게 버려진 어린아이라는 의미 뿐 아니라 3세전에 수양된 자를 지칭하는 의미로도 사용되었던 것으로 보인다. 세종 30년(1448) 경안공주(慶安公主)의 아들 권총(權聰)의 상서(上書) 내용 중에는 세종 15년(1433) 수양모의 친족이자 시양자인 김훤(金晅)과의 노비 소송에 대한 내용이 실려 있다. 그는 손외(孫外)에 재산을 주지 말라는 조상 유서를 가지고 양모의 노비를 획득하고자 하는 김훤의 논리에 대항하여 '유기소아를 수양하였으면 자기자식과 같다'는 논리를 폈다.[42] 권총의 논리에 따르면 권총 자신도 유기소아 수양의 예에 해당된다는 것인데, 이를 통해서 당시에 '유기소아'라는 용어는 3세전에 수양된 자를 지칭하는 뜻으로 전화(轉化)되어 사용되기도 하였음을 확인할 수 있다.

이와 같은 사실을 통해 태조 6년의 규정 제정 당시부터 이미 실제로는 3세전에 입양한 양자녀는 '수양자', '수양녀'로, 3세가 넘은 사람을 입양한 경우 그 양자녀를 '시양자', '시양녀'로 지칭하였음을 알 수 있다. 즉, 태조 6년 규정에서부터 '수양'과 '시양'의 실질적 개념은『경국대전』의 규정과 차이가 없었던 것으로 판단된다.[43]

---

42)『世宗實錄』卷120, 世宗 30年 4月 9日 甲子.

그렇다면 각각에서 규정한 상속분을 살펴보도록 하겠다.『경국대전』에서
는 자녀가 있는 경우의 상속분도 규정하였으나 태조 6년과 태종 5년의
규정에서는 자녀가 없는 경우의 상속분만을 규정하였다. 따라서 우선 자녀가
없는 경우의 상속분을 살펴보기로 하겠다.44)

〈표 Ⅱ-1〉 15세기 수양 · 시양자녀의 법정 상속분의 변화 (자녀가 없는 경우)

	수양자녀	시양자녀
태조 6년 규정	모두 지급	절반
태종 5년 규정	모두 지급	· 동성 : 三分之一 · 이성 : 四分之一
『경국대전』 규정	모두 지급	七分之一

〈표 Ⅱ-1〉을 살펴보면, 양부모에게 친자녀가 없는 경우에 수양자녀는
양부모의 재산을 모두 상속받을 수 있도록 하였음을 알 수 있다. 그러나
시양자녀의 경우 태조 6년에 절반으로 규정된 후 점차 감소하여『경국대전』
규정에서는 양부모 재산의 1/7만 받도록 규정되었다. 즉, 국초부터 수양과
시양을 구분하여 시양자녀의 상속분을 축소시키고자 하였으며, 이러한

---

43)『경국대전주해(經國大典註解)』의 양자녀조(養子女條)에서는 '타인의 자식을 취하
   여 길러 자식으로 삼은 것을 시양이라 하고, 3세전에 거두어 길러 곧 자기 자식과
   같은 것을 수양이라 한다.[取他人子 養以爲子 曰侍養 三歲前收而養之 卽同己子 曰收
   養]'라고 하였다(『經國大典註解』前集, 刑典, 養子女).

44) 조선시대의 법조문에 규정된 상속분은 재주(財主)가 나누지 않은 재산에 대한
   것이다. 만약 재주가 생전에 전계문기(傳繼文記)를 작성해 놓은 경우 법 규정의
   적용을 받지 않았다. 특히 양자녀에 대한 재산 증여는 양부모와 양자녀 관계의
   친밀도에 따라 많은 차이가 있었다. 그렇다고 하더라도 법정 상속분은 수양자녀나
   시양자녀가 양부모가 전계문기를 작성해두지 않은 재산을 두고 첩자녀나 양부모의
   친족과 소송을 할 경우 적용되는 규정이라는 점에서 의미가 있다. 양부모가 모든
   재산을 구처(區處)하고 사망하지 않는 한 법정 상속분의 적용을 받게 되는 것이다.
   그리고 실제로 양부모가 수양 · 시양자녀에 대해 재산을 증여 · 상속할 때 그 증여 ·
   상속분에 영향을 미쳤을 가능성도 있다. 따라서 법정 상속분은 실제 증여 · 상속분과
   도 연관을 가지고 있다고 할 수 있다.

정책은『경국대전』이 완성되는 시점까지 지속되고 강화되었다는 것을 알
수 있다.

양부모에게 자녀가 없는 경우 시양자녀의 법정 상속분이 축소되어갔던데
반해 수양자녀는 양부모의 재산을 모두 상속받을 수 있었다. 그러나 수양자녀
의 상속분을 제한하고자 하는 움직임도 있었다. 세종 15년(1433)에 수양자녀
가 손외(孫外)의 사람인데 손외에 재산을 주지 말라는 조상의 유서가 있었다
면 유서에 따라 수양자녀에게 재산을 주지 말도록 한 것이 그러한 예라
할 수 있다.45)

한편,『경국대전』에서는 자식이 있는 경우에도 수양자녀나 시양자녀를
들이는 현실을 반영하여 적실에 자녀가 있는 경우, 적자녀가 없고 첩자녀만
있는 경우의 상속분도 규정되어 있다. 이를 가족 유형별로 정리하면 〈표
II-2〉와 같다.

〈표 II-2〉『경국대전』에 규정된 가족 유형별 수양·시양자녀의 상속분

가족 유형	재주(財主)	수양자녀	시양자녀
자녀가 없는 경우	양부모	모두 지급	七分之一
적실(嫡室)에 자녀가 없고 양첩자녀(良妾子女)가 있는 경우	양부	양첩자녀와 평분(平分) (천첩자녀는 五分之一)	七分之一
	양모	첩자녀 몫 (양첩자녀 : 七分之一, 천첩자녀 : 十分之一)을 제외하고 모두 지급	七分之一
적실에 자녀가 없고 천첩자녀(賤妾子女)만 있는 경우	양부	천첩자녀 몫(五分之一)을 제외하고 모두 지급	七分之一
	양모	천첩자녀 몫(十分之一)을 제외하고 모두 지급	七分之一
적실에 자녀가 있는 경우	양부모	七分之一	十分之一

45)『世宗實錄』卷61, 世宗 15年 閏8月 2日 壬子. 세종 15년의 이 조치는『경국대전』에서
'3세전 양자녀와 승중의자(承重義子)는 곧 친자녀와 같으니, 비록 유서에 손외의
타인(他人)에게 주지 말라는 말이 있더라도 쓰지 않는다[三歲前養子女 承重義子
卽同親子女 雖遺書有勿與他之語 勿用]'라고 번복되었다(『經國大典』卷5, 刑典, 私賤).
그렇지만 세종 15년에 위의 조치가 행해졌다는 사실만으로도 수양자녀의 재산상속
분을 제한하고자 하는 움직임이 있었다는 것을 알 수 있다.

〈표 Ⅱ-2〉를 살펴보면, 양부모에게 적자녀가 있는 경우에 수양·시양자녀의 상속분은 각각 1/7, 1/10로, 자녀가 없는 경우에 비해 적은 양을 상속받도록 하였음을 알 수 있다. 또한 첩자녀만 있는 경우에 시양자녀의 상속분은 자녀가 없는 경우와 마찬가지로 1/7로 규정되었다. 수양자녀의 상속분은 양부(養父) 재산은 양첩자녀(良妾子女)와 동일한 양을 상속받도록 하였으며, 양모(養母) 재산은 첩자녀 상속분을 제외하고 받을 수 있도록 하였다. 양부, 양모는 첩자녀의 입장에서 보면 각각 친부(親父), 적모(嫡母)이다. 첩자녀 상속분은 친부 재산인지, 혈연관계가 없는 적모 재산인지에 따라 달랐으며, 이에 따라 첩자녀가 있는 양부모 재산의 수양자녀 상속분은 양부 재산인지, 양모 재산인지에 따라 차이가 났다.

이와 같은 분석을 바탕으로 우선 15세기 자녀가 없는 양부모의 수양·시양자녀에 대한 상속 규정을 살펴보면, 시양자녀의 상속분을 제한하고 축소하는 방향으로 전개되었음을 확인할 수 있다. 수양자녀, 시양자녀가 모두 종법적 가계계승자로서의 역할을 하지 못하는데, 시양자녀의 상속분은 크게 축소되어 간 반면에 상대적으로 수양자녀의 상속분에 대한 제한이 크지 않았던 이유는 다음과 같다. 당시 수양, 시양은 관료층에서도 흔히 행해지고 있었다. 이러한 상황에서 수양의 경우에는 어릴 때부터 양육하여 양부모, 양자녀 상호간에 은의(恩誼)가 돈독하였다는 사실을 간과할 수 없었다. 또한 당 이후 중국의 역대 왕조와 고려의 법에서 3세 이하 유기소아 수양자에게 양부의 성을 따르게 하여 계사를 할 수 있도록 하였던 법제적 근거까지 있었다. 이는 수양자녀의 위상을 약화시킬 수 없는 명분이 되었다. 이에 따라 국초부터 수양자녀에 대해서는 '자기자식과 같다'는 문구가 법조문에 명시되었고, 이는 수양자녀에 대한 처우가 낮아지는 것을 막는 버팀목이 되었다.46)

---

46) 수양자녀에 대해 '자기자식과 같다'는 '즉동기자(卽同己子)'라는 문구는 공양왕

다음으로 양부모에게 자녀가 있는 경우 수양·시양자녀에 대한 상속분이 규정된 『경국대전』 규정을 살펴보면, 양부 재산의 경우 수양자녀마저도 양첩자녀에 비해 상속분의 우위를 지키지 못하였음을 알 수 있다. 이는 조선 건국 후 유교적 가족질서의 확립과 기존 입양 관행의 폐단 제거를 위해 수양, 시양을 규제하고자 하였던 움직임이 나타난 결과라고 할 수 있다. 양부모에게 자식이 있는 경우에는 수양자가 계사할 수 있다는 오랜 전통을 가진 법조문을 고려할 여지가 없었던 것이다.

(2) 복상(服喪) 규정

앞서 언급했던 고려시대 양자녀의 양부모에 대한 복상 규정에서는 동종지자(同宗支子) 및 유기소아(遺棄小兒)로 3세전에 절부(節付)하여 수양된 자는 수양부모를 위하여 3년복을 입고 동종지자는 친부모에게는 강복(降服)하도록 규정되어 있다. 그러나 친부모의 상에도 단상(短喪)하는 것이 일반적이었던 고려시대에 이 규정이 있었다고 하더라도 실제 3년상을 행하는 경우는

3년(1391) '후사가 없는 사람이 3세전 유기소아를 자신의 성을 따르게 하고 호적에 붙인 경우에는 곧 자기자식과 같이 복(服)을 입도록 하고[無後人 以三歲前遺棄小兒 冒姓付籍者 卽同己子]'라고 한 복상 규정에서 처음 등장한다. 그리고 이 문구는 공양왕 4년(1392) 인물추변도감(人物推辨都監)에서 제정한 노비결송법에도 등장한다. '동종지자(同宗支子) 및 3세전 유기소아를 호적에 붙여 수양으로 삼은 경우에 곧 자기 자식과 같이 전해주는 것 외에 지금부터 노비를 얻고자 하여 수양이라 모칭하는 것을 일체 금한다 [同宗支子 及三歲前遺弃小兒 戶口付籍 爲收養者 卽同己子 傳給外 自今窺得奴婢冒稱收養者 一切禁之]'라고 한 것이 바로 그것이다. 또한 조선 건국 후 태조 6년의 상속 규정에서도 '자식이 없는 사람이 온전히 계사를 위하여 3세전에 절부한 경우 및 유기소아인 수양자(收養者)는 곧 자기 자식과 같다[無子息人 全爲繼嗣 三歲前節付 及遺棄小兒 收養者 卽同己子]'고 하며, 이들에게는 전계명문이 없다 하더라도 양부모의 재산을 모두 받을 수 있도록 하였다. 이후 '3세전 수양이 곧 자기자식과 같다'는 문구는 『경제육전』에 반영되어 수양자녀의 처우가 낮아지는 것을 막는 법제적 근거가 되기도 하였다(『高麗史』 卷64, 志18, 禮6, 凶禮, 五服制度 ; 『高麗史』 卷85, 志39, 刑法2, 奴婢 ;『太祖實錄』 卷12, 太祖 6年 7月 25日 甲戌 ;『太宗實錄』 卷25, 太宗 13年 4月 24日 壬申).

거의 없었다고 보아야 할 것이다. 이를 고려해 볼 때 이성 족인(異姓族人)의 자식을 수양한 경우의 복상 규정 역시 제대로 지켜졌을지 의문이다. 조선 건국 주체들이 정권을 장악한 이후인 공양왕 3년(1391)에는『대명률』의 복제식(服制式)에 따라 복제를 개정하였고, 3세전 유기소아로 양부모의 성을 따르고 양부모의 호적에 붙인 경우에는 자기자식과 같이 복상하도록 하였다.47)

조선 건국 이후 위정자들은 사대부들에게 부모 3년상을 행하도록 독려하여, 성종조에 이르면 3년상이 상당한 정도로 행해졌다.48) 이러한 상황에서 국초부터 법조문에 '자기 자식과 같다'라는 문구가 명시되어 있었던 수양자녀는 양부모에 대하여 친부모 복제(服制)와 같은 3년복을 입게 되었다.

조선 전기 수양부모 복제에 관한 기록은 태종 13년(1413) 군사의 수양부모 상제(喪制)를 정했다는 기록이 처음이다.49) 이 기록에서 군사의 수양부모 상제에 대한 병조참의 김자지의 계문(啓文)과 예조판서(禮曹判書) 황희(黃喜)의 의견을 살펴보도록 하겠다.50)

◎ 김자지의 계문 : 갑사(甲士) 중에 수양부모를 위하여 최질(衰絰) 3년을 행하고자 하는 자가 있는데, 육전(六典)에 이르기를, '3세전 수양은 곧 자기자식과 같다' 하였으니 만약 이로써 논한다면 마땅히 그 말을 따라야 하지만 군관(軍官)으로서 말한다면 또 불가할 듯하니 어떻게 처리해야 하겠습니까?

---

47)『高麗史』卷64, 志18, 禮6, 凶禮, 五服制度.
48) 高英津(1989), 앞의 논문, 97~102쪽.
49)『太宗實錄』卷25, 太宗 13年 4月 24日 壬申.
50) ◎ 김자지의 계문 :"甲士有欲爲收養父母行衰絰三年者 六典曰 三歲前收養 卽同己子 若以此論之 當從其言 以軍官言之 又或不可 何以處之".
   ◎ 황희의 의견 :"軍官於親喪只服百日 收養則雖朝官皆以百日爲限 若令軍官短親喪而 終收養之服 則是所厚者薄 而所薄者厚也"(『太宗實錄』卷25, 太宗 13年 4月 24日 壬申).

◎ 황희의 의견 : 군관(軍官)은 친부모의 상에도 100일만 복을 입고, 수양은 비록 조관(朝官)이라도 모두 100일로 한도를 삼습니다. 만약 군관으로 하여금 친부모의 상복을 짧게 입도록 하고 수양의 복은 3년을 마치게 한다면 이는 후하게 해야 할 것을 박하게 하고 박하게 해야 할 것을 후하게 하는 것입니다.

김자지가 병조참의로서 올린 계문은 갑사 중에 수양부모에 대하여 3년상을 행하고자 하는 사람이 있는데, 3세전 수양은 곧 자기자식과 같다는 법전 조문에 근거한다면 이를 허락해주어야 하지만 군관이 3년상을 행할 경우 병무(兵務)에 손실이 발생할 우려가 있다며 그 처리를 어떻게 해야 할지 왕에게 판단을 내려 줄 것을 청한 것이다. 이에 대해 예조판서 황희는 군관은 친부모 상에도 100일복만 입고 수양부모에게는 조관들도 100일까지만 복(服)을 입는다고 하며, 군관에게 3년상을 행하도록 하는 것은 불가하다고 하였다. 결국 의정부의 논의를 거쳐 군사의 수양부모 복상 기간은 100일로 정해졌다.

군관에게 친부모상과 수양부모상에 모두 100일의 복을 입게 한 것은 병무의 손실을 방지하기 위한 일이기 때문에 일반인의 경우와 다르다. 또한 황희가 언급한 내용 중에 조관이 수양부모에 대하여 100일복을 입는다고 한 것은 부모 3년상이 보편화되지 않은 당시 상황에 기인한다. 당시에는 조관들이 수양부모의 상에 3년상을 행하는 것보다 복상 기간 동안 이들의 부재로 행정공백이 발생하는 것을 방지하는 것이 더 중요하게 여겨졌던 것이다.

수양부모 3년상이 언제 법제화되었는지는 정확하게 알 수 없다. 수양부모 3년상이 법제화되어 있었다는 사실이 명확히 드러나는 것은 성종 4년(1473)의 일이다. 이때 사헌부와 사간원에서는 전 중추(前中樞) 송처관(宋處寬)이 수양모의 상에 100일 동안만 복(服)을 입었다는 이유로 『경국대전』의 조문에 의거하여 죄를 주기를 청하였다. 이를 통해 성종 원년(1470)에 간행되어 동왕 2년(1471)부터 준행된 경국대전인 『신묘대전(辛卯大典)』에서 수양부모 3년상이 법제화되어 있었음을 확인할 수 있다.51) 그리고 현존하는 경국대전인 『을사대전(乙巳大典)』에는 수양부모 3년상이 다음과 같이 법제화되어 있다.52)

> 양부(養父) 〈3세전에 거두어 기른 자〉 : 자최(齊衰) 3년 〈자신의 부모가 생존해있으면 강복(降服)하여 기년(期年)을 입고, 관직에서 물러나 심상(心喪) 3년을 행한다. 만약 아버지가 사망한 장자(長子)는 기년을 입고 상복을 벗는다. 〈양모(養母)의 경우도 같다.〉 사대부가 천인(賤人)에 대해서는 시마복(緦麻服)을 입는다.〉53)
> 양모(養母) : 자최(齊衰) 3년

이렇게 기록상으로는 신묘년에 발행된 『경국대전』에서부터 수양부모 3년상이 법제화되어 있었다는 사실을 확인할 수 있다. 그러나 고려시대에 3세전 유기소아 수양자의 수양부모에 대한 복(服)을 3년복으로 규정하였으며, 국초부터 수양자녀에 대해 자기자식과 같다는 문구가 법조문에 명시되어

---

51) 『成宗實錄』 卷28, 成宗 4年 3月 24日 甲寅 ; 『成宗實錄』 卷28, 成宗 4年 3月 29日 己未 ; 『成宗實錄』 卷28, 成宗 4年 3月 30日 庚申 ; 『成宗實錄』 卷29, 成宗 4年 4月 3日 癸亥.

52) "養父 〈三歲前 收而養育者〉 齊衰三年 〈己之父母在 則降服期 解官 心喪三年 若父歿長子 則期而除, 〈養母同〉 士大夫若於賤人緦麻〉" ; "養母 齊衰三年"(『經國大典』 卷3, 禮典, 五服).

53) 사대부가 천인인 수양부모에 대하여 시마복을 입도록 한 것은 당시의 신분질서에 기인한다. 사대부가 천인의 상에 복을 입는 것이 불가하다는 주장이 제기되어 여러 차례 논의가 계속되다가 성종 12년(1481) 결국 유모와 같은 시마복으로 결정되었다(『成宗實錄』 卷124, 成宗 11年 12月 16日 辛酉 ; 『成宗實錄』 卷125, 成宗 12年 正月 3日 戊寅 ; 『成宗實錄』 卷126, 成宗 12年 2月 9日 癸丑 ; 『成宗實錄』 卷126, 成宗 12年 2月 23日 丁卯).

있었다는 사실을 고려해 볼 때 수양부모의 3년상은 국초부터 법제화되었을 것으로 생각된다.

세종 11년(1429)에는 시양부모 복상 규정의 제정 여부가 논의되었다. 시양부모 복상 규정을 제정할 것인지에 대한 세종의 물음에 지신사(知申事) 정흠지(鄭欽之)는 "수양의 법에 유기소아는 곧 자기자식과 같다고 하였으므로 복상을 그 부모와 같이 하는 것이 가합니다. 만약 시양이라면 무슨 은덕(恩德)이 있어 그 상(喪)에 복(服)을 입겠습니까? 왕왕 노비를 얻고자 하여 예(禮)를 무릅쓰고 행상(行喪)하는 자가 있으나 이것으로 어찌 법을 삼겠습니까?"라고 하였다.54) 그는 수양자녀는 양부모에 대하여 3년복을 입어야 하지만 시양자녀에 대한 복상 규정까지 법제화할 필요는 없다고 하였다. 시양부모에 대하여 복상하는 사람은 노비를 얻고자 하여 그런 것이라고 부정적으로 평가하며, 이를 법제화할 필요가 없다는 주장을 폈던 것이다. 이후 부모 3년상이 확산되어가면서 수양자녀이든 시양자녀이든간에 양부모의 3년복을 입는 사람들이 생겨났다. 그러나 법제에서는 수양부모에 대한 복상만을 규정하였다.

이렇게 '자기자식과 같다'는 법조문과 양부모의 양육한 은혜가 있는 수양부모에 대해서는 3년복을 법제화하면서도 시양부모 복상 규정은 제정하지 않음으로써 시양부모와 시양자녀의 법제적 관계를 약화시키려 하였다. 이는 상속 규정 제정 취지와 마찬가지로 유교적 제사의식을 주관하는 가계계승자로서의 역할을 하지 않을 뿐 아니라 뇌물 증여 등의 폐단을 낳기도 하는 수양자녀와 시양자녀에 대한 규제의 필요성 때문인 것으로 보인다. 우선 객관적으로 양부모와의 친밀도가 낮다고 판단되는 시양자녀의 법제적 위상을 약화시킴으로써 기존 입양 관행에 대해 간접적으로 규제를 가하고자

---

54) "收養之法 遺棄小兒 卽同己子 故服喪如其親可也 若侍養則有何恩德 而服其喪乎 往往有 貪得臧獲 而冒禮行喪者 是豈法乎"(『世宗實錄』卷43, 世宗 11年 3月 21日 丁卯).

하였던 것이다.

3. 수양, 시양 관련법의 성격

고려시대 입양 형태를 살펴보면 부처(夫妻)의 친족 뿐만 아니라 부처와 모두 혈연관계가 없는 타인(他人)도 입양 대상이 되었고, 입양의 목적에 있어서도 가계계승보다는 다른 목적이 중요시되는 경우가 많았다. 이러한 현상은 조선 건국 후에도 지속되었다. 그런데 이는 유교적 제사형태를 확립하고자 하였던 조선 정부의 정책에 장애가 되는 관습이었으므로 조선의 위정자들은 이러한 기존 입양 관행을 정비하고자 하였다.

이는 먼저 상속 규정의 제정으로 나타났다. 태조 6년 자식이 없는 사람의 수양 · 시양자녀에 대한 상속분이 규정되었는데, 전계명문이 없는 경우에 수양자녀에 대해서는 모두 주도록 하였으며, 시양자녀에 대해서는 반을 주도록 하였다. 이 규정을 시발점으로 하여 수양자녀와 시양자녀는 법제적으로 그 명칭이 명확히 구분되고 위상이 차별화되었다.

고려시대에도 '수양', '시양'이 양자녀를 지칭하는 명칭으로 사용되기는 하였다.

> (가) (공양왕) 4년에 인물추변도감에서 노비결송법을 정하였다. …… 1. 동종지자(同宗支子) 및 3세전 유기소아를 호적에 붙여 **수양**으로 삼은 경우에[戶口付籍 爲**收養**者] 자기 자식과 같이 전해주는 것 외에 지금부터 노비를 얻고자 하여 **수양**이라 모칭하는 것[冒稱**收養**者]을 일체 금한다.[55]

---

[55] "四年 人物推辨都監定奴婢決訟法 …… 一 同宗支子 及三歲前遺弃小兒 戶口付籍 爲收養者 卽同己子 傳給外 自今窺得奴婢冒稱收養者 一切禁之"(『高麗史』 卷85, 志39, 刑法2, 奴婢).

(나) 현종 10년 정월에 새로 급제한 사람이 영친(榮親)하는 법을 정하였는데,
양친(兩親)이 없는 사람은 **시양부모(侍養父母)**, 처부모(妻父母)로 대신
하며, 모두 없으면 백숙부모(伯叔父母)로 대신하도록 하였다.56)

(가)에서 사용된 '수양'은 거두어 기른다는 뜻이 아닌 양자녀를 지칭하는
명칭으로 사용되었다. 그리고 (나)에서는 '시양'이 사용되었는데, 시양부모
가 양친(兩親)이 없는 경우에 영친(榮親)하는 대상이라는 점을 통해 볼
때 시양부모가 양부모라는 것은 확실한 것으로 보인다.

이렇게 고려시대에 '수양'과 '시양'이 모두 사용되고 있었지만 이때까지는
그 개념이 명확하게 구분되어 사용되었던 것 같지는 않다. 앞에서 고려시대에
동종지자(同宗支子)와 3세전 유기소아 수양자 외에 이성 족인(異姓族人)의
자식을 수양(收養)한 경우에도 양부모에 대한 복제(服制)가 규정되어 있었음
을 언급한 바 있다. 이 규정에서 3세전 유기소아 수양자의 양부모에 대한
복제와 이성 족인을 수양한 경우 양부모에 대한 복제가 각각 규정되어
있다는 점을 통해 이성 족인의 자식을 수양한 경우는 3세전 유기소아 수양자
를 지칭하는 것이 아님을 알 수 있다. 그럼에도 불구하고 이 두 경우 모두
'수양'을 사용하였다. 또한 위 인용문의 (나)의 내용을 살펴보면, 시양부모가
조선시대처럼 3세가 넘은 사람을 입양한 양부모를 지칭하는 명칭이라고
단정짓기 어렵다. 만약 조선시대 개념으로서의 시양부모라면 일반적으로
시양부모보다 더 친밀한 관계로 여겨지는 수양부모에 대한 언급이 없다는
점이 설명이 되지 않기 때문이다.

이외에도 『대명률직해』의 직해문을 살펴보면 3세전 양자녀를 입양하는
행위나 그 양자녀를 지칭하는 명칭으로 볼 수 없는 경우에도 '수양'이라는

---

56) "顯宗十年正月定新及第榮親之法 無兩親者 代以侍養父母妻父母 皆無 則代以伯叔父母"
(『高麗史』 卷74, 志28, 選擧2, 科目2, 凡崇獎之典).

용어를 사용한 사례가 여러 차례 나타난다는 점을 확인할 수 있다. 다음
〈표 Ⅱ-3〉은『대명률』원문에서 양자녀를 입양하는 행위나 양자녀를 지칭하는
용어를『대명률직해』의 직해문에서 '수양'으로 번역한 사례를 뽑은 것이다.

〈표 Ⅱ-3〉『대명률직해』에 나타난 '수양(收養)'의 사례

	『대명률』 원문	『대명률직해』 직해문	조항명
1	養同宗之人爲子 [동종(同宗)의 사람을 입양하여 아들로 삼았는데]	同宗之人乙用良 收養作子長養爲乎亦中 [동종의 사람을 수양하여 아들로 삼아 길렀는데]	戶律 戶役 立嫡子違法
2	子孫過房與人 [아들이나 손자를 과방으로 남에게 주었거나]	子孫亦 他人家良中 收養以 長養爲旀 [아들이나 손자가 타인의 집에서 수양으로 길러졌거나]	刑律 盜賊 謀反大逆
3	以子與異姓人爲嗣者 [아들을 이성인(異姓人)에게 주어 그의 후사가 되게 하면]	親子乙 異姓人亦中 收養以 給付爲在乙良 [친아들을 이성인(異姓人)에게 수양으로 주면]	戶律 戶役 立嫡子違法
4	乞養子 [걸양자]	收養 [수양]	吏律 職制 官員襲蔭
5	異姓外人 乞養爲子 [이성(異姓) 외인(外人)을 걸양하여 아들로 삼아]	異姓收養人乙用良 [이성(異姓) 수양인(收養人)으로]	吏律 職制 官員襲蔭
6	乞養異姓義子 [이성(異姓) 의자(義子)를 걸양하여]	他異姓人子乙 收養作子爲 [다른 이성인(異姓人)의 아들을 수양하여 아들로 삼아]	戶律 戶役 立嫡子違法
7	乞養異姓子孫 [걸양한 이성자손]	收養異姓子孫 [수양한 이성자손]	刑律 鬪毆 毆祖父母父母
8	乞養子孫 [걸양자손]	收養子孫 [수양자손]	刑律 鬪毆 毆祖父母父母
9	乞養女 [걸양녀]	收養女 [수양녀]	刑律 犯奸 縱容妻妾犯姦
10	過房乞養者 [과방, 걸양인 자]	收養子息 [수양자식]	戶律 婚姻 男女婚姻
11	乞養過房爲名 [걸양이나 과방이라 칭하여]	請養爲旀 收養爲名爲 [입양하기를 청하거나 수양이라 칭하여]	刑律 賊盜 略人略賣人

‘수양’이 어떠한 의미로 사용되었는지 살펴보기 위해 우선 『대명률』 원문의 ‘과방(過房)’과 ‘걸양(乞養)’의 의미를 살펴보면, ‘과방’은 가계계승을 위한 부측(夫側) 동성 양자를, ‘걸양’은 이 외의 양자녀를 입양하는 행위를 의미한다. 이를 고려하여 ‘수양’이 어떠한 의미로 사용되었는지 살펴보면, 1~3은 가계계승을 위한 부측(夫側) 동성 양자나 이를 입양하는 행위,57) 4~9는 가계계승을 위한 부측(夫側) 동성 양자 이외의 양자녀나 이를 입양하는 행위, 10~11은 이 둘을 병렬한 경우이다. 즉, 『대명률직해』 직해문에서 ‘수양’은 3세전에 입양한 양자녀로 제한되어 사용되지 않았음을 알 수 있다.

당시 조선에서 가계계승을 위한 부측(夫側) 동성 양자와 이 외의 양자녀를 구분하여 지칭하는 적당한 용어를 찾기 어려웠다는 점을 감안하더라도 ‘수양’이 3세전 입양이나 3세전에 입양한 양자녀만을 명확하게 지칭하는 용어였다면 이렇게 광범위하게 사용되지는 않았을 것으로 생각된다.

이러한 점을 종합적으로 고려해볼 때 고려시대의 기록에도 ‘수양’, ‘시양’이라는 용어가 등장하기는 하지만 고려시대에는 조선시대와 같이 이 두 용어가 명확하게 구분되어 사용되지 않았을 것이라고 판단된다.58)

그런데 태조 6년의 상속 규정을 계기로 ‘수양’, ‘시양’의 개념은 법적으로 명확하게 구분되었다. 이 시기에 이렇게 ‘수양’과 ‘시양’의 개념을 구분한 것은 이를 구분하여 수양자녀와 시양자녀의 상속분을 차별화하기 위한 것이었다. 그리고 이후에도 시양자녀의 상속분은 더욱 축소되었다. 수양자녀와 시양자녀를 구분하여 시양자녀를 차별하는 조치는 수양부모의 복상 규정은 제정하면서 시양부모의 복상 규정은 제정하지 않은 것에서도 나타난다.

---

57) 3의 입양 대상은 이성이지만 원문의 ‘사(嗣)’와 직해문의 ‘수양’이 가계계승을 위한 양자를 의미하므로 1, 2와 같은 범주에 포함시켰다.

58) 박병호의 논문에서도 고려시대에 수양자와 시양자의 실질상 구별이 불명확하였을 것으로 추정한 바 있다(朴秉濠(1973), 앞의 논문, 77쪽).

　그렇다면 유교적 제사형태 정착에 장애가 되는 입양 관행을 금지하는 등의 강제적 조치를 취하지 않고, 입양시의 나이를 기준으로 수양자녀와 시양자녀를 구분하여 시양자녀의 법제적 위상을 축소시키는 간접적인 규제 방법을 선택한 이유에 대해 살펴보도록 하겠다.

　첫째 당시 위정자들은 기존 입양 관행에 의한 양자에게서 종법적 가계계승자로서의 역할을 기대하지 않았다.

　조선 초의 위정자들은 가계계승을 위한 부측(夫側) 동성 양자와 이에 해당하지 않는 양자녀를 구분하는 방법을 선택하지 않고, 입양시의 나이를 기준으로 수양자녀와 시양자녀를 구분하여 그 법제적 위상을 차별화하였다. 이는 당시의 위정자들이 수양자나 시양자가 유교적 가계계승체제에 부합하는 양자로서의 기능을 할 것이라는 기대를 거의 하지 않았다는 것을 의미한다.

　국초에는 가묘를 설립한 집도 많지 않아 유교적 제사형태가 실제 사대부들의 생활에 자리잡지 못하였다. 또한 관료층에서도 부처(夫妻) 양측의 모든 계통의 친족 뿐 아니라 부처에 모두 혈연관계가 없는 타인(他人)을 입양하는 관습에 젖어있었다. 이러한 상황에서 강제적인 방법을 통해 기존 입양 관행을 개편한다는 것은 무리였던 것이다.

　따라서 수양·시양자녀의 법제적 위상을 약화시키는 간접적 규제를 하였을 뿐 기존의 입양관행을 인정하였다. 이렇게 국초에는 사회적 충격을 최소화하는 방향으로 기존 입양관행에 대한 규제를 행하였다. 이러한 기반 위에서 세종대에 가묘 설립과 같은 유교적 제사형태 정착을 위한 형식적 조건이 어느 정도 갖춰지자 자식 없는 사람이 종법적 가계계승자를 세우는 기준을 규정한 입후법을 제정하였던 것이다.

　수양자녀와 시양자녀에게 종법적 가계계승자로서의 법적 지위를 부여하지 않았던 것도 이러한 차원에서 설명할 수 있다. 시양자녀의 상속분이 점차 축소되어 갔을 뿐 아니라 양부모에게 자녀가 있는 경우에는 수양자녀의 상속분도 많지 않았다. 그리고 시양자녀의 복상 규정을 제정하지 않았을 뿐 아니라 수양자녀의 경우 수양부에 대해 참최(斬衰) 3년복이 아닌 자최(齊衰) 3년복을 입도록 하고, 친부모가 살아있을 경우에는 수양부모의 복(服)을 강복(降服)하도록 하였다.[59] 수양부모보다는 친부모를 더 중시하도록 한 규정이었던 것이다.

둘째 기존 입양 관행의 긍정적 측면을 인정한 조치였다.

상류층을 중심으로 권세가와 교결하고자 하여 수양, 시양의 관계를 맺는 등 수양, 시양의 부정적 측면이 나타나기도 하였지만 긍정적 측면도 간과할 수 없었다. 아이의 양육, 양부모에 대한 봉양, 봉사, 친족이나 이웃간의 유대관계 형성 등이 이러한 예라 할 수 있다. 특히 양육과 봉사의 기능은 유교적 가족질서를 확립하고자 하였던 위정자들도 인정할 수밖에 없는 것이었다.

어린 아이의 양육은 동서고금을 막론하고 어느 사회에서나 중요하게 인식되어 왔다. 수양부모에 대한 복상 규정도 3세 이전의 어린시절부터 양육해 준 양부모의 은혜에 보답한다는 차원에서 제정되었다.[60] 수양부모에 대한 복상 규정은 양육에 대한 사회적 필요성과 양부모, 양자녀 간의 은의(恩義)를 정부에서도 인정한 것이라 할 수 있다. 수양자녀의 상속분이 상당부분 보장되었던 것도 이러한 차원에서 이해될 수 있다.

또한 유교적 제사형태 정착을 위한 제반 조건들이 마련되기 전까지는 자식 없는 부부의 봉사를 수양자녀나 시양자녀가 담당하는 것을 인정할 수밖에 없었다. 조선 초에는 불교나 민간신앙에 의한 제사가 행해지고 있었다. 형식은 달랐다 하더라도 이 역시 부모와 조상에 대한 효의 실천이었

---

59) 입후법에 의해 출계(出系)한 계후자의 경우 양부모에 대하여 친자와 같이 복을 입고, 친부모에게는 강복(降服)하도록 규정되어 있다. 따라서 양부(養父)에 대해서 참최(斬衰) 3년복을 입어야 했다.

60) 『成宗實錄』 卷124, 成宗 11年 12月 16日 辛酉.

다. 따라서 조선의 위정자들이 유교적 제사형태 정착을 위한 정책들을 마련하고 시행하였지만 이러한 정책들이 실효를 거두기 전에는 개인들이 불교나 민간신앙에 의한 제사를 행한다 하더라도 적극적으로 배척할 수 없었다. 이러한 상황에서 자식이 없는 양부모의 제사를 수양자녀나 시양자녀가 담당하는 것은 자연스럽고 당연한 일이었고, 부측(夫側) 동성 친족이 아닌 양자녀가 양부모의 제사를 행하더라도 규제할 수 없었다.

이와 같은 현실적 이유 때문에 수양, 시양에 대한 정부의 규제는 간접적이고 소극적으로 이루어졌다. 이에 따라 수양, 시양의 풍속은 조선 건국 이후 15세기에도 큰 제약없이 행해질 수 있었다.

Ⅲ. 15세기 친족 관념과
수양·시양자녀 입양의 대상

1. 부처(夫妻) 양측 친족의 입양

1) 입양의 범위

조선 초의 입양 관련 법에서는 3세를 기준으로 수양과 시양을 구분하여 그 권리와 의무에 제한을 두었을 뿐 수양자녀와 시양자녀의 입양 대상을 제한하지는 않았다. 게다가 부처(夫妻) 양측의 친족 뿐 아니라 필요에 따라 부처에 모두 혈연관계가 없는 타인(他人)까지도 입양 대상이 되었던 고려시대의 관행이 조선 건국 이후에도 이어지고 있었다. 따라서 조선 전기에는 부처 양측의 친족 입양과 부처에 모두 혈연관계가 없는 타인 입양이 모두 행해졌다. 그러나 친족을 입양하는 것이 일반적인 형태였던 것 같다.[1]

---

[1] 양자녀가 부처(夫妻) 중 한 쪽의 친족이라면 다른 한 쪽에게는 혈연관계가 없는 타인(他人)이 된다. 따라서 친족 입양이라는 용어보다는 친인척 입양이라는 용어가 더 정확할 것이다. 그러나 부측(夫側) 친족, 처측 친족과 친인척을 혼용하여 사용하면 독자 입장에서 혼란스러울 수 있기 때문에 본서에서는 부처 양측과 모두 혈연관계가 있는 사람, 부측(夫側) 친족, 처측 친족을 모두 부처 양측 친족의 범위에 포함시켰다. 물론 부처 중 어느 편의 친족인지를 명확히 밝혀야 할 필요가 있을 때에는 부측(夫側) 친족, 처측 친족이라고 구분하여 사용하였다.

입양은 입양자(入養者)와 입양 대상자 사이의 신뢰관계 속에서 형성되기 때문에 평상시에 내왕이 잦고 혈연적, 심정적으로 가까운 친족이 입양 대상이 될 가능성이 많았던 것이다.

그렇다면 우선 친족 입양의 범위에 대해 살펴보도록 하겠다. 이를 위해 부(夫) 또는 처가 그들 부처(夫妻)와 혈연관계가 있는 친족을 양자녀로 삼은 사례들을 뽑아 그 양자녀가 부(夫)의 친족인지 처의 친족인지 구분하여 다음 〈표 Ⅲ-1〉에 정리하였다.[2]

〈표 Ⅲ-1〉 15세기 친족 입양의 경향[3]

친족 구분	양부모[4]	양자녀	입양 구분	수록연도[5]
부측(夫側) 친족	송면(宋勉, 5촌 당숙)	송반(宋盤)	미상	세종 20년
	강주(姜籌, 외삼촌)	함녕군 처 최씨(諴寧君 妻 崔氏)	수양	세종 25년
	강순덕(姜順德, 3촌 숙부)	강희맹(姜希孟)	수양	단종 즉위년
	신자근(申自謹, 형)	신자수(申自守)	수양	성종 10년
	김효지(金孝之, 종조부)	명주(明珠〈남처곤 처〉)	수양	성종 11년

---

2) 15세기 수양·시양자녀 입양의 사례가 나타난 자료는 대부분 실록이고, 분재기에서 극히 소수의 사례를 확인할 수 있다. 그런데 분재기에는 양부모와 양자녀 사이의 친족 관계가 나타나 있는 사례가 많지만 실록 기사에는 이러한 사례가 많지 않다. 당시에는 부처(夫妻)의 모든 계통의 친족이 입양 대상이 되었기 때문에 실록에서 양부모와 양자녀 사이에 친족관계가 나타나있지 않은 사례는 친족 여부를 추적하기가 쉽지 않다. 〈표 Ⅲ-1〉에서는 친족관계를 명확하게 확인할 수 있는 사례만을 수록하였기 때문에 양부모와 수양·시양자녀 사이에 친족관계가 있는 모든 사례를 수록하지는 못하였다는 점을 언급해두고자 한다.

3) 친족 입양의 기록 중에는 태종 8년(1408) 승니(尼僧) 장씨(張氏)가 6촌 손녀이자 수양녀인 임을재(林乙材) 처 박씨(朴氏)에게 노비 1구를 증여한 내용을 기록한 분재기와 세조 12년(1466) 조대림(趙大臨)의 첩녀(妾女)인 수명(守命)이 오라비인 조륜(趙倫)의 딸을 수양녀로 삼은 실록 기사도 있다. 그런데 이 두 사례는 모두 혼인 후 입양한 사례가 아니므로 〈표 Ⅲ-1〉에서는 제외시켰다(남권희 제공, 興海裴氏 고문서 CD, 奴婢許與文記/斜給立案(尼僧 張氏-林乙材 처 朴氏) ;『世祖實錄』 卷39, 世祖 12年 6月 20日 己未).

부측(夫側) 친족	권통(權通, 3촌 숙부)	권주(權柱)	시양	성종 15[6]
	김희(金希, 외삼촌)	장손(長孫)	수양	성종 25년
	안팽수(安彭壽, 3촌 백부)	안윤덕(安潤德)	시양	중종 3년[7]
	김제신(金悌臣, 3촌 숙부)	김전(金詮)	시양	중종 11년[8]
	김심(金諶, 3촌 숙부)	김안세(金安世)	미상	중종 11년[9]
처측(妻側) 친족	민설 처 강씨(閔渫 妻 姜氏)	서미성(徐彌性)의 딸	수양	세종 4년
	이면 처 정씨(李勉 妻 鄭氏)	윤강(尹江)	미상	세종 4년
	경선궁주[10](慶善宮主, 고모)	충녕대군[11](忠寧大君)	시양	세종 11년
	오제 처 신씨(吳儕 妻 申氏)	조말생(趙末生)의 아들	수양	세종 14년
	송면 처 신씨(宋勉 妻 申氏)	조아(趙雅)의 딸	미상	세종 20년
	박씨(朴氏, 이모)	허후(許詡)	미상	세종 21년[12]

4) 〈표 Ⅲ-1〉은 양부모와 양자녀 사이의 친족관계를 밝히기 위해 작성한 표이기 때문에 양부모 란에는 양부모 중 양자녀와 친족관계가 있는 사람을 기재하였다.

5) 〈표 Ⅲ-1〉의 연도란에는 실록에 기록된 시기, 분재기상의 분재 연도를 기입하였다. 입양 시기를 기재하는 것이 더 바람직하겠지만 입양 시기를 추정할 수 있는 사례가 소수이기 때문에 부득이하게 실록에 기록된 시기와 분재 연도를 기입하였다. 15세기 기록에 나타난다 하더라도 14세기에 입양한 것으로 추정되는 사례는 제외하였으며, 16세기 기록에 나타난다 하더라도 15세기에 입양한 것으로 추정되는 사례는 기입하였다.

6) 권주가 권통의 시양자였다는 사실은 중종 4년(1509) 권통 처 전씨가 남편과 자신의 재산을 시양자 권주에게 환급한 분재기 내용을 통해 알 수 있다. 권통 부처(夫妻)는 시양자 권주에게 두 차례에 걸쳐 재산을 증여하였다. 성종 15년(1484)에는 권통이 자신의 노비 10구와 전답(田畓)을 증여하였고, 권주가 사망한 후인 연산군 원년(1495)에는 권통 처 전씨가 남편의 노비 3구와 자신의 노비 1구를 증여하였다. 그런데 권주가 갑자사화시에 피화(被禍)되어 재산이 적몰될 위기에 처하자 전씨는 권주에게 준 재산을 다시 거두어 남편의 이성 친족인 김용석(金用石) 등에게 분급하였다가 중종반정 이후 이 재산을 회수하여 다시 권주에게 증여하였다. 〈표 Ⅲ-1〉에는 최초 재산 증여 시기인 성종 15년(1484)으로 기입하였다.

7) 안윤덕이 안팽수의 시양자였다는 것은 대간이 양부의 상복을 입다가 중지하였다는 이유로 안윤덕을 탄핵한 데 대해 안윤덕의 아들 안한영(安漢英)이 경연 석상에서 중종에게 이를 변호하여 계달한 실록 기사를 통해 확인할 수 있다. 그런데 이 기사 내용에 안윤덕이 안팽수의 시양자가 되고 안팽수의 상복을 입은 나이가 21세라고 하였으므로 안윤덕이 안팽수의 시양자가 된 것은 안윤덕의 생년을 고려해 보면 성종 8년(1477)임을 알 수 있다(『中宗實錄』 卷5, 中宗 3年 3月 1日 戊戌 ;『國朝文科榜目』 卷4, 癸卯(성종 14년), 春場榜).

8) 김제신은 김전을 생전에 양자로 삼았는데, 김제신이 연산군 5년(1499)에 사망하였으

	최일(崔一)의 처	김훤(金暄)의 처	시양	세종 30년
처측(妻側) 친족	허안석 처 이씨(許安石 妻 李氏, 이모)	허만석 처 권씨(許晩石 妻 權氏)	수양	문종 즉위년
	허안석 처 이씨 (고모)	이흥직(李興直)	시양	문종 원년
	오정 처 성씨(吳靖 妻 成氏)	안순왕후 한씨(安順王后 韓氏)	시양	성종 5년
	권위 처 김씨(權偉 妻 金氏, 고모)	김씨 남자형제의 자식	수양	성종 11년

므로 1499년 이전에 입양이 이루어졌음을 알 수 있다(『中宗實錄』卷26, 中宗 11年 11月 22日 己亥 ;『國朝人物考』卷43, 燕山時罹禍人, 金悌臣).

9) 『중종실록』에 따르면 김안세는 김심의 수양자로, 출생 연도가 성종 8년(1477)이다. 따라서 이에 따르면 김안세가 김심의 양자가 된 시기는 성종 8년(1477)~성종 10년(1479) 사이일 것으로 추정된다. 만약 『국조문과방목』에 기재된대로 시양자였다 하더라도 김심이 연산군 8년(1502)에 사망하였으므로 입양 시점이 15세기일 가능성이 농후하다(『中宗實錄』卷26, 中宗 11年 11月 22日 己亥 ;『國朝文科榜目』卷6, 己巳(중종 4년), 別試榜).

10) 경선궁주는 태조의 적녀(嫡女)이다. 조선시대에 왕의 적녀의 명칭이 '공주(公主)'로 확정된 것은 세종 4년(1422)의 일이고, 이전에는 '궁주(宮主)'라는 명칭을 사용하였다. (『世宗實錄』卷15, 世宗 4年 2月 16日 癸卯) 그런데 주 11)에서 설명한 것과 같이 세종이 청원군의 시양자가 된 것은 세자가 되기 전의 일로 판단되므로 〈표 Ⅲ-1〉에서는 '경선궁주'라고 기재하였다.

11) 세종이 경선궁주의 남편 청원군의 시양자였다는 것이 실록에 기록되게 된 원인은 세종 11년(1429)에 장자후(張子厚)라는 사람이 "3, 4촌을 시양으로 삼은 사람은 나뿐만이 아니다. 주상도 청원군의 시양이다."라고 말한 것이 왕에 간범(干犯)된다 하여 처벌되었기 때문이었다(『世宗實錄』卷45, 世宗 11年 7月 13日 丁巳). 즉위한 후에 한 개인의 수양자나 시양자가 될 수 없음은 말할 나위가 없으며, 세자도 다음 왕이 될 존재이기 때문에 궁 안이나 밖에서 세자를 양육한 사람이 있다고 할지라도 이들을 세자의 양부모로 칭하는 경우는 극히 드물었다. 따라서 세종이 청원군의 시양자가 되었던 것은 세자가 되기 전의 일로 판단된다. 이 때문에 〈표 Ⅲ-1〉에서는 '충녕대군'으로 기입하였다.

12) 이 사례는 허조의 처제가 일찍 과부가 되고 자식이 없어 허조의 장자인 허후를 양자로 삼고 자신의 재산을 모두 주겠다고 하였으나 허조가 이를 거절한 사례이다. 양부모, 양자녀 관계가 성립되지 않은 사례이기는 하지만 이 역시 친족 입양의 경향을 알려주는 자료이므로 〈표 Ⅲ-1〉에 포함시켰다(『世宗實錄』卷87, 世宗 21年 12月 28日 壬寅).

처측(妻側) 친족	김효지 처 황씨(金孝之 妻 黃氏, 이모)	김간 처 김씨(金澗 妻 金氏)	시양	성종 11년
	이원효 처 이씨(李元孝 妻 李氏, 고모 혹은 이모)13)	기계부정 효전 처 이씨(杞溪副正 孝全 妻 李氏)	시양	성종 20년
	민오 처 권씨(閔悟14) 妻 韓氏, 모(母)의 고모)	현숙공주(顯肅公主)	수양	성종 25년
	귀인 권씨(貴人 權氏, 이모)	허반(許磐)	미상	중종 7년15)
부처(夫妻)와 모두 혈연관계가 있는 친족	찬덕 주씨(贊德 周氏, 외조모)	이선(李宣)	수양	세종 18년

〈표 Ⅲ-1〉에서는 친족관계란에 양부모 입장에서 부처(夫妻) 중 어느 쪽의 친족을 입양하였는지 정리하였다. 그리고 양부모와 양자녀 사이의 상세 친족관계는 양부모란의 양부모 이름 옆에 양자녀가 양부모에 대하여 친족으로서 지칭하는 명칭을 기입하였다. 이를 살펴보면 전자를 통해서는 부처 양측의 친족이 모두 입양 대상이 되었음을 알 수 있다. 그리고 후자를 통해서는 계통과 항렬이 입양하는데 제한요소가 되지 않았음을 알 수 있다.

먼저 계통에 구애받지 않고 입양하던 풍속에 대해 구체적으로 살펴보도록

---

13) 실록에는 이원효 처 이씨가 기계부정 효전의 처 이씨의 시양숙모(侍養叔母)로 기록되어 있다. 이 당시에 숙모는 아버지의 남동생의 처를 뜻하는 용어가 아니라 고모나 이모를 지칭하는 용어로 사용되었다(李鍾書(2003), 앞의 논문, 16~105쪽). 또한 전의 이씨(全義李氏) 족보에서 이원효의 남자 형제와 여자 형제의 자녀 중에 이효전의 처 이씨는 없는 것으로 확인된다(全義禮安李氏大同譜刊行委員會(1979), 『全義李氏族譜』, 農經出版社). 따라서 이효전의 처 이씨는 이원효가 아니라 이원효 처 이씨의 3촌질로 파악된다.

14) 『조선왕조실록』에서는 '閔悟'라고 기록되어 있지만 『안동권씨 성화보』에는 '閔晤'로 나타난다(『成宗實錄』 卷291, 成宗 25年 6月 21日 戊寅 ; 『安東權氏世譜』, 安東權氏成化譜 1919년 重刊本).

15) 덕종(德宗)의 후궁인 귀인 권씨는 성종 25년(1494)에 사망하였는데, 생전에 허반을 양자로 삼았으므로 허반이 권씨의 양자가 된 시기는 1494년 이전으로 판단된다(『中宗實錄』 卷17, 中宗 7年 11月 21日 辛卯 ; 『中宗實錄』 卷28, 中宗 12年 6月 5日 己酉 ; 『中宗實錄』 卷28, 中宗 12年 6月 13日 丁巳).

하겠다. 이는 〈표 Ⅲ-1〉에서 가장 많은 수를 차지하는 3촌 조카 입양 사례를 살펴보면 단적으로 드러난다. 〈표 Ⅲ-1〉에서 부(父)의 남자 형제인 백부와 숙부, 부(父)의 여자 형제인 고모, 모(母)의 남자 형제인 외삼촌, 모(母)의 여자 형제인 이모가 양부모가 된 사례들을 정리하면 다음과 같다.

◎ 양부가 부(父)의 남자 형제인 사례 : 강순덕-강희맹, 권통-권주, 안팽수-안윤덕, 김제신-김전, 김심-김안세
◎ 양모가 부(父)의 여자 형제인 사례 : 경선궁주-충녕대군, 허안석 처 이씨-이흥직, 권위 처 김씨-미상
◎ 양부가 모(母)의 남자 형제인 사례 : 강주-함녕군 처 최씨, 김희-장손
◎ 양모가 모(母)의 여자 형제인 사례 : 박씨-허후[16], 허안석 처 이씨-허만석 처 권씨, 김효지 처 황씨-김간 처 김씨, 귀인 권씨-허반

이를 통해 부측(父側)과 모측(母側)의 모든 계통의 친족이 양부모가 되었음을 확인할 수 있다. 이를 주체를 바꾸어 다시 설명하면, 부(夫)는 백부, 숙부나 외삼촌으로서, 처는 고모나 이모로서 조카를 계통을 따지지 않고 입양한 것이라고 할 수 있다.

또한 김효지가 명주를 양녀로 삼은 사례와 같이 부(父)의 숙부(종조부, 4촌 대부(大父))가 4촌 손녀를 양녀로 삼은 사례, 민오 처 한씨가 현숙공주를 양녀로 삼은 사례와 같이 모(母)의 고모(4촌 대모(大母))가 4촌 손녀를 양녀로 삼은 사례를 통해서 4촌 이상 촌수가 멀어지더라도 특정 계통의 친족만 입양 대상이 되지 않았음을 알 수 있다.

다음으로 비속(卑屬)이라면 항렬을 따지지 않고 입양하였던 풍속에 대하여 살펴보도록 하겠다. 〈표 Ⅲ-1〉에서는 외조모, 4촌 대부(大父), 4촌 대모(大母), 형이 양부모가 되었음을 확인할 수 있다. 손자 항렬이나 동생도 양자녀가

---

16) 주 12) 참조.

될 수 있었던 것이다. 여성이 혼인 후에도 친정에서 거주하는 경우가 많았던 15~16세기의 분재기에는 외손이 외조부모의 집에서 태어나고 자라 그 정 때문에 외손에게 재산을 준다는 내용이 등장하기도 한다. 이를 고려해 보았을 때 상황에 따라서는 외손이 외조부모의 집에서 길러진 것을 계기로 외조부모가 외손자, 외손녀를 수양자녀나 시양자녀로 칭하는 경우도 있었을 것으로 추정된다.

2) 입양의 주체

지금까지 15세기에 부처(夫妻) 양측의 모든 계통의 친족이 입양 대상이 되었으며, 비속이라면 항렬에 구애받지 않고 양자녀로 삼을 수 있었다는 사실에 대하여 논증하였다. 그렇다면 부(夫), 처 중 누가 입양의 주체가 되었는지에 대해 살펴보도록 하겠다. 이를 밝히기 위해 〈표 Ⅲ-1〉에서 사료상에 입양 주체가 나타난 사례를 뽑은 후 부측(夫側) 친족 입양 사례와 처측(妻側) 친족 입양 사례, 부처(夫妻) 양측 친족을 모두 입양한 사례로 나누어 살펴보았다.17)

가) 부측(夫側) 친족 입양 사례
① 인수부윤(仁壽府尹) 강주(姜籌)가 함녕군(諴寧君) 인(裀)의 처 최씨(崔氏)를 입양하여 딸로 삼았다.18)

---

17) '後'나 '嗣'는 사용된 시기와 상황에 따라 그 의미가 달랐다. 단순히 자식을 뜻하기도 하고, 제사를 지내주는 자식을 뜻하기도 하고, 종법적 가계계승자를 뜻하기도 하였다. 그런데 '後'나 '嗣'는 종법적 가계계승자로 인식되는 경향이 있다. 또한 일반적으로 '後'나 '嗣'를 번역하는 용어인 '후사(後嗣)'는 국어사전에 그 의미가 '대를 잇는 자식'이라고 명기되어 있고, 현대에는 그러한 의미로 사용되고 있다. 따라서 '後'나 '嗣'가 쓰인 부분은 '후사'로 번역하되 그 의미가 불분명해질 수 있으므로 [ ] 안에 원문을 병기하였다. 이 인용문들 중에는 '위후(爲後)', '계후(繼後)', '무후(無後)', '무사(無嗣)'가 이에 해당한다.

② 가옹(家翁)〈권통(權通)〉이 자식이 없으므로 3촌질 권주(權柱)를 어렸을 때부터 시양으로 삼아 정이 자기자식과 같을 뿐 아니라 ……19)

③ 사경(司經) 안한영(安漢英)이 말하기를, "…… 신(臣)의 종조(從祖) 안팽수(安彭壽)가 후사가 없는데[無後] 병이 위독해지자 신의 조부에게 이르기를, '너의 차자(次子) 윤덕(潤德)을 시양으로 삼고자 한다.' 하니, 조부가 승낙하고, 사람을 시켜 신의 아비를 불렀는데 도착하기 전에 팽수가 사망하였습니다. 조부가 신의 아비에게 이르기를, '죽은 사람이 유언을 남겼고, 또 상주가 없으니 네가 상복을 입으라.' 하였습니다."20)

④ 영사(領事) 김응기(金應箕)가 말하기를, "…… 신이 듣건대 김제신(金悌臣)은 김전(金詮)의 3촌인데, 김전을 후사로 삼고[爲後] 그에게 말하기를, '3년복은 입지 말고, 나의 전지(田地)와 노비를 모두 줄 것이니 후사만이어라[繼後]' 하였다고 하며, 김전은 이 때문에 지금까지 김제신의 제사를 지냅니다. 김심(金諶)은 후사가 없어[無後] 3촌질 김안세(金安世)를 수양으로 삼아 전지를 주고 김제신이 했던 것처럼 그에게 제사만 지내게 했다고 합니다. ……"21)

나) 처측(妻側) 친족 입양 사례

① 고(故) 사간(司諫) 민설(閔渫) 처 강씨(姜氏)가 후사가 없어[無嗣] 족질(族

---

18) "仁壽府尹姜籌養誠寧君裀妻崔氏爲女"(『世宗實錄』卷102, 世宗 25年 11月 24日 乙亥).

19) "家翁亦無子息□…□(爲乎等)用良 三寸姪 權柱乙 微少時始叱 作侍養 情同己子爲沙餘良 ……"(李樹健(1981), 앞의 책, 502~503쪽, 權邇妻全氏 粘連文記 내 公緘答通 내용) * ( ) 안은 원 문서상에 결락된 부분으로『경북지방고문서집성』에서는 '爲臥乎'로 추정하였으나 '爲乎等'이 문맥상 적합하므로 필자는 '爲乎等'으로 보았다. 또한 한국국학진흥원에 소장된 문서의 원본에는 '권통 처 전씨'로 되어있으나『경북지방 고문서집성』에서는 '권이 처 전씨'로 잘못 활자화되어 있다는 점을 밝혀두고자 한다.

20) "司經安漢英曰 …… 臣之從祖安彭壽無後病革 謂臣之祖父曰 以君之次子潤德 欲作侍養 祖父諾之 使人召臣父 未至而彭壽死 祖父謂臣父曰 死者有遺言 且無喪主 汝其服喪"(『中宗實錄』卷5, 中宗 3年 3月 1日 戊戌).

21) "領事金應箕曰 …… 聞 金悌臣乃金詮三寸也 以金詮爲後 而語之曰 不服喪三年 吾之田地 奴婢盡給 只繼後 金詮以此至今祀之 金諶無後 以三寸姪金安世爲收養 給田地 只祭之如 金悌臣事"(『中宗實錄』卷26, 中宗 11年 11月 22日 己亥).

姬) 내자윤(內資尹) 서미성(徐彌性)의 딸을 수양으로 삼았다.[22]

② (허조(許稠)의) 처제 중에 일찍 과부가 되고 자식이 없는 자가 있는데, 조의 장자 후(詡)를 후사로 삼고[爲後] 노비, 전택(田宅), 자재(資財)를 모두 주고자 하였다.[23]

③ 의금부에서 계하기를, "…… 그〈허안석(許安石) 처 이씨(李氏)〉의 아우 이백자(李伯孜)의 아들 흥직(興直)은 이씨에게 시양이 되어 노비 25구를 전득(傳得)하였습니다. ……"[24]

④ (권위(權偉) 처) 김씨(金氏)가 그〈김씨의 남자 형제〉의 아들을 취하여 수양으로 삼았으니, 재산이 장차 저절로 돌아갈 것인데, ……[25]

⑤ 풍천위(豐川尉) 임광재(任光載)가 와서 계하기를, "…… 진천(鎭川)에 거주하는 전 죽산현감(竹山縣監) 민오(閔悟)의 처는 한백륜(韓伯倫)의 여동생인데, 공주를 수양으로 삼았었습니다. ……"[26]

다) 부처(夫妻) 양측 친족을 모두 입양한 사례

처음에 호군(護軍) 송면(宋勉)이 자식이 없어 그의 종질(從姪) 송반(宋盤)을 양자로 삼았고, 면의 처 신씨(申氏)도 그의 친족인 조아(趙雅)의 딸을 양녀[養子]로 삼았다.[27]

먼저 가)의 사례를 살펴보면, 양자녀에게 가)-①의 강주는 외삼촌, 가)-②, ④의 권통, 김제신, 김심은 3촌 숙부, 가)-③의 안팽수는 3촌 백부가 된다.

---

22) "故司諫閔渫妻姜氏無嗣 以族姪內資尹徐彌性女 爲收養"(『世宗實錄』卷16, 世宗 4年 4月 11日 丁酉).

23) "有妻弟早寡無子者 欲以稠長子詡爲後 盡給臧獲田宅資財"(『世宗實錄』卷87, 世宗 21年 12月 28日 壬寅).

24) "義禁府啓 …… 其弟李伯孜子興直 於李氏作侍養 傳得奴婢二十五口"(『文宗實錄』卷10, 文宗 元年 11月 19日 癸丑).

25) "金氏取其子爲收養 則財産將自歸矣"(『成宗實錄』卷119, 成宗 11年 7月 14日 壬辰).

26) "豐川尉 任光載來啓曰 …… 鎭川居前竹山縣監閔悟妻 乃韓伯倫之妹也 以公主爲收養"(『成宗實錄』卷291, 成宗 25年 6月 21日 戊寅).

27) "初 護軍宋勉無子 以其從姪宋盤爲養子 勉妻申氏亦以其族趙雅女子爲養子"(『世宗實錄』卷80, 世宗 20年 正月 21日 丙午).

즉, 가)는 부측(夫側) 친족을 양자녀로 삼은 사례들이다. 그런데 이 사례들을 살펴보면, 모두 부(夫)가 입양의 주체로 기록되어 있음을 알 수 있다.

다음으로 나)의 사례를 살펴보도록 하겠다. 나)-①에서 양녀인 서미성의 딸은 민설 처 강씨의 족질(族姪)이었다. 그리고 나)-②는 이모인 박씨가 허후를 양자로 삼고자 하였으나 허후의 아버지인 허조가 이를 거절한 사례이다. 나)-③, ④의 허안석 처 이씨, 권위 처 김씨는 양자에게 고모가 되며, 나)-⑤의 민오 처 한씨는 양녀에게 4촌 대모(大母)가 된다. 즉, 나)는 처측 친족을 양자녀로 삼은 사례들이다. 이 사례들을 살펴보면, 모두 처가 입양의 주체로 기록되어 있음을 확인할 수 있다.

이렇게 부측(夫側) 친족을 양자녀로 삼은 사례들은 입양 주체가 부(夫)이고, 처측 친족을 양자녀로 삼은 사례들은 입양 주체가 처였다. 또한 다)를 살펴보면, 부(夫)인 송면은 종질(從姪)인 송반을 양자로 삼고, 처인 신씨는 자신의 친족인 조아의 딸을 양녀로 삼았다고 하였다. 부측(夫側) 친족은 부(夫)가, 처측 친족은 처가 입양 주체가 되었던 것이다. 이를 통해 부처(夫妻)가 각각 자신과 혈연관계가 있는 친족을 입양하였음을 알 수 있다.

이렇게 15세기에는 부(夫)는 부(夫)의 친족을, 처는 처의 친족을 양자녀로 삼고자 하였다. 이러한 입양 관행으로 당시 사람들은 자신의 친족인 양자녀와 배우자의 친족인 양자녀를 구분하여 인식하였다. 이는 김효지 처 황씨가 계후자, 수양녀, 시양녀에게 재산을 분급한 분재기 내용을 통해서 확인할 수 있다. 황씨는 수양녀 명주와 시양녀 김씨에 대해 명명하기를, 자신의 친족인 김씨는 '시양삼촌질녀(侍養三寸姪女)'라고 하였고, 남편이 친족인 명주는 '수양여자(收養女子)'라고 하였다. 같은 양자녀라 하더라도 자신의 친족인지 아닌지를 구분하였던 것이다.[28]

---

28) 왕실도서관 장서각 디지털 아카이브, 문중 고문서, 安東 光山金氏 後彫堂, 奴婢許與文記/斜給立案(金孝之 처 黃氏－金孝盧 외 8인) ; 家舍田畓許與文記/斜給立案(金孝之

3) 친족관계, 상속 관행과 입양 대상의 선정

부처가 각각 자신의 친족을 계통에 구애받지 않고 양자녀로 삼는 풍속이 나타나게 된 원인은 당시의 친족관계와 상속 관행에서 찾을 수 있다.

먼저 친족관계를 살펴보면, 이 시기에는 계통에 관계없이 혈연관계가 중요시되었던 고려시대의 친족관계가 이어져 내려오고 있었다. 계통에 구애받지 않고 혈연관계의 친소만으로 친족의 친소관계가 결정되었던 관습이 조선 전기까지도 계승되고 있었던 것이다.29) 이에 따라 친족을 입양할 때 부처(夫妻)가 각각 계통을 따지지 않고 자신과의 혈연관계를 따져 입양하였다.30)

다음으로 상속 관행을 살펴보면, 조선 전기에는 자신에게 재산을 준 원재주(原財主)의 손외(孫外)에 재산을 증여 · 상속하지 않으려는 관행이 있었다.31) 이는 계통에 구애받지 않고 혈연을 중시하던 친족관계로 인해 발생한 재산 증여 · 상속의 원칙이었다. 수양자녀와 시양자녀는 관행적으로나 법적으로 재산 증여 · 상속의 대상자가 되었다. 따라서 만약 혈연관계가 없는 사람이나 혈연관계가 있다 하더라도 먼 친족을 양자녀로 삼게 되면 재산을 조상의 혈손이 아닌 타인(他人)에게 넘기게 된다. 이를 방지하기 위해 부처(夫妻)가 각각 자신과 혈연관계가 있는 친족, 그 중에서도 가까운

처 黃氏-金孝盧 외 2인).

29) 盧明鎬(1988), 앞의 논문 ; 李鍾書(2003), 앞의 논문 참조.

30) 이종서는 조선 전기에 부(夫)와 처 중 일방의 혈연 중에서 영입한 양자는 타방의 계승자가 될 수 없었다는 점과 혈연으로 이어지는 한 남성과 여성, 동성(同姓)과 이성(異姓)이 동일하게 양자의 자격이 있었다는 점을 지적하며, 이를 계통을 구분하지 않고 혈연관계의 유무가 중시되었던 당시의 친족관계를 설명하는 근거로 삼았다 (李鍾書(2003), 앞의 논문, 143~157쪽). 조선 전기 양부모, 양자녀 관계에 대한 이러한 지적은 필자가 15세기에 수양자녀나 시양자녀를 입양할 때 부처(夫妻)가 각각 자신의 친족을 양자녀로 삼고자 하였다는 점을 밝히는데 많은 도움을 주었다.

31) 李樹健(1991), 앞의 논문, 51~52쪽 ; 文叔子(2004), 앞의 책, 135~141쪽.

친족을 양자녀로 삼으려고 하는 사회현상이 나타났던 것이다.

고려 후기 김사원(金土元)의 유서로부터 시작하여 조선 전기에 이르기까지 분재기에 손외여타(孫外與他) 금지를 명문화하는 집안이 많았다.[32] 그리고 이러한 관행은 조선 건국 직전인 공양왕 4년(1392) 규정과 조선 건국 이후인 태조 6년(1397), 태종 5년(1405)의 수교,『경국대전』의 규정과 같은 당시의 법조문에도 반영되었다. 이 규정에서는 자식 없이 사망한 부(夫) 혹은 처의 재산은 생존한 배우자가 사용(使用)하다가 그 역시 사망하거나 다른 사람과 혼인하거나 하였을 때에는 본족(本族)에게 되돌리도록 하였다.[33] 이렇게 재산을 본족 외의 타인(他人)에게 주지 않는 원칙은 조선 전기에 관행적으로 지켜지고 법조문에도 반영되었다.

이러한 원칙에 의해 자녀가 있는 부처(夫妻)의 재산은 당연히 두 사람과 모두 혈연관계가 있는 자녀에게 증여·상속되었다. 그리고 만약 자녀가

---

32) 文叔子(2004), 앞의 책, 135~139쪽.

33) ◎ 공양왕 4년 都官上書 : "無子孫身死者 其夫得全妻之奴婢 其妻守信則亦得全夫之奴婢 止許終身 沒後各歸本孫 其別有文契者 不在此限"(『高麗史』卷85, 志39, 刑法2, 奴婢).
◎ 태조 6년 규정 : "無子息夫妻奴婢 雖無文契 亦許己身使用 身後本孫許給"(『太祖實錄』卷12, 太祖 6年 7月 25日 甲戌).
◎ 태종 5년 규정 : "無子息夫妻奴婢 雖無文契 己身使用 夫娶他妻 女適他夫者 限使孫四寸分給 無四寸屬公"(『太宗實錄』卷10, 太宗 5年 9月 6日 戊戌).
◎ 경국대전 규정 : "無子女夫妻奴婢 雖無傳係 生存者區處 本族外不得與他"(『經國大典』卷5, 刑典, 私賤).
공양왕 4년에는 자손이 없이 사망한 사람의 노비는 그 배우자가 사망할 때까지 부리다가 본손(本孫)에게 되돌리도록 함으로써 조상으로부터 물려받은 노비가 그 노비를 물려준 조상의 혈손 외에 타인(他人)에게 넘어가는 것을 금지하는 원칙이 법제화되었다. 태조 6년의 규정에도 이러한 원칙은 그대로 계승되었다. 태종 5년에는 이 원칙을 유지하면서 남편이나 처의 노비를 받아 부리던 배우자가 사망하였을 때 뿐 아니라 재혼하였을 때도 본손(本孫)에 되돌리도록 하였다. 『경국대전』에서도 역시 자녀 없이 사망한 배우자의 노비를 '본족(本族) 외에 타인(他人)에게 주지 못한다'는 대 원칙을 명시하였다. 이렇게 조상으로부터 물려받은 재산을 조상의 혈손 외의 타인(他人)에게 넘기는 것을 금지하는 원칙은 조선 전기의 상속법에 일관되게 규정되었던 원칙이었다.

일찍 사망하고 손자, 손녀나 외손자, 외손녀가 있는 경우에는 역시 재주(財主)의 자손인 손자, 손녀, 외손자, 외손녀에게 증여·상속되었다. 그러나 자녀가 없거나 자녀가 자식 없이 부모보다 먼저 사망한 경우 부처의 노비는 부부 중 생존한 한 쪽이 사용하다가 부측(夫側)의 노비는 부(夫)의 본족에게, 처측의 노비는 처의 본족에게 증여·상속되었다.

자신에게 재산을 준 조상의 혈손 외의 타인(他人)에게 재산을 증여·상속하는 것을 꺼려했던 이러한 관행으로 인해 입양 대상을 선택할 때에도 자신과 혈연관계가 있는 사람 중 가까운 친족을 양자녀로 삼고자 하는 현상이 나타났다. 특히 자식이 없는 사람은 자신의 대부분의 재산을 이 양자녀에게 증여·상속할 것을 염두에 두고 입양을 하기 때문에 입양 대상 선택에 이러한 관행이 큰 영향을 미칠 수밖에 없었다. 고려 공양왕 3년(1391)에 자식이 없는 사람이 조상 대대로 내려온 노비를 손외(孫外)에 전하는 것을 허락하지 말고 부부 중에 동종(同宗)을 입양하여 전하도록 한 것도 이러한 관행에서 나온 것이라 할 수 있다.[34] 그리고 "자손 중에 행여 자식이 없는 사람이 비록 계후[35]수양(繼後收養)할지라도 손외(孫外)에 주지 말라"는 태조대 남은(南誾) 부처(夫妻)의 유서[36]와 자손 중에 자식이 없는 사람이 인아지족(姻婭之族)을 수양이라 칭탁하고 재산을 증여·상속하는 것을 금지한 문종 2년(1452)의 이우양(李遇陽) 부처의 유서[37]를 살펴보면, 조선

---

34) 『高麗史』卷85, 志39, 刑法2, 奴婢.

35) 여기에서의 계후(繼後)는 입후법이 제정된 이후 입후법에 의한 계후와는 의미가 다르다. 입후법에 의한 계후는 아들이 없는 사람의 가계계승자를 세우는 것이지만 여기에서의 계후는 자식 없는 사람이 자식(양자녀)을 들이는 것을 의미하는 것으로 파악된다.

36) "子孫□亦 幸有無後者 則必于繼後收養爲乎喩良置 毋出孫外爲旀"(鄭求福 외(1997), 앞의 책, 영인본 132쪽).

37) 이우양 부처는 자식 2남매에게 노비를 증여한 문기에서 자신이 전해 준 전민(田民)과 가재(家財)를 타인(他人)에게 넘겨주지 말 것을 당부하며 "행여 불초자손(不肖子孫) 이 있어 우리의 뜻을 돌아보지 않고 혹 손외(孫外)에 방매(放賣)하거나 혹 자식이

전기에 자신에게 재산을 준 조상의 혈손 외의 타인(他人)에게 재산을 증여·상속하지 않으려 하였던 관행이 입양 대상자를 선택하는 데에 영향을 미쳤을 것임을 충분히 예상할 수 있다. 즉, 관행적으로나 법적으로 증여·상속의 대상자가 되는 수양·시양자녀를 선택할 때에 부처가 각각 자신과 혈연관계가 있는 사람 중 가까운 친족을 선택하고자 했을 것이라는 점이다.[38]

이와 같이 수양자녀나 시양자녀는 혈연관계가 없는 사람이라 하더라도 법적, 관행적으로 재산을 증여·상속받을 수 있었기 때문에 자신에게 재산을 준 조상의 혈손을 양자녀로 삼고자 하는 경향이 있었다. 이러한 사회 분위기 속에서 부처(夫妻)에 모두 자식이 없는 경우와 부처 중 한 쪽에만 자식이 있는 경우 다음과 같이 수양·시양자녀 입양이 이루어졌다.

첫째 부처(夫妻)에 모두 자식이 없는 경우, 부처가 각각 양자녀를 입양하여 각자가 입양한 자신의 친족에게 재산을 증여·상속하고자 하기도 하였다. 이렇게 부처가 각각 양자녀를 입양하였던 이유는 부(夫)는 부(夫)대로 처는 처대로 자신의 조상에게서 받은 재산을 조상의 혈손 외의 타인(他人)에게 넘기지 않으려 하였기 때문이었다.

앞서도 언급한 송면과 처 신씨는 부처(夫妻)가 각각 자신의 친족인 송반과

없어 인아지족(姻婭之族)을 취하여 수양이라 칭탁하여 전계(傳係)하거나 혹 천첩자(賤妾子)로 그 상전에게 재산을 뺏기거든 이 문기 내의 사연으로 관(官)에 고하여 본손(本孫)에 되돌릴 일[幸有不肖子孫 不顧願意 或放賣孫外爲去乃 或無子息 取姻婭之族 托爲收養 傳係爲去乃 或以賤妾子以 被奪其上典爲有去乙等 以此文內辭緣 告官還本孫爲乎事]"이라고 하였다(鄭求福 외(1997), 앞의 책, 영인본 155~157쪽).

38) 이 시기 자식이 없는 사람이 자신과 혈연관계가 있는 친족을 수양자녀나 시양자녀로 삼았다 하더라도 그들 모두가 이 양자녀에게 자신의 모든 재산을 증여하지는 않았다. 물론 수양자녀나 시양자녀가 다른 친족보다 상속의 우선권을 가지고 있었다. 그리고 재주(財主)인 양부모가 양자녀에게 특별한 애정과 믿음을 가지고 있는 경우에 자신의 전 재산을 증여하기도 하였다. 그러나 자신에게 효도하거나 과거에 합격하여 집안을 빛낸 친족들에게 일부 재산을 분급하기도 하였으며, 자신에게 재산을 준 부모의 상속 대상자가 되는 4촌 이내의 여러 친족들에게 조금씩의 재산을 나누어주는 배려를 하기도 하였다.

조아의 딸을 양자녀로 삼았다. 이들이 처음에 자신의 친족을 양자녀로 삼은 것은 각각 자신의 조상에게서 받은 재산을 조상의 피를 이어받은 친족에게 증여·상속하려는 이유가 크게 작용하였을 것이다. 그런데 처인 신씨가 입양시의 생각을 바꿔 송면이 들인 양자인 송반에게 자신의 전 재산을 증여하면서 문제가 발생하였다. 친족들이 이에 대해 불만을 가지게 되어 분쟁이 발생함으로써 이들에 관한 일이 실록에까지 실리게 되었던 것이다.[39]

한편, 부처(夫妻) 중 한 쪽에만 자식이 있는 경우에 자식이 없는 한 사람은 따로 자신의 친족을 양자녀로 삼기도 하였다.[40] 그런데 부처 중 한 쪽에만 자식이 있는 경우는 일반적으로 남편에게 자식이 있고 처에게 자식이 없는 경우가 많았다. 남성은 처 외에 첩을 들이는 것도 가능하였을 뿐 아니라 재혼도 여성에 비해 훨씬 자유로웠기 때문이다. 물론 여성도 성종 8년(1477)의 재가(再嫁) 규제 전에는 재가에 대해 제한을 받지 않았고, 태종 6년(1406)의 삼가(三嫁) 규제 전에는 삼가를 하기도 하였다.[41] 그러나 이러한 규제가 있기 전에도 여성에게는 남성에게보다 정절 관념이 훨씬 더 요구되었기 때문에 여성의 재가 사례는 남성보다 적었을 것으로 판단된다.

---

39) 『世宗實錄』 卷80, 世宗 20年 正月 21日 丙午 ; 『世宗實錄』 卷85, 世宗 21年 5月 14日 辛酉.

40) 이러한 사례는 중종 39년(1544) 김종직(金宗直) 처 문씨(文氏)가 자녀에게 재산을 허여한 문기에서 확인할 수 있다. 문씨는 딸인 신용계(申用啓) 처 김씨(金氏)에게 자식이 없으니 자신이 김씨 내외에게 준 재산 중 비(婢) 1구와 논 7두락지를 신용계의 선실자(先室子)에게 봉사위(奉祀位)로 주고 나머지 재산은 모두 문씨의 손자이자 김씨의 남자 형제의 아들인 김씨의 시양자 유(維)에게 주도록 하였다. 이는 16세기의 사례이지만 손외(孫外)에 재산을 주지 않으려고 하는 관행 때문에 나타난 현상이라는 점에서 15세기에도 이러한 현상들이 나타났을 것임을 짐작할 수 있다(嶺南大學校 民族文化研究所 편(1992), 『嶺南古文書集成』(Ⅰ), 영남대학교 출판부, 68~69쪽).

41) 『太宗實錄』 卷11, 太宗 6年 6月 9日 丁卯 ; 『成宗實錄』 卷82, 成宗 8年 7月 18日 癸未 ; 『經國大典』 卷1, 吏典, 京官職.

자신에게는 자식이 없으나 남편의 전처나 첩에 자식이 있는 여성의 경우 양자녀를 들이지 않고 재산을 형제, 3촌질, 4촌 손자·손녀 등의 본족에게 나누어 주기도 하였으나 자신과 혈연관계가 있는 친족 중에 양자녀를 들여 그 양자녀에게 자신 재산의 상당 부분을 증여·상속하기도 하였던 것이다.[42]

둘째 자식이 없는 부처(夫妻)가 부처 중 한 쪽의 친족을 양자녀로 삼고 그 양자녀를 다른 한 쪽의 친족과 혼인시켜 부처 재산의 대부분을 증여·상속하고자 하기도 하였다. 이는 당시에 집안 간에 중첩적인 혼인이 이루어졌기 때문이기도 하지만 조상에게서 받은 재산을 조상의 혈손 외의 타인(他人)에게 넘기는 것을 꺼렸던 관행으로 인해 나타난 현상이기도 했다.

앞서 언급하였던 송반은 양부인 송면의 친족이지만 송반의 처 김씨가 양모 신씨의 친족이었기 때문에 부처(夫妻)의 재산을 모두 송면에게 증여한 것은 법적으로나 관행상으로 큰 문제가 되는 것은 아니었다. 그러나 신씨가 송반에게 김씨를 내쫓도록 함으로써 이것이 빌미가 되어 분쟁이 발생하였다.

그리고 허안석 처 이씨는 자신의 3촌 질녀 권씨를 수양녀로 삼았는데, 권씨는 허안석의 동생제(同生弟)인 허만석(許晩石)과 혼인하였다. 처측 친족

---

42) 앞에서도 언급했듯이 조선의 상속법에는 자식이 없이 사망한 사람의 노비는 배우자가 부리다가 본족에게 되돌리도록 규정되어 있었다. 그런데 세종대에 자식이 없이 사망한 여성의 재산은 일정 비율을 승중의자(承重義子)나 승중첩자(承重妾子)에게 분급하도록 하고 나머지를 본족에게 되돌리도록 하는 법을 제정하였다. 남편의 자식이기는 하지만 그 여성과는 전혀 혈연관계가 없는 의자(義子)나 첩자(妾子)에게 봉사(奉祀)를 행한다는 이유로 재산을 상속하도록 하였던 것이다. 이후 자식이 없는 여성의 재산은 이전처럼 본족에게 모두 돌아가지 않고, 남편과 자신의 봉사를 담당하는 의자, 첩자와 본족이 나누어 가지게 되었다. 이에 따라 자신에게는 자식이 없고 남편에게만 자식이 있는 여성이 자신과 혈연관계가 있는 친족을 양자녀로 삼은 경우에도 남편의 자식인 의자나 첩자와 자신의 친족인 양자녀가 재산을 나누어 가지게 되었다. 이는 『경국대전』에서 봉사를 하지 않는 의자녀, 첩자녀의 재산상속분이 법제화되고, 승중의자나 승중첩자의 상속분이 증가함으로써 더욱 고착화되었다(『世宗實錄』 卷68, 世宗 17年 5月 16日 丁亥 ; 『世宗實錄』 卷97, 世宗 24年 7月 16日 甲戌 ; 『經國大典』 卷5, 刑典, 私賤).

인 수양녀와 부측(夫側) 친족이 혼인함으로써 허안석 부처(夫妻) 양측의
재산을 권씨 부부에게 증여·상속할 수 있게 된 사례라 할 수 있다. 그런데
허안석 사후인 문종대에 이씨의 여종 충개(虫介)의 아들인 허모지리(許毛知
里)〈허모지이(許毛知伊)〉가 소송을 통해 허안석의 첩자로 인정받았다. 이에
따라 권씨는 허안석 부처의 재산을 허모지리와 나누어 받아야 했다. 이씨는
권씨에게 허안석의 재산을 모두 주고자 하였으나 허모지리가 자신이 허안석
의 첩자라고 주장하며 소송을 제기하여 승소하였던 것이다.[43]

한편, 16세기 초의 분재기 중에는 남편의 친족인 수양자에게 증여한
재산이 훗날 손외여타를 꺼리는 관행으로 인해 쟁송의 대상이 될까 염려하여
수양자와 자신의 친족을 혼인시켰다는 사실을 명시한 사례도 나타난다.
중종 3년(1508) 김효원(金孝源) 처 오씨(吳氏)는 남편의 3촌질이자 수양자인
김연에게 노비와 전답(田畓)을 증여하였다. 이때 작성한 분재기에서 오씨는
"나의 전민(田民)을 모두 주고자 하거니와 나의 족친들이 국헌(國憲)을
돌아보지 않고 한갓 조상전민을 손외의 타인(他人)에게 주는 것이라고
생각하여 교묘히 계책을 내어 쟁송하는 일이 없지 않을 것이므로 너를
나의 4촌 손녀 조씨(曹氏)와 혼인시키고 우선 노비 모두 20구, 임하(臨河)에
있는 전답 모두 3결을 허급하니"라고 하였다.[44] 김연과 조씨가 혼인한
것은 연산군 11년(1505)으로 16세기 초이지만[45] 앞의 두 사례에서도 확인할

---

43) 『文宗實錄』 卷5, 文宗 卽位年 12月 1日 辛未 ; 『文宗實錄』 卷9, 文宗 元年 9月 4日
己亥 ; 『文宗實錄』 卷9, 文宗 元年 9月 7日 壬寅 ; 『文宗實錄』 卷10, 文宗 元年 10月
9日 甲戌 ; 『文宗實錄』 卷10, 文宗 元年 10月 29日 甲午 ; 『文宗實錄』 卷10, 文宗 元年
11月 19日 癸丑.

44) "女矣田民乙 全給向意爲在果 女矣族親等亦 不顧國憲 徒以 祖上田民乙 孫外與他是可向
入 巧生謀計 爭訟非無 故汝矣身乙 女矣四寸孫女曹氏處 成婚 先可 奴婢幷貳拾口臨河伏
田畓幷參結等乙 許給爲臥乎"(왕실도서관 장서각 디지털 아카이브, 문중고문서, 安東
光山金氏 後彫堂, 奴婢田畓許與文記/斜給立案(金孝源 처 吳氏－金緣)).

45) 『雲巖逸稿』, 雲巖先生年譜.

수 있듯이 이는 15세기부터 배우자의 친족을 양자녀로 삼아 그에게 재산을 증여하고자 하였을 때 이용되었던 방법이었다.

이러한 사례들을 통하여 자식이 없는 부처(夫妻)가 부처 중 한 쪽의 친족을 양자녀로 삼고 그 양자녀를 다른 한 쪽의 친족과 혼인하도록 하여 재산을 증여·상속하였던 모습을 확인할 수 있다.

자신이 재산을 물려받은 조상의 혈손 외의 타인(他人)에게 재산을 증여·상속하지 않는 관행에 따른 증여·상속 행위가 법으로 보호받고 있었음은 다음 사례를 통해서 확인할 수 있다. 성종 5년(1474) 왕대비인 안순왕후(安順王后)가 친족관계가 있는 시양모 오정(吳靖) 처 성씨(成氏)에게 증여받은 노비 90구에 대해 오정의 첩자(妾子) 계손(繼孫)이 소송을 제기한 사건이 있었다.[46] 이 사건에 대해 원상(院相)인 정창손(鄭昌孫)은 "무릇 노비는 본족(本族) 외에 남에게 주지 않도록 한 것이 대전(大典)의 법입니다. 오정의 노비는 계손 등이 얻어야 할 것이나 만약 성씨의 노비라면 마땅히 그 주인의 구처(區處)에 따라야 합니다."라고 하였다. 오정의 첩자는 오정과는 혈연관계가 있으나 성씨와는 혈연관계가 없었다. 따라서 성씨는 자신과 혈연관계가 있는 안순왕후를 시양녀로 삼고 안순왕후에게 조상으로부터 받은 자신의 노비를 증여하였으며, 법에서도 이를 보호하고 있었던 것이다.

이렇게 유교적 제사형태 정착 이전의 조선 전기 사회에서는 계통을 따지지 않고 혈연관계를 따지는 친족관계, 재산을 받은 조상의 혈손이 아닌 타인(他人)에게 재산을 증여·상속하지 않으려는 상속 관행의 영향으로 부처(夫妻)가 각각의 필요에 따라 계통에 구애받지 않고 자신과 혈연관계가 있는 친족을 수양자녀나 시양자녀로 입양하였다. 이에 따라 이 시기에는 부처의 모든 계통의 친족이 입양 대상이 되었던 것이다.

---

46) 『成宗實錄』 卷43, 成宗 5年 6月 24日 丁丑.

2. 혈연관계가 없는 타인(他人)의 입양

고려 후기에 혈연관계가 없는 타인(他人)의 입양이 이루어졌다는 점은 앞에서도 언급한 바 있다. 이러한 풍속은 조선 건국 이후에도 지속되었다. 15세기에는 부처(夫妻) 양측의 친족 뿐 아니라 부처에 모두 혈연관계가 없는 타인(他人)을 양자녀로 삼는 경우도 많았다. 태종 7년(1407) 왕의 구언(求言)에 대해 형조우참의(刑曹右參議) 안노생(安魯生) 등이 상소한 내용 중에 "자식이 없는 자가 혹 세가(勢家)의 자식이나 부가(富家)의 자식으로 수양, 시양을 삼는데, 모두 이익을 먼저하고 의(義)를 뒤로 한 것이니, 골육(骨肉), 천륜(天倫)에 비할 바가 아닙니다."[47]라고 한 부분이 있다. 이는 이익을 바라고 혈연관계가 없는 사람을 양자녀로 삼는 세태를 비판한 것으로, 당시에 혈연관계가 없는 타인(他人)을 양자녀로 삼는 현상이 있었음을 알려준다.

실제로 실록 기사를 살펴보면 부처(夫妻)에 모두 혈연관계가 없는 타인(他人)을 양자녀로 삼은 사례가 많이 나타난다. 그런데 당시에 친족을 입양할 때 계통에 구애받지 않고 부처 양측의 친족을 입양하였기 때문에 실록에 등장하는 입양 사례들이 친족을 입양한 것인지 혈연관계가 없는 타인(他人)을 입양한 것인지 명백하게 가릴 수 없는 경우가 많다. 따라서 혈연관계가 없는 타인(他人)을 입양한 사례를 모두 제시하기에는 무리가 따른다. 이러한 이유로 양부모와 양자녀 사이에 명백하게 혈연관계가 없는 사례 중 유형별로 11 사례를 뽑아 다음 〈표 III-2〉에 제시함으로써 이 시기 부처에 모두 혈연관계가 없는 타인(他人)의 입양에 대해 개관해보고자 한다.

---

47) "無後者 或以勢家之子富家之子 爲收養侍養 皆先利而後義 非骨肉天倫之比也"(『太宗實錄』卷13, 太宗 7年 5月 22日 乙亥).

<표 Ⅲ-2> 15세기 혈연관계가 없는 타인(他人)의 입양 사례

일련 번호	양부모	양자녀	입양 구분	양부모의 신분 -양자녀의 신분	수록 연도[48]
1	유언강 (庾彦剛)	숙정옹주(淑貞翁主)[49]	수양	양반-왕녀	세종 10년
2	이촌(李村)	권지(權摯)	수양	환관-양반	세종 4년
3	장미(薔薇)	신의군(愼宜君) 인(仁)의 첩녀(妾女)	수양	궁녀-종친의 첩 녀	세종 17년
4	영가(永加)	이세남(李世南)의 손자 (양녕대군(讓寧大君)의 외손)	수양	기생-양반	세종 21년
5	건직(乾直)	한남군(漢南君) 어(㻞)	시양	상인-왕자	문종 즉위년
6	만덕(萬德)	이징석(李澄石)	시양	상인의 처-양반	단종 즉위년
7	의빈 권씨 (懿嬪 權氏)	금성대군(錦城大君) 유(瑜)	미상	후궁(양반)-왕 자	단종 원년
8	의통(義通)	지청(志淸)	수양	승(僧)-승(僧)	성종 2년
9	옥매(玉梅)	김륜(金崙)	수양	천인-양반	성종 11년
10	이아을다무 (李阿乙多茂)	이용산(李龍山)	시양	향화인(向化人) -양인	성종 13년
11	최결(崔潔)	김세필(金世弼)	수양	환자(宦者)-환자	연산군 10년

<표 Ⅲ-2>를 살펴보면 신분이 같지 않더라도 양부모, 양자녀 관계가 맺어질 정도로 입양 대상에 구애를 받지 않았음을 알 수 있다.

1, 2, 3은 정치적 입지 강화를 위해 서로간에 유대관계를 강화하려고

---

48) <표 Ⅲ-2>에 제시한 사례들의 입양 시기를 정확히 파악하기에는 한계가 있다. 따라서 부득이하게 실록에 기재된 연도를 기입하였다. 그리고 같은 입양 건이 여러 차례 기록되어 있는 경우는 가장 먼저 실린 기사의 연도를 기입하였다.

49) 숙정옹주(淑貞翁主)는 태종과 신녕궁주(信寧宮主) 신씨(辛氏) 사이의 소생으로 실록의 해당 기사와 세종 4년(1422) 봉작 기사에서는 '숙진옹주(淑眞翁主)'라고 기록되어 있으나, 태종의 신도비문과 성종 19년(1488)의 기사에는 '숙정옹주(淑貞翁主)'로 기재되어 있다(『世宗實錄』卷15, 世宗 4年 2月 4日 辛卯 ;『太宗實錄』卷36, 太宗 18年 11月 8日 甲寅 ;『成宗實錄』卷219, 成宗 19年 8月 19日 庚戌). 또한 숙종 7년(1681) 간행된 『선원록』에도 '숙정옹주'라고 되어 있다(宗簿寺, 『璿源錄』, 1681 <한국학중앙연구원, MF35-685-690>). <표 Ⅲ-2>에서는 태종의 신도비문과 『선원록』에 기재된 '숙정옹주'로 기입하였다.

양부모, 양자녀 관계를 맺은 사례로 파악된다. 1은 숙정옹주 피병(避病)시에 유언강의 가비(家婢)가 옹주에게 젖을 먹인 것이 인연이 되어 출세를 바라는 양반과 왕녀 사이에 양부모, 양자녀 관계가 형성된 사례이다.[50] 2는 태종, 세종대에 승전환자(承傳宦者)였던 이촌과 조관(朝官)의 아들 사이에, 3은 궁녀와 종친의 첩녀 사이에 양부모, 양자녀 관계를 맺은 사례이다.[51] 환관, 궁녀와 같이 왕을 가까이서 모시는 사람들과 관료, 종친들이 양부모, 양자녀 관계 형성을 통해 유대를 강화함으로써 정보를 교류하고 서로간에 정치적 힘이 되어주기도 하였던 것으로 보인다. 이렇게 상류층 사회에서 수양, 시양은 정치적 결속을 위한 수단이 되기도 하였다.

5, 6은 경제적 이득을 얻기 위해 시양부모, 시양자의 관계가 형성된 사례이다. 5는 상인인 건직과 왕자인 한남군 사이에 양부, 양자 관계를 맺은 사례로 건직은 한남군을 시양자로 삼음으로써 상행위를 하는데 도움을 받았을 것이고, 한남군은 부상(富商)인 건직의 재산을 얻을 수 있었다.[52] 6은 중추원부사인 이징석이 만덕의 재물을 탐하여 만덕의 시양자가 되어 그 재산을 얻고자 한 사례이다.[53]

정치적, 경제적 이득을 얻기 위해 왕자녀, 고위관료, 종친, 왕의 측근과 같은 권력 중심부에 있는 사람들을 중심으로 이루어진 이와 같은 입양에 대해서는 Ⅳ장에서 자세히 다루도록 하겠다.

이외에도 양부모, 양자녀 관계를 맺은 이유는 매우 다양하였다. 4는 공신의 자손이자 양녕대군에게 사돈이 되는 이세남이 기생인 영가를 손자의

---

50) 『世宗實錄』 卷17, 世宗 4年 9月 19日 癸酉.
51) 『世宗實錄』 卷18, 世宗 4年 閏12月 11日 甲子 ; 『世宗實錄』 卷48, 世宗 12年 6月 5日 甲戌 ; 『世宗實錄』 卷123, 世宗 31年 3月 26日 丙午.
52) 『文宗實錄』 卷4, 文宗 卽位年 11月 14日 甲寅 ; 『文宗實錄』 卷5, 文宗 卽位年 12月 8日 戊寅.
53) 『端宗實錄』 卷1, 端宗 卽位年 6月 19日 庚辰.

수양모라 칭한 사례이다. 그는 영가를 첩으로 삼고자 하여 손자의 수양모라 칭하고 양녕대군을 통해 왕에게 아뢰어 영가를 면역(免役)시키고자 도모하였다.[54)]

또한 7, 9는 가족의 화합과 안정을 위해 양부모, 양자녀 관계를 맺은 사례이다. 이에 대해서도 Ⅳ장에서 자세히 다루도록 하겠다.

한편, 8, 10, 11은 특수한 신분이나 직역에 있는 사람들의 입양 사례이다. 8은 승려인 의통이 부모가 모두 사망한 아이를 수양하여 승려로 삼은 사례이다.[55)] 자식이 없는데다 승려였기 때문에 알지 못하는 아이라 하더라도 거두어 기르기가 용이했을 것이다. 한편, 자식이 없는 양반계층 승려의 경우 자신의 친족을 양자녀로 삼아 의지하고자 하는 모습을 보이기도 하였다.[56)]

11은 환관이 환자(宦者)를 수양자로 삼은 사례인데, 자식이 없는 환관은 입후법 제정 이전은 물론이고, 그 이후에도 수양자나 시양자를 들였다. 환관의 수양자나 시양자는 일반적으로 환자였던 것 같으며, 양자가 4, 5명에 이르기도 하였다.[57)] 조선 전기의 환관은 종법적 가계계승을 위한 양자보다 자식의 역할을 하고 왕의 지근(至近)에서 다져온 자신의 입지를 계승해나갈 사람이 필요했던 것이다. 또한 환관 중에는 양자가 아닌 양녀를 입양하는 경우도 있었다.[58)]

---

54) 『世宗實錄』 卷85, 世宗 21年 6月 18日 甲午 ; 『世宗實錄』 卷85, 世宗 21年 6月 21日 丁酉.

55) 『成宗實錄』 卷10, 成宗 2年 6月 2日 癸卯.

56) 남권희 제공, 興海裵氏 고문서 CD, 奴婢許與文記/斜給立案(尼僧 張氏－林乙材 처 朴氏).

57) 『명종실록』에는 '환자(宦者)는 반드시 소환(小宦)을 취하여 양자로 삼는데, 많은 자는 혹 4, 5명에 이른다'는 내용이 실려 있다(『明宗實錄』 卷33, 明宗 21年 8月 3日 辛酉).

58) 『明宗實錄』 卷28, 明宗 17年 8月 6日 戊午.

10은 귀화한 여진인과 조선인 사이에 양부모, 양자녀 관계가 성립된 경우이다.[59] 그런데 이 뿐 아니라 여진과의 접경 지역이나 왜와 무역하는 포구와 가까운 곳에 사는 조선인들이 여진인이나 왜인(倭人)과 양부모, 양자녀 관계를 맺기도 하였다. 이 때문에 중종대에는 여진인이나 왜인과 양부모, 양자녀 관계를 맺은 조선인들이 조선 내부 사정을 누설하는 것이 문제가 되기도 하였다.[60] 여진인이나 왜인들과 접촉이 많은 지역에서는 이들과 빈번하게 접촉함에 따라 서로간에 친밀한 감정을 가지게 되어 양부모, 양자녀 관계를 맺기도 하였다. 또한 왜인들과 무역이 행해지는 곳에서는 경제적 이득을 위해 조선인과 왜인 사이에 양부모, 양자녀 관계가 형성되기도 하였다.[61]

이러한 사례들을 통해서 15세기에는 대상, 횟수에 구애받지 않고 당사자간의 친밀감이나 필요에 따라 자유롭게 수양, 시양의 관계를 맺었음을 확인할 수 있다. 즉, 각자가 처한 상황 속에서 자신의 이익을 극대화하기 위해, 혹은 현실적인 필요를 충족시키기 위해, 혹은 친밀감으로 인하여 입양

---

59) 『成宗實錄』 卷142, 成宗 13年 6月 30日 丁卯.

60) 『中宗實錄』 卷8, 中宗 4年 4月 2日 癸亥 ; 『中宗實錄』 卷12, 中宗 5年 8月 13日 丙申 ; 『中宗實錄』 卷21, 中宗 9年 10月 13日 壬寅.

61) 중종 4년(1509) 경상도경차관(慶尙道敬差官) 김근사(金謹思)의 서계(書啓) 중에는 다음과 같은 내용이 있다. "웅천현(熊川縣) 보평역(報平驛)은 제포(薺浦) 북쪽 3리쯤에 있는데, 그 곳의 인리(人吏)들이 왜인과 결호(結好)하여 수양이라 칭하고 서로 왕래하며 아비라 부르고 형이라 일컬으니, 상고(商賈)로서 장사하는 자나 왜인으로 이곳에 와서 물품을 파는 자들은 모두 역인(驛人)에 의지하고 있습니다. 이 때문에 저들과 조선 상인 사이에 끼어 정(情)을 통하고 물품을 거래하며 국가의 사정을 누설하지 않음이 없는데, 이것이 모두 이런 사람들의 소위(所爲)입니다[熊川縣報平驛 在薺浦迤北三里許 其人吏等與倭人結好稱收養 相往來 呼爺稱兄 商賈就貿者 倭人來賣者 皆依驛人 是故介於彼此 通情貿物 國家事情 無不漏洩 皆此等人所爲也]"(『中宗實錄』 卷8, 中宗 4年 4月 2日 癸亥). 이를 통해 무역이 행해지는 지역에서 조선인과 왜인 사이의 양부모, 양자녀 관계 형성은 서로간의 경제적 이득을 위한 것이기도 하였음을 알 수 있다.

대상에 제한을 받지 않고 자유롭게 양부모, 양자녀 관계를 맺었던 것이다.

3. 입양 대상 선정의 특징

Ⅱ장에서 고려시대에 부처(夫妻) 양측의 친족이 모두 입양 대상이 되었다는 점을 언급하였다. 그리고 이는 부계와 모계를 구분하지 않고 혈연관계의 친소에 따라 친족간의 친소관계가 결정되었던 고려의 친족구조와 가계계승 관념에서 자유로웠던 고려의 사회상에 기인한다는 점을 논증하였다. 또한 서로간의 유대를 강화하기 위해 부처(夫妻)에 혈연관계가 없는 타인(他人)과 양부모, 양자녀 관계를 맺기도 하였음을 지적하였다.

15세기에도 이러한 고려의 친족구조와 사회상이 계승되었다. 이에 따라 부처(夫妻) 양측의 친족 뿐 아니라 부처에 모두 혈연관계가 없는 타인(他人)을 양자녀로 삼는 풍속도 지속되었다. 그런데 조선의 경우 고려시대보다 더 많은 사례를 확인할 수 있기 때문에 그 양상을 구체적으로 파악할 수 있었다.

먼저 친족 입양시 입양 대상 선정의 특징은 다음 두 가지로 정리될 수 있다. 첫째, 부처(夫妻) 양측의 모든 계통의 친족이 입양대상이 되었다. 둘째, 비속이라면 항렬에 구애받지 않아 동생이나 손자 항렬을 양자녀로 삼는 것이 문제되지 않았다. 그리고 부측(夫側) 친족은 부(夫)가 처측 친족은 처가 입양의 주체가 되었다.

이러한 현상이 나타났던 원인은 계통에 관계없이 혈연관계가 중요시되던 고려시대의 친족관계와 자신에게 재산을 준 원재주(原財主)의 손외(孫外)에 재산을 증여·상속하지 않으려는 관행에서 찾을 수 있다. 전자가 관습으로써 당시인들의 인식과 생활방식에 영향을 미쳤다면, 후자는 이에 경제적 이해관계라는 현실적 요소가 추가되어 당시인들의 선택을 이끌었다. 특히 손외에 재산을 증여·상속하지 않으려는 관행은 친족관계에 의한 양자녀 입양 대상 선택 관행이 유지되는데 직접적인 영향력을 발휘하였다.

다음으로 부처(夫妻)에 모두 혈연관계가 없는 타인(他人) 입양에 대해 살펴보았다. 가계계승 관념에서 자유로웠던 고려시대에는 부처 양측의 친족은 물론이고 서로간에 유대관계를 돈독히 하기 위해서 양부모, 양자녀 관계를 맺기도 하였다. 특히 고려 말에는 권세가와 친분관계를 돈독히 하기 위해 양부모, 양자녀 관계를 맺는 사례가 두드러지게 나타났다. 조선 건국 이후인 15세기에도 다양한 계층에서 다양한 목적을 가지고 부처에 모두 혈연관계가 없는 타인(他人)을 양자녀로 삼았다는 사실을 확인할 수 있었다. 이들은 자신의 이익을 극대화시키기 위해, 현실적인 필요를 충족시키기 위해, 친밀감으로 인해 자유롭게 양부모, 양자녀 관계를 맺었다. 이에 따라 천인이 양반의 양부모가 되기도 하고, 귀화인이나 외국인과도 양부모, 양자녀 관계를 맺기도 하였다.

이렇게 수양·시양자녀 입양 대상 선정에는 계통에 구애받지 않고 혈연을 중시하였던 친족관계와 손외(孫外)에 재산을 주는 것을 꺼리던 상속 관행이 큰 영향을 미쳤다. 그리고 가계계승, 특히 종법적 가계계승의 필요성을 크게 느끼지 못하였던 당시 사람들의 인식도 자유롭게 입양 대상을 선정하는 데 영향을 주었다.

그러나 양부모, 양자녀 관계는 양측의 필요에 의해 형성된다. 필요성을 느끼지 않으면 애초부터 입양 대상을 선정할 이유도 없어진다. 따라서 당시 사람들이 어떠한 필요에 의해 양부모, 양자녀 관계를 맺었는지를 살펴야 15세기 수양, 시양의 특성을 제대로 이해할 수 있을 것이다. 그리고 이는 친족관계의 변화에 따라 변화한 이후의 조선의 사회 모습과 차별화되는 15세기의 사회상을 이해하는 데에도 유용할 것이다.

이미 부처(夫妻)에 모두 혈연관계가 없는 타인(他人)을 양자녀로 삼았던 사람들이 자신의 이익을 극대화하거나 서로의 현실적인 필요를 충족시키기 위해 다양한 목적을 가지고 입양하였다는 사실을 간략하게 살펴보았다. 그러나 타인(他人) 입양뿐 아니라 친족 입양시에도 양측의 필요와 목적에 따라 양부모, 양자녀 관계가 형성된다. 또한 수양, 시양의 성격을 이해하기 위해서 타인(他人) 입양시에 어떠한 방식으로 그 관계가 형성되었는지에 대해 보다 구체적으로 검토할 필요가 있다. Ⅳ장에서는 15세기에 어떠한 목적을 가지고 수양, 시양의 관계를 맺었는지를 본격적으로 살펴봄으로써 15세기 수양, 시양의 속성을 보다 구체적으로 밝히고, 나아가 입후법 제정 이후 입양 풍속의 변화 가능성을 가늠해보고자 한다.

Ⅳ. 15세기 수양·시양자녀 입양의 목적과 양부모, 양자녀 관계

1. 양육, 봉양, 봉사

15세기 수양·시양자녀 입양 목적을 구체적으로 살펴보기에 앞서 우선 당시 정책을 입안하고 법을 적용하던 관료들이 양부모와 수양·시양자녀의 관계를 어떻게 인식하고 있었는지 분석함으로써 수양·시양자녀 입양 목적을 유추해보고자 한다. 이를 위해 성종 11년(1480) 김제군수(金堤郡守)인 김륜(金崙)이 천인인 수양모 옥매(玉梅)의 상에 상복을 입어야 하는지에 대해 관료들이 논의한 내용들을 살펴보도록 하겠다.

이 논의는 사헌부에서 김륜이 수양모의 상복을 입지 않았다고 하여 처벌을 청한 데서 시작되어 수양부모 복상(服喪) 규정의 개정 여부에 대한 논의로 이어졌다.[1] 수양부모 복상 규정의 개정 여부에 대한 논의는 기존 수양부모 복상 규정을 그대로 둘 것인지, 수양부모가 천인이고 양자녀가 사대부일 때에는 수양부모에 대해 복상하지 말도록 규정할 것인지에 대한 것이었다.

---

1) 『成宗實錄』卷124, 成宗 11年 12月 16日 辛酉 ;『成宗實錄』卷125, 成宗 12年 正月 3日 戊寅 ;『成宗實錄』卷126, 成宗 12年 2月 9日 癸丑 ;『成宗實錄』卷126, 成宗 12年 2月 23日 丁卯.

이 논의에서 천인인 수양부모에게 복상하지 말도록 하자는 주장의 논리는
사대부가 천인에게 복상하면 존비(尊卑)의 명분이 문란해진다는 것이었다.
그리고 천인 수양부모에게도 복상하도록 하자는 주장의 논리는 '3세전
수양은 자기자식과 같다'는 『경국대전』의 문구, 수양부모의 길러 준 은혜,
수양부모로부터 재산을 받는다는 것이었다.
　다음은 천인 수양부모에게 복상하지 말도록 하자는 의견 중 하나이다.

　　지금의 법에 양부모라고만 칭하고 귀천(貴賤)을 구분하지 않았으므로
　의논하는 사람들이 복(服)을 입어야 하는 것으로 의심합니다. 만약 재산과
　보호(保護)의 은혜로 귀천을 논하지 않고 반드시 삼년상을 행한다면 존비(尊
　卑)의 자리가 바뀌어 명분이 문란해질 것이니 귀한 자가 천한 자에게 복(服)을
　입지 않는 것이 편하겠습니다.[2]

　이 주장을 편 관료들은 수양자녀가 수양부모로부터 '재산'과 '보호(保護)'
의 은혜를 받는다고 전제하고, 이러한 은혜에 보답하는 것보다 존비의
명분이 문란해지는 것이 더 중요한 일이라고 보았다. 여기에서 당시 관료들이
수양부모가 수양자녀를 양육하고, 그에게 재산을 주는 것을 일반적인 수양부
모, 수양자녀의 관계로 인식하고 있었음을 알 수 있다.
　한편, 수양부모에게 받은 은혜의 정도를 따져 조건부로 복상하도록 하자는
다음과 같은 의견도 있었다.

　　(가) 수양(收養)의 은혜에는 비록 귀천(貴賤)의 구분이 없다 하더라도 사대부
　　로 천자(賤者)의 상(喪)에 복(服)을 입는 것은 불가하니 지금부터는
　　복을 입지 말도록 하되 만약 부모가 모두 사망하여 전적으로 길러 준

---

2) "今法 但稱養父母 而不分貴賤 故議者疑其服 若以財産保護之恩 不論貴賤 必行三年之喪
　則尊卑易位 名分紊矣 貴不服賤爲便"(『成宗實錄』 卷124, 成宗 11年 12月 16日 辛酉).

은혜에 의지하였던 자 중에 행상(行喪)하기를 원하는 자는 들어주기를
청합니다.

(나) 수양부모 중에 천자(賤者)에게는 그 상(喪)에 복(服)을 입지 않은 지가
이미 오래되었습니다. 그러나 대전(大典)에 이르기를, '바로 자기 자식과
같다'고 하였으니 복상하지 않는 것도 불가합니다. 수양으로 노비와
전택(田宅)을 전해 받고 행상(行喪)하기를 원하는 자는 들어주십시오.[3]

이는 부모가 사망하여 수양부모가 부모와 같이 양육해 주었거나 수양부모
로부터 재산을 전해 받은 사람 중에 복상하기를 원하는 사람에 한해 복상하도
록 하자는 의견이다. 이 의견에서도 수양부모와 수양자녀의 관계는 양부모가
양자녀에게 양육과 재산 증여·상속의 은혜를 제공하고 이에 대한 보답으로
양자녀는 양부모에 대하여 행상(行喪)을 함으로써 효를 실천하는 관계로
인식되고 있었음을 확인할 수 있다.

또한 이 논의 내용을 통해서 수양부모에 대한 행상의 성격을 파악할
수 있다. 이 내용을 살펴보면, 양부모에 대한 행상은 양부모의 양육해 준
은혜 및 재산 증여·상속에 대한 보답으로서의 성격을 가지고 있는 것으로
파악된다. 조선 전기에는 여러 자녀에 의한 윤회봉사(輪回奉祀)와 분할봉사
(分割奉祀)가 행해졌으며, 묘제(墓祭)가 주요한 제사형태였다. 이는 당시의
봉사가 효를 실천하는 한 방편이었으며, 종법적 가계계승과는 거리가 먼
것이었음을 알려준다. 유교적 제사의식이 정착하기 이전의 수양·시양자녀
의 행상, 봉사도 이러한 맥락에서 파악할 수 있다.[4] 이러한 점을 고려해

---

3) (가) "收養之恩雖無貴賤之分 然以士大夫 而服賤者喪不可 今後請勿服 若父母俱沒 專賴
阿保之恩 願行喪者聽".
   (나) "收養父母之賤者 不服其喪已久 然大典云卽同己子 則其不服喪 亦爲不可 其收養而
傳得臧獲田宅 願行喪者聽"(『成宗實錄』 卷124, 成宗 11年 12月 16日 辛酉).
4) 정긍식은 조상의 제사를 후손이 생전과 같이 사후에도 조상을 봉양하는 '사후봉양의

보았을 때 조선 전기의 사료에 나타나는 행상이나 봉사의 의미를 조선 후기의 가계계승자에 의한 행상이나 봉사와 같은 성격의 것으로 이해하는 것은 조선 전기 사회상을 잘못 이해하는 것이라 할 수 있다.

이러한 양부모, 양자녀 관계는 시양부모와 시양자녀의 관계에서도 마찬가지였다. 다만 법전에 시양부모에 대한 복상 규정이 없기 때문에 복상을 하지 않는 경우도 있었다. 그리고 3세 이전의 어린아이를 양자녀로 삼는 수양부모, 수양자녀의 관계보다는 양부모, 양자녀 사이의 정(情)도 덜할 수 있었다. 또한 나이가 많은 사람을 시양자녀로 삼는 경우에는 목적성이 강한 인위적인 관계가 될 가능성이 컸다. 그렇다고 하더라도 자신의 봉양과 사후 행상, 봉사를 맡기기 위해 시양자녀를 들인 경우에는 가까운 친족이나 이전부터 친밀했던 사람을 양자녀로 삼고자 했을 것이다. 그리고 이 경우에 시양자녀에 대한 친근한 감정은 수양자녀 못지않았을 것이다.

현재까지의 논의를 통해 15세기 조선 사회의 일반적인 수양·시양 부모와 양자녀의 관계를 다음과 같이 정리할 수 있다. 가족이나 친족 중 부모가 기를 수 없는 상황이 된 어린아이를 양육하기 위해, 양자녀를 기름으로써 아이를 기르는 즐거움을 누리고 양자녀의 효도와 봉양을 받기 위해, 사후에 양자녀가 자신의 묘를 관리해 주고 제사를 담당해 주기를 기대하면서 수양·시양자녀를 입양하였다. 그리고 양부모는 양자녀가 자녀의 역할을 해 준 것에 대한 고마움과 애정으로, 그리고 앞으로도 봉양, 행상, 봉사 등의 역할을 해 줄 것을 기대하며 양자녀에게 재산을 증여·상속하였다. 그렇다면

의미와 제사는 남계손으로 영속되어야 한다는 '가계계승'의 의미로 구분하여 파악하였다. 그리하여 고려까지는 가계계승의 의미는 거의 없고 사후봉양의 의미만 있었으며, 조선 전기까지도 제사를 가계계승이 아닌 사후봉양으로 여기는 경향이 강했다고 하였다(鄭肯植(1996), 앞의 논문, 17~23쪽). 필자도 조선 전기의 제사는 종법적 가계계승의 요소보다는 부모나 조상의 사후에 효를 행하기 위한 측면이 강하였다고 생각한다. 유교적 가계계승체제가 정착하기 전까지 수양자녀와 시양자녀의 양부모에 대한 행상(行喪)이나 봉사도 이러한 차원에서 이해할 수 있겠다.

96

양육을 위한 입양과 봉양 및 봉사자 선택을 위한 입양으로 나누어 그 구체적인 실상을 살펴보기로 하겠다.

1) 양육

아이 양육은 동서고금을 막론하고 공동체 사회 유지에 필수불가결한 요소이다. 따라서 부모가 기를 수 없는 상황이 된 아이를 양육하기 위해 양부모, 양자녀 관계를 맺는 것은 어느 사회에나 나타난다. 조선 전기에도 아이의 양육자와 양육된 아이 사이에 수양부모, 수양자녀 혹은 시양부모, 시양자녀의 관계를 맺었던 사례들을 확인할 수 있다. 그러나 전혀 연고가 없는 버려진 아이나 미아(迷兒)를 자식처럼 양육하지는 않았던 것 같다. 이러한 아이들은 데려다 키우더라도 집에서 역사(役使)하는 것이 일반적인 일이었다.5)

조선시대에 사대부 계층의 묘지명에는 부모를 잃은 근친을 데려다 자기자식과 같이 양육한 것을 칭송하는 내용이 등장한다.6) 이들은 경제적 능력이 있는데다 사대부의 체모를 지킬 필요성도 있었다. 이러한 이유로 이들은 부모의 양육을 받을 수 없는 상황이 된 근친을 데려와 양육했던 것으로 보인다. 이를 고려하면, 양육을 위한 수양, 시양은 조선 사회의 변화와 관계없이 조선 전시기에 걸쳐서 존재했을 것으로 생각된다. 하지만 종법적

---

5) 『世祖實錄』 卷27, 世祖 8年 正月 27日 壬戌.

6) 이이(李珥)가 지은 정후(鄭侯)의 묘지명에는 정후가 누이동생이 사망하자 그 자식을 수양하여 자기 자식과 다름없이 대하였다는 내용이 있으며[泛愛而親親 事叔母如親 孃 愛從兄弟如同胞 妹死子孤 收養無異己出 宗族雖疎遠 無不得其歡心], 유성룡(柳成龍) 이 지은 형 유운룡(柳雲龍)의 묘지명에는 사망한 누이의 자녀를 거두어 길러 혼수를 갖추어 혼인까지 시켰다는 사실이 기술되어 있다[亡妹子若女貧窮無托者 公皆收養之 資遣嫁娶 俾勿失時](『栗谷全書』 卷18, 墓誌銘, 敦寧府正鄭公墓誌銘 ;『西厓先生文集』 卷20, 墓誌, 通政大夫行原州牧使柳公墓誌).

가계계승을 위한 양자를 세우는 입후가 상류층 입양의 대세가 되었던 조선 후기에 비해 수양 · 시양자녀 입양이 상류층에서도 성행하였던 조선 전기에 양육을 위한 입양이 더 많았을 것으로 추측된다.

　양육을 위해 입양한 사례들은 부모가 사망하거나 부모가 기를 수 없는 상황의 아이를 양육하게 된 것을 계기로 양부모, 양자녀 관계가 형성된 경우와 아이의 피액(避厄)이나 피병(避病)을 계기로 양부모, 양자녀 관계가 형성된 경우로 구분해 볼 수 있다. 부모가 생존해 있으며 기를 능력이 되는데도 아이의 양모를 선정하는 경우도 있으나 이는 양육 외에 다른 목적이 있는 경우가 많다. 따라서 이러한 사례에 대해서는 뒤에서 따로 언급하도록 하겠다.

　첫째 부모가 사망하였거나 기를 수 없는 상황이 된 아이를 양육한 것을 계기로 양부모, 양자녀 관계가 형성된 경우를 살펴보도록 하겠다.

　앞에서 성종대에 천인 수양부모에 대해 사대부가 복상할 것인지의 문제를 논의하는 과정에서 부모가 모두 사망하여 전적으로 길러 준 은혜에 의지하였던 자 중에 복상하기를 원하는 자는 들어주도록 하자는 의견이 있었다는 것을 살펴본 바 있다. 이는 당시에 부모가 모두 사망한 아이를 양자녀로 삼은 사례가 있었음을 알려주는 한 예이다.

　15세기에 하위지(河緯地)의 딸은 세조 2년(1456) 단종 복위 사건을 모의했다 하여 아버지가 죽임을 당하고 그 처자도 연좌되게 되자 고모인 전양지(田養智) 처 하씨(河氏)가 6살 때부터 데려다 길렀다.[7] 아버지가 사망하고 어머니도 양육하기 힘든 상황이 되자 고모인 하씨가 양육하였던 것이다. 그리고 하씨는 이 조카에게 자신의 노비와 전지(田地) 일부를 증여하기도 하였다.[8]

---

7)　“同生娚河緯地女子段　年六歳時始叱　率居長養　至今順意孝道爲沙餘良”(鄭求福　외 (1997), 앞의 책, 영인본 198쪽).

8)　鄭求福　외(1997), 앞의 책, 영인본 198쪽.

이 사례는 양모와 양녀의 관계를 맺은 사례는 아니지만 당시에 부모가 사망하거나 기를 수 없는 상황이 되었을 때 친족 중에서 그 아이를 데려다 길러 양부모, 양자녀 관계를 맺은 사례들이 있었을 가능성을 시사해 주는 사례라 할 수 있다.

16세기 중반에 김부필(金富弼) 부처(夫妻)가 김해(金垓)를 수양자로 삼은 사례는 아이의 어머니가 산질(産疾)로 사망하고, 아이의 백부, 백모인 김부필 부처가 자식이 없어 양자(兩者) 사이에 양부모, 양자녀 관계가 형성된 사례이다.

어머니 정부인(貞夫人) 조씨(曹氏)가 포대기로 네 몸을 싸서 손수 내 방에 안고 와 울면서 우리들에게 말하기를, "네가 아들이 없는데 이 아이가 태어났으니 필시 남은 경사가 미친 것이나 망극한 변을 만났으니 어찌 이 아이의 성장을 지킬 수 있겠느냐. 그러나 천도(天道)가 무지(無知)하다고 할 수 없으니 이 아이의 성장을 오히려 혹 바랄 수 있겠다. 네가 잠시 수양(收養)한다면 결국 보생(保生)할 수 있을 것이다. 너희들은 아들이 없지만 아들이 있게 되는 것이고, 이 아이는 어미가 없지만 어미를 얻은 것이니 은의지도(恩義之道)가 어찌 양쪽에 온전하게 되지 않겠느냐." 라고 하였다.9)

---

9) "母氏貞夫人曹氏 以襁褓裹汝身 親自抱持來余房 泣謂余等曰 汝旣無子 此兒之生 必是餘慶所及 而旋遭罔極之變 則何能保此兒之成長乎 然天道不可謂無知 則此兒之成長猶或可冀也 汝姑收養 終或保生 汝等無子而有子 此兒無母而得母 恩義之道豈不兩全"(왕실도서관 장서각 디지털 아카이브, 문중 고문서, 安東 光山金氏 後彫堂, 家舍田民許與文記/斜給立案(金富弼 夫妻-老眉〈金垓〉)) * 이 문서는 분재기, 김부필 처 하씨의 공함 답통, 김부필의 초사, 증인 2인의 초사, 입안의 순으로 점련되어 있는 문서이다. 그런데 분재기, 김부필 처 하씨의 공함 답통, 김부필의 초사 내용은 각 문서의 형식과 관련된 부분 외의 내용이 거의 일치한다. 따라서 이 세 문서를 대조해보면 각 문서의 결락된 부분을 복원할 수 있다. 그런데 분재기의 결락이 심하여 본문의 인용문은 김부필의 초사 내용을 번역하였다. 김부필의 초사에서 결락된 부분은 분재기와 김부필 처 하씨의 공함 답통 내용으로 보충하였다.

이는 조씨가 아들 김부필 부부에게 어머니를 잃은 김해를 양육하도록 당부한 내용이다. 조씨는 이 아이를 데려다 기르게 되면 어머니가 없는 아이는 어머니를 얻게 되는 것이고, 아들이 없는 김부필 부부는 아들을 얻게 되는 것이라고 설득하였다. 결국 김부필 부부는 김해를 데려다 길렀고, 김해도 김부필 부부의 뜻대로 잘 성장하였다. 김부필 부부는 김해에게 그들의 재산을 모두 증여하고 종가(宗家)의 제사를 맡겼다. 어머니가 사망하여 양육이 필요한 아이와 자식이 없는 백부, 백모에게 모두 입양의 필요가 있었던 것이다. 물론 김해가 계후자적 성격을 가진 수양자라는 점은 유교적 제사형태가 정착되어 가고 종법적 가계계승에 대한 필요성이 강화되면서 수양자의 성격이 변화한 모습을 보여주는 것이다. 만약 종법적 가계계승 관념이 확고하지 않았던 15세기의 사례가 여러 사례 남아있어 이를 정리해본다면 부처(夫妻) 양측의 모든 계통의 친족이 고루 입양 대상이 된 것으로 나타났을 것이다.

둘째 피액(避厄)이나 피병(避病)을 위해 다른 사람에게 아이 양육을 맡긴 것을 계기로 양부모, 양자녀 관계가 형성된 경우이다.

조선시대 사람들의 생활에서 점복(占卜)은 중요한 위치를 차지하였다. 이에 따라 아이가 태어나기 전부터 점쟁이를 불러 아이의 운명을 점쳐 집에서 기르면 아이에게 좋지 않다는 점괘가 나왔을 때에는 아이를 다른 곳에 보내 양육하기도 하였다. 태종은 동왕 12년(1412) 왕자가 태어나자 "금년에 아이를 낳으면 복자(卜者)가 말하기를 아이의 수명이 짧다고 하였으니 마땅히 다른 곳에서 양육해야 할 것이다." 라고 말하고 왕자를 양육할 사람을 구하였다. 이는 점복의 힘을 이용해 아이의 운명을 좋은 방향으로 바꾸어보고자 하였던 당시의 풍속이 나타난 사례라 하겠다.10)

이 뿐만 아니라 아이가 성장하는 과정에서도 액을 피하거나 병을 피하기

---

10)『太宗實錄』卷23, 太宗 12年 6月 23日 丙子.

위해 다른 집으로 보내어 양육하는 일이 흔히 있었다. 이러한 과정에서 아이를 양육해 준 사람과의 사이에 양부모, 양자녀 관계가 형성되기도 하였다. 15세기에 왕자녀들이 피병이나 피액을 이유로 민가에서 양육되었던 것을 계기로 왕자녀와 양육자 사이에 양부모, 양자녀 관계가 형성된 사례들이 나타난다. 세종의 아들인 영응대군(永膺大君)은 이순몽(李順蒙)의 집에서 피병했던 것을 계기로 이순몽의 수양자가 되었고, 문종의 딸인 경혜공주(敬惠公主)는 조유례(趙由禮)의 집에서 피액했던 것을 계기로 조유례의 수양녀가 되었다.11) 민간에서 피액이나 피병을 이유로 다른 집에 양육되었던 것을 계기로 양부모, 양자녀 관계를 맺은 사례는 찾을 수 없다. 그러나 당시 민간에서도 피병과 피액이 일상사였다는 것을 고려해볼 때 흔히 있었던 일일 것으로 생각된다. 이렇게 점복에 의지하여 아이가 건강하게 자랄 수 있기를 바랐던 이와 같은 풍습으로 인해 양부모, 양자녀 관계가 형성되기도 하였다.

2) 봉양 및 봉사자 선택

양자녀를 통해 적적함을 달래고, 양자녀의 봉양을 받고, 사후에 양자녀가 장례를 주관해 주고 자신들의 제사를 맡아주기를 기대하여 수양자녀나 시양자녀를 입양한 경우도 많았다.

15세기 초인 태종 8년(1408) 승니(尼僧) 장씨(張氏)가 수양녀인 6촌 손녀 임을재(林乙材) 처 박씨(朴氏)에게 노비 1구를 증여한 분재기에는 부호(扶護)할 데가 없어서 박씨를 수양녀로 삼았다고 기술하였다.12) 이는 장씨가

---

11) 『世宗實錄』卷125, 世宗 31年 8月 20日 丁卯 ;『文宗實錄』卷12, 文宗 2年 2月 13日 丁丑.

12) "…… 女矣身□…□ 扶護隅無乎等用良 六寸孫女子故聞慶監務林乙材妻□…□(朴氏乙) 微少時始叱 長養爲乎在亦 ……"(남권희 제공, 興海裵氏 고문서 CD, 奴婢許與文記/斜

박씨에게 의지하고자 하는 마음을 가지고 그녀를 양녀로 삼았음을 나타낸 것이다. 앞서『세종실록』에서 '고(故) 사간(司諫) 민설(閔渫) 처 강씨(姜氏)가 무사(無嗣)하여 족질(族姪) 내자윤(內資尹) 서미성(徐彌性)의 딸을 수양으로 삼았다'13)는 기사를 인용한 바 있다. 여기에서 '무사(無嗣)'는 가계계승자가 없다는 것이 아니라 자식이 없다는 것으로 이해해야 할 것이다. 이렇게 보았을 때 민설 처 강씨가 족질을 수양녀로 삼았던 것을 무사(無嗣)하기 때문, 즉 자식이 없기 때문이라고 한 것은 '부호(扶護)할 데가 없으므로'라는 의미를 함축한 것이라고 파악할 수 있다.

그렇다면 자식이 없는 사람이 양자녀에게 의지하고자 한 것이 무엇이었는지 살펴보도록 하겠다. 앞에서 언급했던 승니 장씨는 수양녀 박씨에게 노비 1구를 증여하면서 증여의 이유를 어렸을 때부터 양육했다는 점과 박씨가 자신에게 한결같이 효도했다는 점을 들었다.14) 장씨는 박씨를 양녀로 삼음으로써 박씨로부터 효도를 받았으며 이에 대한 대가로 그에게 자신의 노비를 증여했던 것이다.

15세기 후반 권통(權通)은 자식이 없어 동성 3촌질 권주(權柱)를 시양자로 삼았다. 성종 15년(1484)에는 권통이 자신의 노비와 토지를, 권통이 사망한 후인 연산군 원년(1495)에는 권통 처 전씨(全氏)가 남편과 자신의 노비를 권주에게 증여하였다. 권통은 집안에서 친자(親子)와 같이 기르고 가르쳤다는 점, 과거에 급제했다는 점, 자신을 친부모와 같이 효양(孝養)했다는

給立案(尼僧 張氏－林乙材 처 朴氏)). 박씨가 장씨의 수양녀인지의 여부는 분재기를 통해서는 알 수 없지만 분재기 앞에 점련된 소지에 '收養六寸□…□'이라는 어구가 있으며, 분재기 뒤에 점련된 증인과 필집의 다짐(侤音)에 '六寸收養孫女子故聞慶監務 林乙材妻朴氏'라고 기록되어 있는 것을 통해서 확인할 수 있다. * '□…□'로 표시한 부분은 결락된 부분이고, 결락 표시 옆 ( ) 안의 내용은 필자가 추정한 내용이다.

13)『世宗實錄』卷16, 世宗 4年 4月 11日 丁酉.

14) 남권희 제공, 興海裵氏 고문서 CD, 奴婢許與文記/斜給立案(尼僧 張氏－林乙材 처 朴氏).

점을 재산 증여의 이유로 들었다. 그리고 전씨는 권통의 유서, 권주가 사망한 남편의 상사(喪事)와 배묘(拜墓)를 충실히 했다는 점, 자신에게도 남편이 살아있을 때와 마찬가지로 효도했다는 점을 들어 남편과 자신의 노비를 증여하였다.15) 권통은 권주를 시양자로 삼아 양육하며 친아들을 키우는 것 같은 애정을 느꼈고, 그가 과거에 급제함으로 인해 기쁨을 맛보았으며, 그의 정성스러운 봉양을 받았다. 그리고 권통이 사망한 후에 권주는 권통의 상사를 주관하여 치르고 배묘를 충실히 하였다. 권주는 권통의 3촌질이고 권통이 그를 양자로 삼았으나 양모인 전씨에게도 효성을 다하여 전씨의 노비를 증여받기도 하였다.

이 두 사례에 나타난 것과 같이 생전에 효도하고 사후에 상례를 치르고 배묘를 충실히 하는 것이 일반적으로 양부모가 수양자녀나 시양자녀에게 기대하는 역할이었던 것으로 보인다. 특히 자식이 없는 양부모는 더욱 그러했을 것이다.

이러한 수양자녀나 시양자녀의 역할은 법 제정과 집행을 통해서도 파악할 수 있다. 세종 17년(1435)에 관직에 있는 사람이 수양부모에게 귀근(歸覲)하는 법이 제정되었다.16) 이는 이 시기 수양부모에 대한 근친(覲親)이 법으로 규정될 정도의 사회 상규였다는 것을 보여준다. 또한 복상 제도를 마련하면서 수양부모에 대한 복상 규정을 제정한 것도 수양부모의 행상을 법으로 인정한 것이라 할 수 있다.

이렇게 수양부모에 대한 규정만 제정한 것은 앞에서도 언급한 바와 같이 기존 입양 관행을 규제하고자 하는 정부의 정책이 반영된 것이었다. 당시 수양, 시양 풍속으로는 부처(夫妻)의 모든 계통의 친족과 부처 모두에게 혈연관계가 없는 타인(他人)까지도 입양 대상자가 되었다. 또한 자식이

---

15) 李樹健(1981), 앞의 책, 500~504쪽.
16) 『世宗實錄』 卷68, 世宗 17年 6月 8日 戊申.

있는 사람도 수양자녀나 시양자녀를 들일 수 있었다. 따라서 이는 유교적 가족질서 정착에 장애가 될 수 있는 입양 형태였다. 그리고 재산을 증여·상속받기 위해서, 혹은 권세가와 교결하려는 수단으로 입양을 하는 등의 폐단도 나타나고 있었다. 이 때문에 3세전부터 양육하여 양부모의 길러준 은혜와 양부모, 양자녀 사이의 친밀한 관계를 무시할 수 없는 수양에 대해서는 법적 권리와 의무를 인정하고 시양에 대해서는 시양부모와 시양자녀의 관계에 대한 법적 보호를 최소화시켰다.

그러나 현실에서는 시양부모와 시양자녀의 관계일지라도 앞의 권통과 권주의 사례에서처럼 양부모를 봉양하고 양부모 사후 상례를 치르고 배묘를 하는 경우가 있었다.17) 시양의 경우 정략적 목적에 이용될 가능성이 많기는 하지만 부모, 자녀 관계에 준하는 시양부모, 시양자녀 관계도 많았으리라 생각된다. 입양시의 나이가 양부모, 양자녀 간의 친밀도에 절대적인 영향을 미치는 것은 아니기 때문이다. 또한 성종 11년(1480) 낭성군(琅城君) 한보(韓堡)가 시양모 조씨에게 불순(不順)하였다는 죄로 파직된 일이 있었는데, 이를 통해 당시의 위정자들이 시양부모와 시양자녀의 관계에 대한 법적 보호를 최소화하려고 하면서도 시양부모에게도 효도를 해야 한다는 관념 역시 가지고 있었음을 알 수 있다. 이상을 통해 판단하건대 현실에서 양부모가 시양자녀에게 기대하는 역할은 수양자녀의 그것과 크게 다를 것이 없었으

---

17) 세종 11년(1429) 왕이 시양부모의 상에 복상해야 하는지의 여부를 묻자, 지신사(知申事) 정흠지(鄭欽之)가 "수양의 법에 유기소아(遺棄小兒)는 자기 자식과 같다고 하였으므로 복상을 그 부모와 같이 하는 것이 가합니다. 그러나 만약 시양이라면 무슨 은덕이 있어 그 상에 복을 입겠습니까? 왕왕 노비를 얻고자 하여 예를 무릅쓰고 행상(行喪)하는 자가 있으나 이것으로 어찌 법을 삼겠습니까?" 라고 하였다. 정흠지는 시양에 대하여 부정적으로 보았기 때문에 시양부모에 대한 행상을 노비를 얻고자 한 것이라 하였다. 그러나 한편으로 이를 통하여 법으로는 규정되지 않았더라도 사적으로는 시양자녀가 시양부모의 상례를 치르는 사례들이 있었음을 알 수 있다(『世宗實錄』 卷43, 世宗 11年 3月 21日 丁卯).

리라 생각된다.

이렇게 15세기에 친족을 수양자녀나 시양자녀로 삼는 사람들은 생전에는 양자녀의 효도를 받고 사후에는 그들에게 상사나 제사를 맡기고자 하였음을 확인할 수 있었다. 그런데 이 시기에 수양·시양자녀가 담당하였던 제사의 성격에 대해서는 권통 처 전씨가 권주가 권통 묘의 배묘를 충실히 했다고 한 것에서 단서를 얻을 수 있다. 전씨가 다른 제례에 대한 언급 없이 배묘만을 언급한 것과 당시의 제례 관습을 함께 고려해 본다면 이 시기 수양자녀나 시양자녀의 양부모 봉사는 묘 관리 및 묘제(墓祭)를 행하는 정도였으리라 판단된다. 양부모, 특히 자녀가 없는 양부모는 양자녀로부터 정신적 위안과 효도, 그리고 묘 관리나 제사를 받기 위해 친족을 수양자녀나 시양자녀로 삼는 일이 많았다. 이는 양자녀가 자녀를 대신하여 자녀의 역할을 해 주기를 기대하는 마음에서 행해진 입양이었다. 이러한 형태의 수양·시양자녀 입양은 봉사자로서 양부모와 양부 선대의 제사를 받드는 것은 물론이고 입후된 집안의 종법적 가계계승자로서 사망한 후에 그 집안의 가묘에 모셔져 양부모와 함께 자손의 제향을 받게 되는 계후자를 세우는 입후와는 구별되는 형태라 하겠다.

2. 가족의 화합과 안정

앞에서 부처(夫妻)의 친족을 수양자녀나 시양자녀로 삼을 경우 부처가 각각의 필요에 따라 계통을 구분하지 않고 자신과 혈연관계가 있는 친족을 수양자녀나 시양자녀로 입양하였다는 점을 언급하였다. 그런데 부(夫)가 부(夫)와 혈연관계가 있는 친족을 입양하고, 처가 처와 혈연관계가 있는 친족을 입양하였던 일반적인 친족 입양 형태와는 다른 형태, 즉 여성이 자신과 혈연관계가 없고 부(夫)와 혈연관계가 있는 가족 구성원을 수양자녀나 시양자녀로 삼은 사례도 나타난다. 왕실에서 비(妃), 세자빈, 후궁이 자신의 소생이 아닌 왕자, 왕손을 양자로 삼은 사례와 사가(私家)에서 첩이 적손(嫡孫)을 양자로 삼은 사례가 바로 그것이다.

만약 이 양자에게 조상에게 물려받은 재산을 증여·상속한다면 조상에게서 받은 재산을 조상 손외(孫外)의 타인(他人)에게 넘기게 된다. 그럼에도 불구하고 이러한 사례들이 나타났던 것은 이 여성들이 왕실의 여성이나 양반의 천첩(賤妾)으로 남편과의 관계가 일반적인 양반가의 부처(夫妻) 관계와 다르다는 점에 있다.

왕실에 시집 온 여성들은 일반 여성들과는 달리 부가(夫家)인 왕실의 질서에 강력하게 편입되었다. 또한 왕이 명하여 이들에게 왕자나 왕손의 양육을 맡긴다면 이를 거역할 명분이 없었다. 한편, 양반의 천첩은 신분의 한계로 인해 남편과 동등한 관계가 될 수 없었다. 그리고 이들의 소유 재산 역시 영세하여 자신의 재산이 혈연관계가 없는 타인(他人)에게 넘어간다는 부담을 가질 필요가 없는 사람들이 많았다. 즉, 왕실 여성이라는 특수성과 남편과의 현격한 신분 차이로 인해 부가(夫家)의 요구에 순종하게 됨으로써 나타난 현상이었던 것이다.

그러나 이 여성들 중 소훈 권씨(昭訓〈귀인(貴人)〉 權氏)[18]는 남편인 의경

---

18) 소훈 권씨는 윤씨(尹氏), 신씨(愼氏)와 함께 세조 2년(1456) 소훈(昭訓)으로 뽑혀 동궁에 들어갔지만 남편이 되는 의경세자가 이듬해에 사망하였다. 의경세자의 아들 성종〈자을산군〉이 즉위한 후 의경세자가 왕으로 추봉되자 숙의(淑儀)에 봉해졌고, 성종 14년(1483)에는 귀인(貴人)으로 진봉(進封)되었다. 권씨가 자을산군을 수양자로 삼았으며 허반을 양자로 삼았다는 사실은 『중종실록』에 실려 있기 때문에 귀인 권씨로 기록되어 있지만 자을산군을 수양자로 삼은 시기는 소훈 시절이었다. 따라서 위의 본문에서는 소훈으로 표기하고 최종 봉작명인 귀인을 부기하였으며, 뒤의 〈표 Ⅳ-1〉에서는 소훈으로 표기하였다. 〈표 Ⅳ-1〉의 소훈 윤씨도 권씨와 비슷한 시기에 입궁하였고, 권씨와 같은 시기에 숙의, 귀인으로 진봉되었다(『世祖實錄』 卷5, 世祖 2年 8月 23日 庚申 ; 『世祖實錄』 卷5, 世祖 2年 11月 3日 己巳 ; 『世祖實錄』 卷9, 世祖 3年 9月 2日 癸亥 ; 『成宗實錄』 卷105, 成宗 10年 6月 5日 庚寅 ; 『成宗實

세자의 적자(嫡子) 자을산군(者乙山君, 성종) 외에도 자신의 이질(姨姪)인 허반(許磐)을 양자로 삼아 자신의 재산을 주었다.[19] 권씨는 자식이 없었기 때문에 부모로부터 받은 재산을 부모의 자손이 아닌 자을산군에게 모두 주게 될 가능성이 있었다. 따라서 어머니의 손자가 되는 허반도 양자로 삼았던 것으로 보인다. 기록에 나타나지는 않지만 자식이 없고 왕자나 왕손을 양자로 삼은 다른 왕실 여성들도 왕자나 왕손 외에 자신과 혈연관계가 있는 친족을 양자녀로 삼았을 가능성이 있다고 판단된다. 그렇다면 왕실과 민간에서 이러한 양모, 양자 관계가 맺어지게 된 이유가 무엇인지 살펴보도록 하겠다.

録』卷155, 成宗 14年 6月 15日 丙子).

19) 허반이 소훈〈귀인〉 권씨의 양자였다는 것은 허반의 딸이 아버지가 권씨의 양자로서 받은 노비를 되찾고자 소송을 제기하고 중종에게 상언함으로써 기록되게 되었다. 허반은 연산군 4년(1498)에 무오사화에 연루되어 참형에 처해지고 재산을 적몰당하였다. 그리고 권씨는 성종 25년(1494)에 사망하였으나 연산군 10년(갑자년, 1504)에 연산군의 생모인 윤씨(尹氏)의 폐위 사건에 관련되었다 하여 폐서인되고 재산을 적몰당하였다. 중종 즉위 후 허반의 딸은 허반의 재산을 돌려받았으나 허반이 권씨의 양자로서 권씨에게 받은 노비는 돌려받지 못했다 하여 소송을 제기하였다. 그런데 허반의 딸은 적몰시에 유실되었다 하며 허여문기(許與文記)를 가지고 있지 않았고, 권씨가 해당 노비에게 허반에게 앙역(仰役)하도록 한 배자(牌字)만을 가지고 있었다. 장예원(掌隷院)에서는 그 노비를 허반의 딸에게 주도록 판결하였으나, 중종은 허반이 권씨에게 받은 허여문기가 없고 성종이 권씨의 수양자였다는 점을 들어 그 노비를 내수사(內需司)에 소속시키도록 명하였다. 3사에서 여러 차례 왕이 백성과 재산을 두고 다투면 안 된다는 점과 그 노비들이 허반이 부리던 노비였으며 무오년 허반의 재산을 적몰할 때 적몰된 것이라는 점 등을 들어 그 노비들을 내수사에 소속시키는 것은 불가하다고 계(啓)하였으나 중종의 윤허를 받지 못했다(『燕山君日記』 卷30, 燕山君 4年 7月 27日 辛酉 ; 『燕山君日記』 卷52, 燕山君 10年 4月 23日 甲寅 ; 『中宗實錄』 卷3, 中宗 2年 6月 18日 庚寅 ; 『中宗實錄』 卷17, 中宗 7年 11月 21日 辛卯 ; 『中宗實錄』 卷28, 中宗 12年 6月 5日 己酉 ; 『中宗實錄』 卷28, 中宗 12年 6月 6日 庚戌 ; 『中宗實錄』 卷28, 中宗 12年 6月 8日 壬子 ; 『中宗實錄』 卷28, 中宗 12年 6月 12日 丙辰 ; 『中宗實錄』 卷28, 中宗 12年 6月 13日 丁巳 ; 『中宗實錄』 卷28, 中宗 12年 6月 14日 戊午 ; 『中宗實錄』 卷28, 中宗 12年 6月 16日 庚申 ; 『中宗實錄』 卷28, 中宗 12年 6月 17日 辛酉 ; 『中宗實錄』 卷28, 中宗 12年 6月 21日 乙丑).

1) 왕실의 사례

왕실 여성들이 자신과 혈연관계가 없는 남편의 아들, 손자 등을 양자로 삼은 사례는 〈표 Ⅳ-1〉과 같다.

〈표 Ⅳ-1〉 조선 전기 왕실 여성들의 왕자, 왕손 입양 사례

입양 추정 시기	입양 구분	양모		양자		양부모, 양자녀 관계
		봉작명	지위/입궁전 신분	이름	지위	
미상	수양	미상	정종의 후궁/미상	귀생(貴生)	정종의 서자	서모-서자
세종	미상	성비 원씨 (誠妃 元氏)	태조의 비(妃)/양반	임영대군 구 (臨瀛大君 璆)	세종의 적자	서〈계〉증조모 20)-적 증손
세종	미상	의빈 권씨 (懿嬪 權氏)	태종의 후궁/양반	금성대군 유 (錦城大君 瑜)	세종의 적자	서 조모 - 적 손
세조	시양	수빈 한씨 (粹嬪 韓氏)	의경세자(懿敬世子)의 빈(嬪)/양반	세자 황(晄)	세조의 적자	형 수 - 시 동 생
세조	수양	소훈 윤씨 (昭訓 尹氏)	의경세자의 후궁/양반	월산군 정 (月山君 婷)	의경세자의 적자	서모-적자
세조	수양	소훈 권씨 (昭訓 權氏)	의경세자의 후궁/양반	자을산군 혈 (者乙山君 娎)	의경세자의 적자	서모-적자

〈표 Ⅳ-1〉의 사례는 기본적으로 왕자나 왕손의 양육을 명분으로 양모, 양자의 관계가 형성된 사례들이다. 이 중 정종의 후궁이 귀생을 양자로 삼은 사례는 그 입양 시기가 귀생의 생모가 사망한 이후인지의 여부를 확인할 수 없다. 그러나 세종의 왕자들과 세조의 왕자, 왕손은 모두 친모(親母)가 생존해 있는 상황에서 다른 왕실 여성들에게 양육되었다. 친모도 있고 유모를 비롯한 양육자가 많은 궁중에서 왕자나 왕손에게 이들 양모가 있었다는 것은 단순히 왕자, 왕손을 양육하기 위해서라고만 볼 수는 없다.

---

20) 성비 원씨는 태조의 비(妃)로 생시에 태조의 정비인지 후궁인지 구분하기 어려울 정도로 그 위상이 애매하였다. 사망한 후에 상례를 논할 때는 후궁으로 논정되었으나 임영대군을 양자로 삼은 것은 생시의 일이므로 '서〈계〉증조모'로 기재하였다.

108

먼저 세종의 왕자들이 성비, 의빈의 양자가 된 사례부터 살펴보도록 하겠다. 임영대군이 성비의 양자라는 사실은 세종 21년(1439)의 기록에 나타난다. 그리고 의빈이 금성대군의 양모라는 사실은 세조 원년(1455)의 기록에 나타난다.[21] 단종 원년(1453) 금성대군은 왕에게 의빈을 자신의 집에서 봉양하게 해 달라고 청하면서 자신이 의빈에게서 자라나서 그 은혜가 매우 무겁다고 하였다. 이를 통해 볼 때 금성대군은 어린시절부터 의빈에게 양육되었던 것으로 보인다.[22] 이외에 세종의 적자 중 막내인 영응대군(永膺大君)은 세종의 후궁인 신빈 김씨(愼嬪 金氏)가 양육하였다.[23] 다만 신빈과 영응대군이 양모, 양자 관계에 있다는 기록이 없으므로 〈표 Ⅳ-1〉에는 넣지 않았다.

이렇게 세종의 적자(嫡子)들은 왕실의 여러 여성들에게 나누어 양육되었다. 그리고 이는 세종 3년(1421) 상왕이었던 태종이 인군(人君)의 자식은 조신(朝臣)의 집에서 기를 수 없다며, 궁 밖에서 기르고 있던 왕자, 왕녀들을 궁중으로 불러들인 것이 계기가 되었던 것으로 보인다.[24]

임영대군은 세종 2년(1420)에 출생하였다.[25] 임영대군이 태어난 세종대 초반에 성비는 자식이 없었고, 왕실 내에서 높은 위상을 차지하고 있었다. 성비는 태조 7년(1397) 태조의 후궁이 되었다. 처음 입궁할 당시 아버지 원상(元庠)의 관직은 각문인진사(閣門引進使)[26]였고, 입궁 당시에는 봉작

---

21) 『世宗實錄』 卷85, 世宗 21年 5月 4日 辛亥 ; 『世祖實錄』 卷1, 世祖 元年 閏6月 11日 乙卯.

22) 『端宗實錄』 卷6, 端宗 元年 6月 26日 辛亥.

23) 『世宗實錄』 卷84, 世宗 21年 正月 27日 丙午.

24) "上王謂李中至曰 予嘗語主上曰 人君之子不可養于朝臣之家 由是 王子王女之養于外者 悉皆還置宮中"(『世宗實錄』 卷13, 世宗 3年 8月 17日 丁未). 그러나 이후에도 왕자녀들이 궁 밖의 사람들에게 양육되는 일이 사라지지 않았다. 이에 대해서는 뒤에서 언급하기로 하겠다.

25) 『世宗實錄』 卷7, 世宗 2年 正月 6日 乙巳.

26) '각문인진사'는 조회(朝會), 의례(儀禮) 등을 관장하던 각문(閣門)의 정4품에 해당하

을 받지 못하였다가 태종 6년(1406)에 성비로 책봉되었다.[27] 성비로 책봉할 당시 태종이 직접 덕수궁(德壽宮)에 나아가 성비에게 책(冊)과 보(寶)를 바치고 사배례(四拜禮)를 행하였으며, 세자와 백관도 사배례를 행하였다. 태조대에 신의왕후의 명호가 절비(節妃)였고, 신덕왕후 생존시의 명호가 현비(顯妃)였다. 그리고 정종과 태종 즉위 후 정비(正妃)의 명호는 각각 덕비(德妃), 정비(靜妃)였다. 원씨가 성비로 책봉될 당시까지 이 외에 '비(妃)'의 칭호를 받은 사람은 없었다. 조선 건국 이후 '비(妃)'는 정비(正妃)에게만 주어졌던 칭호였던 것이다. 더구나 태조에게 정비(正妃)가 없는 상태에서 책봉 의식까지 거행하고 왕, 세자, 백관이 사배례를 행했다는 점은 성비가 정비(正妃)와 대등한 정도의 위상이라는 점을 만조백관에게 인식시켰다는 의미를 가지고 있다. 다만 성비는 대비로 봉숭(封崇)되지는 않았다는 점에서 태종 즉위 후 정종의 비(妃)인 덕비가 왕대비로 봉숭되었던 것과 차이가 있다. 이렇게 성비는 태조의 정비(正妃)인지 후궁인지 구분하기 애매한 위상을 가지고 있었다. 태종 16년(1416)에 왕은 성비가 자신의 계모인지의 여부를 신하들에게 물었다. 이에 대해 신하들은 계모라고 답하기도 하였고, 예(禮)에 두 적처(嫡妻)가 없다고 대답하기도 하였는데, 이를 통해서도 성비의 애매한 위상을 알 수 있다.[28] 그런데 세종 31년(1449) 성비가 사망한 후 그의 상제(喪制)를 논할 때 정비(正妃)가 아닌 후궁으로 논정되었다.[29] 그렇다고 하더라도 태종, 세종대에 태조의 비(妃)라는 지위는 왕실내에서 무시하지 못할 위치였다. 한 예로 태종 15년(1415) 각전(各殿)에 공상(供上)하는 송자(松子)를 문소전(文昭殿)과 성비전을 제외하고는 피송자(皮松子)를 쓰도록 하라는 명을 통해서도 이를 확인할 수 있다.[30] 각전에 공상하는

는 관직이다(『太祖實錄』 卷1, 太祖 元年 7月 28日 丁未).

27) 『太祖實錄』 卷13, 太祖 7年 2月 25日 壬寅.

28) 『太宗實錄』 卷32, 太宗 16年 8月 21日 庚辰.

29) 『世宗實錄』 卷126, 世宗 31年 12月 29日 乙亥.

110

송자를 모두 피송자를 쓰도록 하면서 태조와 신의왕후의 신주를 모신 문소전과 함께 성비전에 공상하는 송자는 실송자(實松子)를 쓰도록 하였다는 것은 태종이 그만큼 성비를 태조의 비(妃)로서 예우했음을 의미하는 것이라고 할 수 있다.

이러한 성비가 임영대군의 양모가 되는 것은 성비와 세종 양자(兩者)에게 모두 이득이 되는 일이었다. 성비는 남편이 사망하고 자식도 없었기 때문에 현왕(現王)의 친자와 양모, 양자의 관계를 맺어 현 왕실의 중심 세력과 좋은 관계를 유지하는 것을 긍정적으로 생각했을 것이며, 추후 임영대군의 효를 기대하기도 하였을 것이다. 또한 세종은 태조의 비(妃)라는 상징성을 가지고 있던 성비를 자신을 중심으로 한 왕실의 협력자로 확보할 수 있었다. 또한 이러한 조치는 자식 없는 성비를 배려하는 일이 되기도 하였다.[31]

금성대군은 세종 8년(1426)에 출생하였다.[32] 당시 의빈에게는 혼인까지 한 딸이 있었으나 세종 6년(1424)에 사망하였다.[33] 또한 의빈은 양반가의 여성으로 태종의 후궁이 된 첫 번째 여성이었다.[34] 태종 2년(1402)에 입궁하였는데, 태종이 권씨를 맞아들일 때 처음에는 예를 갖추어 맞아들이려 하였으나 정비(靜妃)의 반대로 무산되었다.[35] 권씨는 입궁 직후에 정의궁주(貞懿宮主)에 봉해졌고, 세종 4년(1422)에는 의빈(懿嬪)으로 진봉(進封)되었다.[36]

---

30) 『太宗實錄』 卷29, 太宗 15年 4月 19日 丙戌.

31) 성비에게 왕자를 양육하게 한 것은 태종도 행하였던 일이었는데, 이 왕자는 일찍 사망하였다. 태종이 성비에게 왕자의 양육을 맡겼던 것도 이러한 점이 고려되었을 것이라고 생각된다(『太宗實錄』 卷23, 太宗 12年 6月 23日 丙子).

32) 『世宗實錄』 卷31, 世宗 8年 3月 28日 壬戌.

33) 『世宗實錄』 卷3, 世宗 元年 正月 22日 丁卯 ; 『世宗實錄』 卷26, 世宗 6年 10月 6日 丁未.

34) 의빈의 입궁 당시 아버지 권홍(權弘)은 우헌납(右獻納), 성균악정(成均樂正)을 지낸 바 있었다(『太祖實錄』 卷1, 總序 ; 『太宗實錄』 卷3, 太宗 2年 正月 21日 甲辰).

35) 『太宗實錄』 卷3, 太宗 2年 3月 7日 庚寅.

이렇게 의빈은 태종이 예를 갖추어 맞아들이려 했던 후궁이었다. 또한 아버지인 권홍(權弘)은 딸이 태종의 후궁이 된 후 영가군(永嘉君)에 봉해졌으며, 태종 16년(1416)에는 지돈녕부사(知敦寧府事), 동왕 17년(1417)에는 판돈녕부사(判敦寧府事), 세종 5년(1423)에는 영돈녕부사(領敦寧府事)에 제수되는 등 세종대에 이르기까지 왕실 외척으로서의 예우를 받았다.[37) 그리고 태종 17년에 명에서 사신이 올 때 태종과 정비(靜妃)에게 뿐 아니라 의빈〈당시 정의궁주〉에게도 2비(妃)라 칭하며 황제의 상사(賞賜)가 있었던 적도 있었다.[38) 이를 통해 볼 때 태종대에는 물론이고 세종대에도 의빈의 위상은 상당히 높았을 것으로 판단된다. 단종대에 금성대군이 의빈을 자신의 사제(私第)에서 모시기를 원하자 의정부 당상들이 의빈의 존귀함은 다른 사람에 비할 바가 아니라고 하며 사제에 나가 거처할 수 없다고 한 것도 왕실 내에서 높았던 의빈의 위상을 보여주는 것이라 할 수 있다.[39) 금성대군

---

36) 『太宗實錄』 卷3, 太宗 2年 4月 18日 庚午 ; 『世宗實錄』 卷15, 世宗 4年 2月 20日 丁未.

37) 『太宗實錄』 卷3, 太宗 2年 4月 28日 庚辰 ; 『太宗實錄』 卷32, 太宗 16年 12月 7日 甲子 ; 『太宗實錄』 卷34, 太宗 17年 7月 2日 乙卯 ; 『世宗實錄』 卷20, 世宗 5年 5月 27日 丙午.
　돈녕부는 태종 14년(1414)에 처음 설치되었는데, 종친 중에 태조의 후손이 아니어서 봉군(封君)되지 못한 사람이나 외척(外戚), 인아(姻婭), 왕실의 외손에게 관직을 주기 위하여 설치하였다. 돈녕부의 관직 중 영돈녕부사는 정1품, 판돈녕부사는 종1품, 지돈녕부사는 정2품에 해당하였으며, 설치 당시에 영돈녕부사와 판돈녕부사의 인원은 각각 1인, 지돈녕부사의 인원은 2인으로 정해져 있었다(『太宗實錄』 卷27, 太宗 14年 正月 28日 癸卯). 후궁의 아버지인 권홍이 돈녕부의 최고직까지 역임하였다는 것은 그가 외척으로서 상당한 예우를 받았다는 것을 의미한다.

38) 『太宗實錄』 卷33, 太宗 17年 6月 26日 庚戌.

39) 『端宗實錄』 卷5, 端宗 元年 3月 19日 丙子.
　의정부 당상들이 금성대군이 의빈을 봉양하지 못하도록 한 것은 정치적으로 금성대군을 견제하기 위한 의도일 수도 있다. 그런데 의빈이 금성대군의 사제에서 거처하는 것을 반대하면서 든 이유가 궁인이 궁 밖에서 거주하는 것은 옳지 않다는 등의 이유가 아니라 의빈이 존귀하기 때문이라고 한 것은 의빈이 그만큼 왕실내에서의 위상이 높았음을 알려주는 것이라 할 수 있을 것이다.

을 양자로 삼을 당시 자식이 없었다는 점과 왕실 내에서 위상이 높았다는 점에서 의빈은 성비와 비슷한 조건을 가지고 있었다. 따라서 성비의 경우와 마찬가지로 금성대군이 의빈의 양자가 되는 것에 대해 세종과 의빈 모두 긍정적으로 생각하였을 가능성이 높다.

이렇게 세종은 자신의 치세 초반에 선왕의 자식 없는 비빈(妃嬪) 중에서도 왕실 내에서 위상이 높은 성비와 의빈을 왕자들의 양모가 되게 함으로써 한편으로는 자식 없는 선왕의 비빈들을 배려하면서 또 한편으로는 이들과의 화합을 꾀하였다. 이에 대하여 성비와 의빈은 현재 왕실의 중심세력과의 결속을 다질 수 있고 양자의 효를 기대할 수 있다는 점에서 긍정적으로 받아들였던 것 같다. 이렇게 세종대에 선왕의 비빈들과 현왕의 적자 사이에 형성된 양모, 양자 관계는 왕실의 화합과 안정을 꾀하기 위한 것이었다.

세조대에도 이러한 형태의 양모, 양자 관계가 형성되었다. 그런데 이는 세종대와는 조금 다른 양상으로 나타났다. 무력으로 정권을 장악한 세조는 자신의 후계 구도를 확고히 할 필요가 있었다. 성종 3년(1472) 당시 수렴청정을 하던 정희왕후(貞熹王后)의 의지(懿旨) 내용에, '세조가 항상 인수왕비(仁粹王妃)에게 명하여 예종을 보호(保護)하도록 하고, 칭하여 시양(侍養)이라고 하도록 하였다.'는 내용이 있다.40) 인수왕비는 세조의 장자(長子)인 의경세자의 빈(嬪)으로, 남편인 의경세자가 왕위에 오르지 못하고 사망하였다. 그러나 성종이 즉위한 후 성종 원년(1470)에 의경세자가 의경왕(懿敬王)으로 추봉(追封)되고 자신은 인수왕비로 책봉되었으며, 성종 6년(1475)에는 인수왕대비(仁粹王大妃)로 책봉되었다.41) 그리고 예종은 세조의 둘째 아들인 황(晄)이다.

---

40) "今承懿旨 '…… 然世祖常命仁粹王妃 保護睿宗 稱爲侍養 ……'"(『成宗實錄』 卷15, 成宗 3年 2月 20日 丁亥).

41) 『成宗實錄』 卷2, 元年 正月 18日 丁酉 ; 『成宗實錄』 卷2, 元年 正月 22日 辛丑 ; 『成宗實錄』 卷51, 6年 正月 6日 丙辰 ; 『成宗實錄』 卷52, 6年 2月 27日 丙午.

그렇다면 세조가 큰 며느리에게 자신의 둘째 아들을 보호하도록 하고 시양모, 시양자의 관계를 맺도록 한 이유에 대하여 살펴보도록 하겠다. 세조 3년(1457) 세자 장(暲)이 사망하자 세조는 해양대군(海陽大君) 황(晄)을 세자로 삼았고, 사망한 세자 장에게는 '의경(懿敬)'이라는 시호를 내렸다.[42] 이후 세자 황이 세자빈을 맞아들이자 의경세자의 빈(嬪)인 한씨(韓氏)는 정빈(貞嬪)의 칭호를 받았다가 뒤에 수빈(粹嬪)으로 개봉(改封)되었다.[43] 수빈과 세자 황 사이에 수양이 아닌 시양의 관계를 맺은 것과 당시의 정황을 고려해 볼 때 세조가 수빈과 예종 사이에 시양모, 시양자 관계를 맺도록 한 시기는 의경세자가 사망한 후였던 것으로 판단된다. 의경세자 사망시 수빈은 의경세자와의 사이에 어린 아들이 둘 있었는데 황이 세자가 됨으로써 세조의 적장손(嫡長孫)이기도 한 수빈의 아들은 다음 왕위에 오를 수 없게 되었다. 이러한 상황에서 세조는 왕위계승 문제 때문에 세자와 수빈이 서로 반목하지 않도록 하며 세자가 왕이 된 후에도 수빈을 예우하도록 하기 위해 이들에게 양모, 양자 관계를 맺도록 했던 것으로 보인다. 또한 수빈의 아버지인 한확(韓確)은 누이들이 명 황제의 후궁이 됨으로써 명으로부터 광록소경(光祿少卿)의 벼슬을 받았을 뿐 아니라 세조 즉위에 공헌하여 정난(靖難) 1등 공신, 좌익(佐翼) 1등 공신에 책훈된 인물이었다. 이러한 수빈의 친정 배경도 세조가 이와 같은 결정을 하는데 고려 대상이 되었던 것 같다.[44]

한편 소훈 윤씨와 소훈 권씨는 세조 2년(1456)에 의경세자의 후궁으로 간택되어 입궁하였다.[45] 그런데 이들이 입궁한 지 1년도 안 되어 의경세자가

---

42) 『世祖實錄』卷9, 世祖 3年 9月 2日 癸亥 ; 『世祖實錄』卷10, 世祖 3年 11月 15日 乙亥 ; 『世祖實錄』卷10, 世祖 3年 12月 15日 乙巳.

43) 『世祖實錄』卷36, 世祖 11年 7月 27日 壬申.

44) 『太宗實錄』卷34, 太宗 17年 12月 20日 辛丑 ; 『端宗實錄』卷9, 端宗 元年, 11月 4日 丙辰 ; 『世祖實錄』卷2, 世祖 元年 9月 5日 丁丑.

사망하였고, 이들에게는 자녀도 없었다. 의경세자의 적장자인 월산군이 단종 2년(1454)에 출생하였기 때문에 윤씨가 월산군을 수양자로 삼은 시기는 월산군이 3살이 되던 해인 세조 2년 즉, 입궁한 직후였을 가능성이 많다. 윤씨가 월산군을 수양자로 삼은 것은 세조의 명에 의한 것이었다.[46] 세조가 윤씨에게 월산군을 수양자로 삼도록 한 이유는 새로 동궁의 후궁이 된 윤씨 및 윤씨의 집안과 원손(元孫)과의 관계를 돈독히 하고자 함이었을 것이다. 이는 앞으로 왕위를 계승할 원손의 조력자를 확보한다는 의미를 가지고 있기도 하다.

의경세자의 둘째 아들인 자을산군은 세조 3년(1457)에 출생하였는데, 출생한 지 1달여 만에 아버지인 의경세자가 사망하였다. 그런데 윤씨와 비슷한 시기에 입궁한 권씨가 이 자을산군의 수양모가 되었다. 이 역시 월산군의 사례와 마찬가지로 권씨와 권씨의 집안에서 적극적으로 왕실에 협력하도록 유도하고자 함이었을 것이다. 만약 의경세자 사망 이후에 양모, 양자 관계가 맺어졌다면 자식이 없는 소훈 권씨에 대한 배려와 권씨와 권씨 집안의 협력을 얻고자 하는 자을산군의 생모 수빈의 의도가 작용한 결과였을 가능성도 있다.

이렇게 세종과 세조는 왕실 여성들을 왕자, 왕손의 양모가 되게 함으로써 왕자, 왕손의 양모가 된 여성과 그 여성의 친족들이 왕실에 협력하도록 하였다. 한편, 양모가 된 여성들은 이를 통해 왕실의 중심 세력과의 결속을 다질 수 있고, 자식 없는 여성의 경우 자신에게 효도를 할 양자를 확보한다는 이점도 있었기 때문에 이에 대해 긍정적으로 생각했던 것으로 보인다. 이러한 사례들을 통해 유교적 가족질서 확립에 장애가 되기도 하였던 수양,

---

45) 『世祖實錄』 卷5, 世祖 2年 8月 23日 庚申 ; 『世祖實錄』 卷5, 世祖 2年 10月 19日 乙卯 ; 『世祖實錄』 卷5, 世祖 2年 11月 3日 己巳.
46) 『中宗實錄』 卷11, 中宗 5年 6月 19日 癸卯.

시양이 왕실의 화합과 안정에 이용되기도 하였음을 확인할 수 있다. 유교적 가족질서를 구축해나가던 15세기에 왕을 중심으로 한 왕실의 중심에서 이러한 입양 형태가 나타났다는 것은 이 시기 상류층 사회에서 상호간에 원만한 관계 형성을 위해 수양, 시양의 관계를 맺는 일이 관행적으로 이루어졌음을 증명하는 것이라 할 수 있겠다.

2) 민가(民家)의 사례

한편 민가에서도 양반의 첩이 적손의 수양모가 되었던 사례가 나타난다. 세조 14년(1468)에서 성종 원년(1470) 사이에 김유(金攸)의 첩 옥매(玉梅)는 김유의 적손인 김륜(金崙)을 수양자로 삼았다. 실록에서는 김륜이 천인인 수양모에 대하여 복상해야 하는지의 문제와 옥매의 재산을 둘러싸고 벌어진 김륜과 윤지준(尹之峻)의 쟁송에 대한 내용이 기술되어 있다.[47] 전자는 앞에서 살펴보았으므로 후자를 살펴보면 다음과 같다. 옥매는 남편인 김유가 사망한 후 윤잠(尹岑)의 첩이 되었는데, 윤잠 사망 후 전남편 김유의 적손이자 수양자인 김륜에게 자신의 재산을 증여하였다. 개가하였음에도 불구하고 재산을 김륜에게 증여하였던 것은 그의 재산이 김유에게 받은 재산이었기 때문이었다. 그런데 윤지준이 이에 대해 소송을 제기함으로써 이 사건이 기록으로 남게 되었다. 그러나 실록 기사에서는 어떠한 이유로 옥매와 김륜이 수양모, 수양자 관계를 맺게 되었는지는 알 수 없다. 따라서 16세기에 양반의 첩이 적족(嫡族)을 수양자녀로 삼은 다른 사례를 함께 검토함으로써 이러한 양모, 양자녀 관계 형성의 목적에 대하여 유추해보았다.

첫째, 믿을만한 양육자를 선택하고자 하는 적족(嫡族)의 필요와 가족구성

---

47) 『成宗實錄』 卷124, 11年 12月 16日 辛酉 ; 『成宗實錄』 卷125, 12年 正月 3日 戊寅 ; 『成宗實錄』 卷126, 12年 2月 23日 丁卯 ; 『成宗實錄』 卷130, 12年 6月 19日 壬戌.

원으로서의 정체성을 확보하고자 하는 첩의 입장이 부합하여 나타난 현상으로 파악된다. 선조 28년(1595) 이언적(李彦迪)의 첩 임씨(林氏)가 여러 적손(嫡孫)들에게 재산을 분급한 분재기에는 임씨가 이언적의 적손 이의윤(李宜潤)을 수양자로 삼기까지의 과정이 나타나 있다.[48] 임씨는 이언적이 강계(江界)에 유배가 있을 때 곁에서 모셨고, 이언적과의 사이에서 딸을 낳고 그의 재산도 받았다. 이후 이언적이 유배지에서 사망하자 임씨는 그의 관을 받들고 고향으로 돌아왔다.[49] 이언적의 처는 임씨를 거두어 주었고 이언적의 적자(嫡子)도 임씨를 잘 받들었다. 그러던 중 적손이 태어나자 집안의 제사를 이어갈 아이가 태어났다 하여 온 집안사람들이 기뻐했다. 임씨도 그 때문에 그 적손을 더욱 사랑하며 길렀으며, 임씨의 딸이 사망하자 더욱 마음을 써서 자기 자식과 같이 길렀다고 하였다.

이 문서의 내용을 통해 임씨는 남편의 적처와 적자의 보호 속에서 살면서 부가(夫家)의 일을 자신의 일처럼 생각하였고, 이러한 분위기 속에서 적손을 수양하였음을 알 수 있다. 이 사례를 통해 적족(嫡族)과 첩의 관계가 원만한 경우 적족은 첩을 다른 사람들보다 믿을 수 있는 양육자로 여겼을 것이며, 첩은 가족으로서의 의무를 다함으로써 가족구성원으로서의 정체성을 확보하고자 하였을 것이라는 점을 유추할 수 있다.

둘째, 첩이 적족 중의 한 사람을 어릴 때 수양자녀로 삼아 기른다면

---

48) 嶺南大學校 民族文化硏究所 編(1992), 『嶺南古文書集成(Ⅱ)』, 영남대학교 출판부, 25~27쪽. 여기에서 이의윤 등의 적손은 이언적의 친손이 아니라 이언적의 계후자 이응인(李應仁)의 아들이다(『晦齋集』 晦齋世系, 文元公世系圖).

49) 『회재집(晦齋集)』에 실린 「문원공회재선생연보(文元公晦齋先生年譜)」에는 이언적의 서자인 이전인(李全仁)이 이언적의 관을 받들고 고향에 돌아온 것으로 기록되어 있다(『晦齋集』 晦齋年譜, 文元公晦齋先生年譜). 임씨가 분재기에 이언적의 관을 받들고 돌아왔다고 적은 것은 이전인이 이언적의 관을 받들고 고향에 돌아올 때 유배지에서 이언적을 모시고 있던 임씨도 그 일행으로 함께 돌아온 것으로 이해할 수 있을 것이다.

뒷날 그의 효도를 기대할 수도 있었을 것이다. 이는 양육과정에서 은의가 두터워져서이기도 하고 재산의 증여와 상속과 관련된 문제이기도 하다. 수양자녀에게 재산을 증여 · 상속하고 그 반대급부로 봉양이나 봉사를 기대했던 것이다.

앞서 언급했던 옥매도 김유 사후 윤잠의 첩이 되었으나 김유에게 받은 재산을 김유의 손자인 수양자 김륜에게 주었다. 조정에서 이 쟁송에 관하여 논의할 때 옥매의 상(喪)에 김륜이 복상하지 않았는데 그 가사와 재산을 어찌 다툴 수 있겠느냐는 의견이 있었다. 이러한 사실을 통해 수양모의 재산을 받았으면 그 반대급부로 효를 행해야 하는 인식이 있었음을 알 수 있다. 이언적의 첩 임씨도 이언적에게 받은 재산을 이언적의 손자, 손녀들에게 나누어 주었다. 그런데 수양자인 이의윤에게는 노비 2구와 논 13두락지를 더 주면서 남편의 제사를 지내는데 보태쓰고 훗날 자신의 묘와 자신의 죽은 딸의 묘를 관리해 달라고 부탁하였다. 임씨는 적손을 수양자로 삼아 길러주고 재산을 증여 · 상속함으로써 적족과 유대관계를 공고히 하였을 뿐 아니라 생시에 봉양을 받고 사후에 묘 관리 등을 제공받을 수 있었다.

이렇게 첩이 적족을 수양자녀로 삼는 것은 적족의 입장에서는 믿을만한 양육자 선택의 한 방편이 될 수 있었다. 그리고 첩의 입장에서는 시가의 일원으로서 정체성을 확보할 수 있었을 뿐 아니라 생시에는 양자녀의 봉양을 받고 사후에는 복상이나 묘 관리 등을 제공받는 등 양자녀의 효도를 기대할 수 있었다. 이러한 양모, 양자녀 관계는 양육, 봉양 및 봉사자 선택, 재산 증여 · 상속의 대상자 선택 등 여러 가지 목적이 혼재되어 형성된 관계이다. 그런데 여기서 주목되는 것은 적족 중심의 가족질서와 신분의 한계로 인해 가족 내에서 자칫하면 소외되기 쉬운 첩이 적족을 수양자녀로 삼아 양육함으로써 적처, 적자, 적손 등과 친밀한 관계를 형성하고 부가(夫家)에서의 자신의 위상을 확보해 갈 수 있었다는 점이다.

3. 유력자(有力者)와의 교결(交結)

앞서 II장에서 고려 후기부터 유력자와 교결하기 위한 입양이 행해졌으며, 『대명률직해』에『대명률』원문에 없는 내용, 즉 이익을 탐하여 자기 자식을 다른 사람의 양자녀가 되게 하는 것을 규제하는 내용을 삽입함으로써 조선의 위정자들이 이를 규제하고자 하는 의지를 표명하였음을 밝힌 바 있다. 그러나 이러한 형태의 입양은 사라지지 않고, 조선 전기에도 지속적으로 이루어졌는데, 이를 왕자녀 입양과 권세가 자녀 입양으로 나누어서 살펴보도록 하겠다.

1) 왕자녀 입양

15세기의 실록에는 여러 왕자녀들이 궁 안에 거주하는 가족이나 근친(近親) 혹은 궁 밖에 거주하는 사람들의 수양자녀나 시양자녀가 되었음을 알려주는 기록이 나타난다. 그런데 궁 밖에 거주하는 사람들과 왕자녀 사이에 양부모, 양자녀 관계를 맺은 사례는 앞에서 언급했던 서모(庶母), 서조모(庶祖母) 등의 왕실 여성과 왕자, 왕손 사이에 양모(養母)와 양자 관계를 맺은 사례와는 또 다른 성격을 가지고 있다. 궁 밖에 거주하는 사람들과 왕자녀 사이에 양부모, 양자녀 관계를 맺은 사례는 서모, 서조모와 왕자, 왕손 사이에 양모와 양자 관계를 맺은 사례보다 훨씬 직접적인 이해관계가 개입되었을 가능성이 많다. 다음 사례에는 이러한 양부모, 양자녀 관계 형성의 풍속이 잘 나타나 있다.

성종 20년(1489)에 사헌부(司憲府) 지평(持平) 박승약(朴承爚)이 선세(先世)에 대군이나 공주의 집은 관(官)에서 지어주는 일이 있었으나 왕자군이나 옹주의 집은 관에서 지어 준 일이 없었다며 옹주의 집을 관에서 지어주는 것에 반대하였다. 이에 성종은 "내가 아이들을 남의 수양이 되게 하고자 하지 않았기 때문에 아이들이 타인(他人)의 재물을 함부로 얻는 자가 없다. 지금 옹주가 만약 하가(下嫁)하여 집이 없으면 어떻게 살아가겠는가?"라고 전교하였다.[50] 이렇게 성종은 자신의 자녀들이 타인(他人)의 수양자녀가 되는 것을 허락하지 않았기 때문에 왕자와 왕녀들이 양부모에게 재물을 받을 수 없었고, 이 때문에 옹주의 집을 지어주어야 한다고 하였다. 이 전교에는 이전에는 왕자녀들이 타인(他人)의 양자녀가 되었고, 이 왕자녀들이 양부모의 재산을 받아 생활하는 관행이 있었다는 뜻이 내포되어 있다. 이를 통해 15세기에 왕자녀들이 궁 밖에 거주하는 사람들의 양자녀가 되는 일이 흔한 일이었음을 알 수 있다. 또한 이러한 양부모, 양자녀 관계 형성에는 재물의 증여가 수반되었다는 사실도 확인할 수 있다. 왕자녀들이 궁 밖에 거주하는 사람들의 수양자녀나 시양자녀가 되었던 실제 사례들을 〈표 Ⅳ-2〉에 정리하였다.[51]

---

50) 『成宗實錄』 卷225, 成宗 20年 2月 2日 庚寅.

51) 왕자녀를 단순히 기르기만 하고, 양부모, 양자녀 관계를 맺지 않은 경우도 있기 때문에 수양, 시양, 양부, 양모, 양자, 양녀의 호칭을 사용한 사례만 선정하였다. 그리고 양부, 양모, 양자라는 호칭을 사용하였다 하더라도 해당 양자가 계후자인 경우에는 제외하였다. 〈표 Ⅳ-2〉의 사례 중 청원군과 충녕대군, 민오 처 한씨와 현숙공주의 사이는 각각 3촌과 4촌에 해당하는 근친으로 다른 사례에 비해 이해관계가 개입되었을 가능성이 적다. 그러나 근친이라 하더라도 서모, 서조모, 외조모가 왕자녀의 양모가 된 사례와는 차이가 있다는 점에서 이 표에 포함시켰다.

<표 Ⅳ-2> 조선 전기 외부인의 왕자녀 입양 사례

부왕	양자녀	양부모 〈신분〉	입양 구분	양부모, 양자녀 관계 성립 이후 양자(兩者)의 이해관계
태종	효령대군 (孝寧大君)	방여권(方與權) 〈양반〉	시양	**효령대군(양자)** : 시양부모의 재산을 둘러싸고 방여권의 첩자(妾子), 양부모의 족인(族人)과 소송
	충녕대군 (忠寧大君)	청원군 심종(靑原君 沈淙) 〈부마〉	시양	
	숙정옹주 (淑貞翁主)	유언강(庾彦剛) 〈양반〉	수양	**유언강(양부)** : 본래 한미하였으나 옹주를 수양으로 삼은 것을 계기로 대호군(大護軍)에까지 이름 **숙정옹주(양녀)** : 태종 승하시까지 숙정옹주 부부가 유언강의 집에서 지냄
세종	정의공주 (貞懿公主)	유한(柳漢) 〈양반〉	시양	**유한(양부)** : 태종대에 민무구(閔無咎), 민무질(閔無疾) 사건에 연루되어 참수된 형에 연좌되어 관천(官賤)이 되었다가 면천(免賤)되었는데, 세종대에 정의공주를 양육한 은혜가 있다 하여 관로(官路)를 열어줌
	수양대군 (首陽大君)	이중지(李中至) 〈양반〉	시양	**이중지(양부)** : 다른 재능은 없었으나 수양대군을 시양으로 삼아 지위가 성재(省宰)에 이름
	영응대군 (永膺大君)	이순몽(李順蒙) 〈양반〉	시양52)	**이순몽(양부)** : 왕이 영응대군을 사랑했으므로 이순몽을 총애함 **영응대군(양자)** : 생신 때마다 이순몽이 진귀한 보물을 셀 수 없이 바침
		노회신(盧懷愼) 〈양반〉	수양	**영응대군(양자) 처** : 노회신과 노회신 처 김씨가 사망한 후 그들의 재산을 모두 차지하여 노회신의 얼자가 소송 제기
	의창군 (義昌君)	전여생(全與生) 〈양반〉	수양	**의창군(양자)** : 전여생이 자식이 없으므로 전민(田民)과 가산(家産)을 모두 얻음53)
	한남군 (漢南君)	건직(乾直) 〈상인〉	시양	**한남군(양자)** : 건직이 죽자 반인(伴人)과 노(奴)를 보내어 그 가산(家産)을 모두 빼앗음

---

52) 영응대군이 이순몽의 양자였다는 기록은 세 번 나타나는데, 한 번은 '수양', 두 번은 '시양'으로 기록되어 있다. 이 중 한 쪽은 잘못 기록된 것인데, 정확히 판정할 방법이 없기 때문에 <표 Ⅳ-2>에서는 잠정적으로 기록상에 한 차례 더 나타나는 '시양'으로 기입하였다.

문종	경혜공주 (敬惠公主)	조유례(趙由禮) 〈양반〉	수양	**조유례(양부)** : 경혜공주를 수양녀로 삼은 까닭으로 2품에 이름
예종	현숙공주 (顯肅公主)	민오 처 한씨(閔悟 妻 韓氏) 〈양반〉	수양	**현숙공주(양녀)의 남편** : 현숙공주의 남편 풍천위(豊川尉) 임광재(任光載)가 민오 처 한씨를 뵈러 갔다가 소노(小奴) 2구와 비(婢) 1구를 받음
연산 군	창녕대군 (昌寧大君)	김감(金勘) 〈양반〉	수양	**김감(양부)** : 은총이 견줄 사람이 없어 숭품(崇品)에 이름
		정미수(鄭眉壽) 〈양반, 공주의 아들〉	불분 명 54)	**정미수(양부)** : 왕자를 양육한다 하여 왕이 토지와 노비를 내리고, 총신(寵信)하여 탁용(擢用)함. 집안의 노비가 왕자의 세력을 믿고 횡포함
	영수 (靈壽)	오천정 사종(烏川 正 嗣宗)〈종친〉	불분 명	**오천정(양부)** : 왕이 상사(賞賜)를 융숭하게 함. 영수의 생모인 장녹수(張綠水)의 위세에 의지하여 남의 집 재물을 빼앗음. 오천정과 그 사위 이희보(李希輔)가 차서를 뛰어넘어 승진됨

〈표 Ⅳ-2〉는 실록에 기록된 사례를 바탕으로 작성한 것으로 조선 전기에 많은 왕자녀들이 궁 밖에 거주하는 사람들의 양자녀가 되었음을 알 수 있다. 그런데 왕자녀들이 수양자녀나 시양자녀가 되었던 사례가 실록에

---

53) 이 사례는 성종대 의창군 자녀들의 재산 분쟁 때문에 실록에 기록된 사례이다. 실록에는 전여생이 자식이 없었는데 세종이 의창군을 수양하도록 명하여 전민(田民)과 가산(家産)을 의창군이 모두 얻게 되었으며 의창군의 아들인 사산군(蛇山君)이 전여생의 제사를 받들고 있다는 내용이 수록되어 있다. 이 기사에 전여생과 의창군 사이의 정략적 관계는 드러나 있지 않는다. 그러나 이는 세종 당대의 기록이 아니라 성종대 의창군 자녀들의 재산 분쟁에 관한 기록에 나타난 사례이다. 즉, 의창군의 아들인 사산군이 자신이 전여생의 제사를 받들고 있으므로 의창군이 전여생에게 받은 재산은 자신이 가져야 한다는 당위성을 주장하기 위해 진술한 내용이 기록된 것이다. 따라서 전여생과 의창군 사이에 정략적 관계가 있었다는 내용이 기록되어 있지 않다고 해서 이들 사이에 이러한 관계가 존재하지 않았다고 단정지을 수 없다(『成宗實錄』 卷184, 成宗 16年 10月 20日 丁酉).

54) 창녕대군이 정미수의 양자였다는 기록은 두 번 나타나는데, 한 번은 '수양', 한 번은 '시양'으로 기록되어 있다. 역시 정확히 판정할 방법이 없으므로, '불분명'으로 기입하였다.

모두 기록되었다고 볼 수 없다. 따라서 15세기에 왕자녀들이 궁 밖에 거주하는 사람들과 양부모, 양자녀의 관계를 맺은 사례는 〈표 Ⅳ-2〉의 사례보다 훨씬 많았을 것이다. 이를 앞에서 언급했던 성종의 전교와 함께 고려해보면, 15세기에는 왕자녀들이 궁 밖에 거주하는 사람들과 양부모, 양자녀 관계를 맺는 것이 특별하지 않은 일반적인 현상이었음을 알 수 있다.

그렇다면 조선 전기 왕자녀가 궁 밖에 거주하는 사람의 양자녀가 된 경우의 양부모, 양자녀 관계에 대해 분석해보도록 하겠다. 〈표 Ⅳ-2〉에서 양부모, 양자녀 간의 이해관계를 정리한 부분을 분석하면 다음과 같다.

첫째 양부모는 왕자녀를 양자녀로 삼은 덕분에 관직 진출, 승진, 왕의 융숭한 하사 등의 혜택을 누리며 권력에 보다 가까이 접근할 수 있었다.

유언강, 유한, 이중지, 조유례, 정미수, 오천정 사종 등의 사례에서 나타나듯이 왕자녀의 양부모들이 관직 진출이나 승진에 특혜를 받는 일은 흔한 일이었다. 그리고 왕의 하사를 융숭하게 받기도 하였다. 또한 세종은 정의공주의 양모인 유한 처 박씨(朴氏)와 영응대군의 양모인 이순몽 처 구씨(具氏)가 사망하였을 때 쌀, 콩, 종이, 관곽 등을 하사하여 친밀감을 표시하기도 하였다.[55] 때로는 왕자녀의 양부모들이 왕의 총애를 믿고 남의 집 재물을 빼앗고 함부로 뇌물을 주고받는데 이르는 등 폐해를 낳기도 하였다.

세종대에 영응대군의 양부인 이순몽은 뇌물 사건 등 여러 번 불미한 사건에 연루되었으나 번번이 용서받았다. 실록에 수록된 이순몽에 대한 사관의 평에는 자산(資産)이 아주 많아서 권요(權要)에 뇌물을 주어 군현의 수령과 연변(沿邊)의 만호(萬戶), 천호(千戶)가 그 문객 중에서 나왔으며, 수령과 만호가 부임한 후에는 그 값을 거두었다고 하였다. 또한 수양자인 영응대군의 생신에는 진귀한 보물을 많이 바쳤으며, 왕이 영응대군을 사랑하

---

55)『世宗實錄』卷101, 世宗 25年 9月 23日 甲戌 ;『世宗實錄』卷111, 世宗 28年 正月 13日 辛巳.

여 이순몽을 총애하였는데, 왕의 총애를 믿고 교만하고 횡포하여 여러
번 죄악을 범하였으나 왕이 번번이 용서하였다고 하였다.[56] 그리고 연산군
대에 창녕대군을 양자로 삼은 정미수는 왕자를 양육했다는 이유로 왕의
총애를 받았다.[57] 이런 연고로 연산군 재위 말기에 의금부 당상으로서
옥사를 완화시키는데 일조하였으나, 그 과정에서 뇌물을 받기도 하였다.
그리고 그 집의 노비도 왕자의 세력을 믿고 횡포하여 중종대에 창녕대군의
세력을 믿고 횡렴(橫斂)하였다고 대간의 공격을 받기도 하였다.[58] 장녹수의
딸인 영수를 양녀로 삼은 이사종도 장녹수의 위세를 이용하여 남의 집
재물을 빼앗았다.[59]

　이렇게 최고 통치자인 왕의 자녀를 양자녀로 삼은 사람들은 왕의 총애를
받아 높은 관직에 오를 수도 있었고, 권력을 쥘 수도 있었으며, 뇌물을
받아 부를 축적하기도 하였다. 따라서 왕의 총애를 받아 권력에 접근하고자
하는 사람들 중에는 왕자녀를 양자녀로 삼고자 하는 사람들이 생겨나게
되었다.[60]

---

56)『世宗實錄』卷105, 世宗 26年 8月 22日 戊辰.
57) 정미수는 문종의 딸 경혜공주(敬惠公主)의 아들로 아버지인 정종(鄭悰)은 세조
　　즉위 후 유배되었다가 세조 7년(1461)에 죽임을 당하였다. 예종은 즉위 후 '경혜공주
　　의 아들은 난신(亂臣)의 예로 논할 수 없다'는 세조의 유교(遺敎)가 있었다 하며
　　정미수를 서용할 것을 명하였다. 이후 성종대에 이르러 서용되었고, 연산군대에
　　빠르게 승진하여 우찬성(右贊成)의 지위에까지 오르게 되었다.
58)『燕山君日記』卷53, 燕山君 10年 5月 18日 丁未 ;『燕山君日記』卷58, 燕山君 11年
　　7月 18日 辛丑 ;『中宗實錄』卷1, 中宗 元年 10月 9日 甲寅.
59)『燕山君日記』卷59, 燕山君 11年 9月 4日 乙酉 ;『中宗實錄』卷1, 中宗 元年 10月
　　9日 甲寅.
60) 왕자녀를 양자녀로 삼는 행위가 정치적 목적을 띠고 있었다는 것을 잘 보여주는
　　사례가 신효창(申孝昌)의 사례이다. 태종 2년(1402) 신효창은 동북면의 조사의(趙思
　　義)의 난에 관여하였던 태조를 호종하였다는 죄로 유배되었는데, 태종 18년(1418)
　　좌군도총제(左軍都摠制)에 제수되자 의정부, 육조, 대간에서 여러 차례 신효창에게
　　죄주기를 청하였다. 그러자 신효창은 태종과 신녕옹주(信寧翁主) 신씨(辛氏) 사이의
　　소생인 공녕군(恭寧君)을 시양자로 삼겠다고 하며 신녕옹주에게 노비 50구를 증여

둘째 양자녀가 양부모에게 재산을 증여받거나 상속받은 사례들이 나타난다. 양자녀는 양부모에게 합법적으로 재산을 증여받거나 상속받을 수 있는 존재였다. 따라서 왕자녀들도 그들의 양부모로부터 재산을 증여·상속받았다. 앞에 언급한 성종의 전교를 통해서도 알 수 있듯이 왕자녀들이 장성하여 궁 밖에서 생활하게 될 때 그 생활 기반을 양부모에게 제공받는 경우도 있었다. 그런데 실록에 양부모 재산의 증여·상속 사례가 많이 나타나지 않는 것은 이것이 일상적인 일로 실록에 실릴만한 사안이 아니었기 때문이다. 실록에 실린 사례들은 다른 사건에 연루되어 우연히 실리게 된 경우이다. 의창군이 양부(養父)인 전여생의 재산을 받은 것은 성종대 의창군 자녀들 사이의 재산 분쟁으로 드러나게 되었다.61) 그리고 현숙공주의 남편 풍천위가 현숙공주의 양모인 민오 처 한씨에게 노비를 증여받은 것은 풍천위가 자신이 연루된 사건에 대해 진술하는 과정에서 언급한 것이 실록에 실리게 되었다.62) 한편, 영응대군의 양부인 이순몽이 영응대군에게 귀한 보물을 바치면서 그의 마음을 사고자 하였던 일은 실록 편찬자가 이러한 이순몽의 행위를 부정적으로 보았기에 기록하였던 것이다.63) 이를 통해 볼 때 실록에 수록되지 않았다 하더라도 다른 사람의 양자녀가 된 왕자녀들이 양부모의 재산을 증여받거나 상속받았을 것임은 짐작할 수 있는 일이다.

셋째 양자녀가 양부모 사후 양부모 재산의 획득에 적극적으로 나섰던 사례들이 나타난다. 양부모가 자신의 재산 중에 생전에 분급(分給)하지

하였다(『世宗實錄』 卷2, 世宗 卽位年 11月 13日 己未). 신효창의 이러한 시도는 신녕옹주가 노비문권을 돌려보내고 태종에게 이 일을 고함으로써 성사되지 않았다. 그러나 이 사례를 통해 정치적으로 어려운 상황에 부딪친 관료들이 왕자녀를 양자녀로 삼음으로써 상황을 타개하고자 하기도 하였다는 사실을 확인할 수 있다.

61) 『成宗實錄』 卷184, 成宗 16年 10月 20日 丁酉.

62) 『成宗實錄』 卷291, 成宗 25年 6月 21日 戊寅.

63) 『世宗實錄』 卷105, 世宗 26年 8月 22日 戊辰 ; 『世宗實錄』 卷125, 世宗 31年 8月 20日 丁卯.

않은 재산이 있을 때 왕자녀들은 양부모의 재산을 획득하기 위해 소송도 불사하였다. 효령대군은 양부의 첩자(妾子)와 소송을 하였고, 영웅대군의 처 송씨 역시 영웅대군 양부의 첩자와 소송을 하였다.[64] 심지어 양부모의 신분이 낮은 경우에 양부모 사후 재산을 탈취한 사례도 나타난다. 한남군의 시양부(侍養父)인 건직은 개성의 부상(富商)이었다. 그런데 건직이 사망하자 한남군은 반인(伴人)과 종을 보내어 건직의 재산을 모두 빼앗았다. 이에 중추원사(中樞院使) 이승손(李承孫)의 여종으로 이승손의 사주를 받은 건직의 처 고온(古溫)은 남편의 재산을 되찾기 위해 소송을 제기하였다.[65] 건직은 한남군을 통해 상업상의 이권을 얻기 위해, 한남군은 건직의 재산을 획득하고자 하여 서로 양부모, 양자녀 관계를 맺었던 것으로 보인다. 서로의 이해관계가 충족된다면 신분에 구애받지 않고 양부모, 양자녀 관계를 맺었던 것이다.

이 세 유형의 사례들을 통하여 왕자녀가 어떤 사람의 양자녀가 된 경우 양부모 측에서는 승진, 부(富), 권세를 얻을 수 있었고, 양자녀 측에서는 양부모의 재산을 얻을 수 있었음을 알 수 있다. 왕자녀를 양자녀로 삼았을 때 얻을 수 있는 이득 때문에 왕이나 왕자녀의 생모에게 왕자녀를 양자녀로 삼겠다고 청하기도 하는 등 왕자녀를 양자녀로 삼겠다고 나서는 사람도 있었다. 또한 왕자녀들은 자신이 다른 사람의 양자녀가 됨으로써 얻을 수 있는 이득인 양부모 재산 획득에 적극적이었고 이에 불법적 수단을 동원하기도 하였다.

성종 22년(1491) 사관이 영웅대군과 노회신의 관계에 대해 기술한 글은 왕자녀를 양자녀로 둔 양부모와 양자녀 사이의 관계를 간단하면서도 명확하게 알려준다.

---

64) 『世宗實錄』 卷36, 世宗 9年 6月 23日 庚辰 ;『成宗實錄』 卷260, 成宗 22年 12月 14日 丙辰.
65) 『文宗實錄』 卷4, 文宗 卽位年 11月 14日 甲寅.

노회신이라는 자가 있었는데, 집이 부유하였다. 후처(後妻) 김씨가 영응대군 염과 교결하여 수양으로 삼았는데, 바라고 구하는 것이 있어서였다. 회신과 김씨가 죽자 염의 처 송씨가 회신의 재산과 전민(田民)을 모두 차지하니, 회신의 얼자(孽子)가 소송을 제기하였다.66)

이렇게 궁 밖에 거주하는 사람과 왕자녀가 양부모, 양자녀 관계를 맺은 경우에 양부모 쪽에서는 권력과 부와 같은 특혜를 원하였고, 왕자녀 쪽에서는 양부모의 재산을 증여·상속받기를 원하였다. 양부모와 왕자녀인 양자녀의 관계는 인간적인 유대관계 외에도 서로의 이해관계가 맞물려 있었다. 이 때문에 양부모들은 왕자녀를 통해 의도한 목적을 달성하는 것이 여의치 않게 되면 그 관계를 해소하고자 하기도 하였다.

태종대에 유언강은 태종의 딸인 숙정옹주를 수양녀로 삼았다. 옹주 혼인 후에 옹주 부부가 유언강의 집에서 살았는데, 태종이 승하하자 유언강은 옹주의 남편인 정효전(鄭孝全)에게 소홀히 대하고 자신의 집에서 내보내고자 하였다. 세종은 이에 대해 배은망덕한 일이고, 불충한 마음을 가진 것이라 하여 참형에 처하였다.67) 유언강의 수양녀인 숙정옹주는 태종의 딸이었고, 숙정옹주의 어머니 신녕옹주68) 역시 태종이 총애하던 후궁이었기 때문에 유언강은 태종 생존시에 대호군의 지위에까지 오를 수 있었다. 그러나 태종이 승하하자 더 이상 옹주를 통해 얻을 것이 없다고 생각하여 정효전 내외에게 소홀하게 대하고, 양부모, 양자녀 관계를 해소하고자 하였던 것으로 보인다.

왕자녀인 양자녀와 양부모의 관계가 영구적인 관계가 아니었음은 중종반

---

66) 『成宗實錄』 卷260, 成宗 22年 12月 14日 丙辰.

67) 『世宗實錄』 卷17, 世宗 4年 9月 19日 癸酉.

68) 신녕옹주는 III장 주 49)의 신녕궁주와 동일인이다. 신녕궁주는 태종 14년(1414) 신녕옹주에 봉해졌고, 세종 4년(1422) 궁주(宮主)로 진봉되었다(『世宗實錄』 卷15, 世宗 4年 2月 20日 丁未).

정 이후 전왕(前王) 연산군의 아들 창녕대군의 양부였던 김감과 정미수가 반정공신에 책훈되었다는 사실을 통해서도 알 수 있다.[69] 왕자녀의 양부모는 해당 왕자녀와 친밀한 존재이기 때문에 왕을 교체하고자 하는 세력에게는 요주의 인물이 될 수 있었다. 그러나 왕자녀를 양자녀로 삼는 행위가 정치적 목적을 강하게 띠고 있었고, 그 관계 역시 영구적인 관계가 아니었기 때문에 정치적 상황이 바뀔 때는 쉽게 해소될 수 있었다. 따라서 당시의 정치적 상황과 왕자녀의 양부모 자신의 정치적 입지와 능력에 따라 무력으로 왕이 폐위되고 새 왕이 등극하는 상황에서도 다음 정권과 손을 잡을 수 있었던 것이다.

이와 같이 왕자녀가 궁 밖에 거주하는 사람들의 양자녀가 되었던 사례들에 대해 살펴보았다. 이는 유교적 제사형태 확립을 위해 가계계승을 위한 입양을 장려하는 조선 정부의 정책 방향과도 배치될 뿐 아니라 사회적 폐단을 낳을 가능성이 많은 입양 형태였다. 그럼에도 불구하고 15세기에는 이러한 입양이 관행적으로 행해졌다.

그러나 당시에 이에 대해 경계하는 태도를 보이는 왕들도 있었다. 태종은 동왕 12년(1412) 왕자가 태어나자 길러 줄 사람을 찾았는데, 천거된 사람 중 권완(權緩)에 대해서 "완은 노비가 많으니, 인심(人心)이 반드시 이것 때문이라고 할 것이다."라고 하면서 마땅치 않다고 하였다.[70] 태종의 여러 자녀들이 궁 밖에 거주하는 사람의 양자녀가 되었다. 그러나 태종은 한편으로 왕자가 궁 밖의 사람에게 양육되다가 그의 양자녀가 되어 재산을 증여·상속받게 될 경우에 세간에서 이를 부정적으로 바라보지 않을까 염려하기도 하였다. 강력한 왕권을 확립한 태종도 왕자녀가 다른 사람의 양자녀가 될 경우에 발생할 수 있는 폐단에 대해 인식하고, 이에 대해 조심하는

---

69) 『中宗實錄』 卷1, 中宗 元年 9月 8日 甲申.
70) 『太宗實錄』 卷23, 太宗 12年 6月 23日 丙子.

태도를 보였던 것이다. 그리고 앞에서 언급했던 바와 같이 성종은 "내가 아이들을 남의 수양이 되게 하고자 하지 않았기 때문에 아이들이 타인(他人)의 재물을 함부로 얻는 자가 없다."라고 하였다.71) 유교적 사회질서가 자리잡아 나가기 시작하던 성종대에는 왕자녀를 궁 밖에서 기르도록 한 경우는 있었으나 그들이 양부모의 재물을 받게 되는 것을 경계하여 궁 밖에 거주하는 사람들의 양자녀가 되는 것은 허락하지 않았던 것이다.

이렇게 성종 이전에는 왕자녀들이 궁 밖에 거주하는 사람들의 양자녀가 되는 일이 관행적으로 행해졌으며, 유교적 사회질서가 자리잡아가던 성종대가 되면 이에 대한 부정적 인식 때문에 왕이 이를 허락하지 않게 되었다. 연산군대에는 다시 왕자녀들이 궁 밖에 거주하는 사람들의 양자녀가 되는 사례들이 나타난다. 그러나 중종반정 이후 왕권이 약화되고, 3사와 사림의 정치적 영향력이 강화되어 가고, 유교 예제와 성리학적 명분론이 중시되어 가는 사회 분위기가 확산되는 상황 속에서 왕자녀를 궁 밖에 거주하는 사람들이 양자녀로 삼는 일은 사라지게 되었던 것으로 보인다.

2) 권세가 자녀 입양

권세가 자녀를 입양한 사례에서도 왕자녀 입양의 경우와 비슷한 현상이 나타났다. 권세가의 자녀를 양자녀로 삼은 사례가 일반적이기는 하지만 그 손자를 양자녀로 삼거나 권세가 자신이 직접 재산이 많은 사람의 시양자녀가 된 사례도 있었다.

---

71) 『成宗實錄』 卷225, 成宗 20年 2月 2日 庚寅.

〈표 Ⅳ-3〉 조선 전기 권세가 및 권세가 자손의 입양 사례

시기	입양 구분	양자녀〈권세가와의 관계〉	양부모〈양부모의 신분〉	권세가 구분
태종	불분명	미상 〈하륜(河崙)의 외손〉	염치용(廉致庸)〈양반〉	공신, 고위 관료
	불분명	하장(河長)〈하륜의 첩자〉	변겸(卞謙)〈양반〉	공신, 고위 관료
	불분명	미상 〈여성군 민무질(驪城君 閔無疾)의 아들〉	박동미(朴東美)〈양반〉	외척, 공신
	시양	유금석(柳金石) 〈문성부원군 유량(文城府院君 柳亮)의 아들〉	미상	공신, 고위 관료
세종	수양	권지(權摯)〈권도(權蹈)의 아들, 권근(權近)의 손자〉	이촌(李村)〈환관〉	고위 관료
	수양	이후은(李厚恩)〈양녕대군(讓寧大君)의 아들〉	미상	왕자
	수양	안맹담(安孟聃) 〈안망지(安望之)의 아들〉	왕거(王琚)의 처〈고려 왕족의 처〉	고위 관료
	수양	미상〈윤간(尹諫)의 자녀 혹은 자손〉72)	김도련(金道練)〈미상〉	관료
	시양	한원군 조선(漢原君 趙璿)〈본인이 태종의 부마〉	미상	부마
	수양	미상〈조말생(趙末生)의 아들〉	오제 처 신씨(吳儕 妻 申氏)〈양반〉	고위 관료
	시양	미상〈신의군 인(愼宜君 仁)의 첩녀〉	장미(薔薇)〈궁녀〉	종친
	불분명	김중엄 처 조씨(金仲淹 妻 趙氏)〈경정공주(慶貞公主)73)의 딸〉	박실 처 박씨(朴實 妻 金氏)〈양반〉	공주
	수양	권총(權聰) 〈경안공주(慶安公主)의 아들〉	최일(崔一)〈양반〉	공주
단종	시양	이징석(李澄石)〈본인이 지중추부사(知中樞院使)〉	만덕(萬德)〈양인〉	고위 관료

---

72) 김도련이 윤간과 수양의 관계를 맺고 노비를 증여한 사실이 밝혀진 시점에 윤간은 지선천군사(知宜川郡事)였다. 따라서 그를 권세가로 보기는 어렵다. 김도련은 노비 소송에서 승소하기 위해 윤간 외에도 많은 권세가들과 관직자들에게 노비를 증여하였는데, 조말생에게 노비를 증여할 때에는 윤간이 필집(筆執)으로 참여하였다. 이렇게 윤간은 김도련이 권세가에 노비를 증여하는데 중개 역할을 하기도 하였다. 또한 그가 김도련이 노비 소송을 할 때 영향력을 미칠 수 있는 관직에 있었을 가능성도 있다. 이러한 사실 때문에 윤간이 권세가는 아니지만 〈표 Ⅳ-3〉에 포함시

세조	불분명	남이(南怡) 〈정선공주(貞善公主)의 손자/본인이 공신〉	서귀수(徐貴守) 〈양인 혹은 노비〉	공주/공신, 고위 관료
예종	수양	미상 〈김수녕(金壽寧)의 딸〉	담정(湛淨) 〈니승, 첩녀〉	고위 관료
성종	수양	공혜왕후 한씨(恭惠王后 韓氏) 〈한명회(韓明澮)의 딸〉	허계지(許繼智) 〈상인, 천첩자〉	공신, 고위 관료
	수양	한보(韓堡) 〈한명회의 아들〉	배지눌(裵止訥) 〈양반〉	공신, 고위 관료
	시양	안순왕후 한씨(安順王后 韓氏) 〈본인이 세자의 후궁, 왕비, 대비〉	오정 처 성씨(吳靖 妻 成氏) 〈양반〉	세자 후궁, 왕비, 대비
	불분명	인수대비(仁粹大妃) 〈한확(韓確)의 딸/본인이 세자빈, 대비〉	왕수(王穗)의 여동생 〈양반〉	공신, 고위 관료/세자빈, 대비
	시양	한보 〈한명회의 아들/본인이 공신〉	조씨(曹氏) 〈양반〉	공신, 고위 관료
	수양	미상 〈윤탄(尹坦)의 자녀 혹은 자손〉	의초(義超) 〈승, 향화야인(向化野人)의 아들〉	외척, 고위 관료
중종	수양	김인경(金仁慶) 〈김겸광(金謙光)의 증손〉74)	강수인(姜壽仁)	공신, 고위 관료

컸다(『世宗實錄』 卷32, 世宗 8年 4月 26日 己丑 ;『世宗實錄』 卷32, 世宗 8年 5月 19日 壬子).

73) 실록의 해당 기사에서는 '정경공주(貞慶公主)'라고 되어 있으나, 다른 기사에서는 '정경공주'로 기재되어 있기도 하고, '경정공주(慶貞公主)'로 기재되어 있기도 하다. 그리고 1681년(숙종 7년) 간행된 『선원록』에는 '경정공주'로 기재되어 있다. 〈표 IV-3〉에는 실록에 실린 태종의 신도비문과 『선원록』에 기재된 '경정공주'로 기입하였다(『世宗實錄』 권94, 世宗 23年 10月 27日 庚寅 ;『太宗實錄』 卷36, 太宗 18年 11月 8日 甲寅 ; 宗簿寺, 『璿源錄』, 1681 〈한국학중앙연구원, MF35-685-690〉).

74) 이 집안은 김인경의 증조부인 김겸광(金謙光)이 좌익원종공신(佐翼原從功臣) 2등, 좌리공신(佐理功臣) 3등에 책록되었고, 증종조부인 김국광(金國光)이 좌익원종공신 3등, 적개공신(敵愾功臣) 2등, 좌리공신 1등에 책록된 바 있는 훈신(勳臣) 집안이다(『世祖實錄』 卷2, 世祖 元年 12月 27日 戊辰 ;『世祖實錄』 卷43, 世祖 13年 9月 20日 壬午 ;『成宗實錄』 卷9, 成宗 2年 3月 27日 庚子). 김인경이 강수인의 수양자가 되었을 시점인 중종 9년(1514)~중종 11년(1516)에 김인경의 부(父)와 조부는 권세가라 할 만한 위치에 있지는 않았지만 증조부인 김극핍(金克愊)은 좌승지(左承旨), 공조참판(工曹參判), 충청도관찰사(忠淸道觀察使), 한성부좌윤(漢城府左尹) 등을 역임하는 등 주요 관직에 있었다(『中宗實錄』 卷19, 中宗 8年 10月 27日 辛酉 ;『中宗實錄』 卷21, 中宗 9年 11月 21日 己卯 ;『中宗實錄』 卷22, 中宗 10年 5月 27日 癸丑 ;『中宗實錄』

따라서 〈표 Ⅳ-3〉에서는 권세가의 자녀나 손자뿐 아니라 권세가가 다른 사람의 양자녀가 된 사례도 함께 정리하였다.[75] 그런데 권세가의 자녀가 양자녀가 된 사례가 일반적이기 때문에 이를 중심으로 논지를 전개하였다.

〈표 Ⅳ-3〉의 사례에는 정략적 관계가 나타난 사례도 있고 나타나지 않은 사례도 있는데, 정략적 관계가 나타나지 않은 일부 사례도 기록되지 않았을 뿐이지 그러한 관계가 있었을 가능성은 농후하다. 이 중 정략적 관계가 나타난 사례를 중심으로 정리하되, 왕자녀 입양시에 나타나는 현상과 비슷한 부분은 되도록 간략하게 정리하였다.

첫째 권세가가 자신이나 자손의 양부모의 소송 및 분쟁 해결, 관직 제수 등에 도움을 주고자 나선 사례들이 나타난다. 이는 권세가나 그들의 자녀, 손자 등을 양자녀로 삼음으로써 양부모가 얻을 수 있었던 이득이라고 할 수 있다.[76]

둘째 권세가나 그 자녀가 양부모에게 재산을 증여받은 사례들이 나타난다. 이는 사적인 일이어서 재산 증여 당시에는 실록에 실리지 않았지만 후일

卷26, 中宗 11年 10月 28日 丙子).

75) 수양은 3세전에 입양하는 양자녀이므로 아버지나 할아버지의 권세로 인하여 다른 사람의 양자녀가 된 경우이지만 시양은 나이가 몇이든지 관계가 없으므로 본인의 권세로 그 자신이 다른 사람의 양자녀가 되기도 하였다. 따라서 〈표 Ⅳ-3〉에서는 본인의 권세로 타인(他人)의 양자녀가 되었거나 그럴 가능성이 있는 사람은 본인에 대한 정보도 기재하였다. 그리고 양자녀의 입양 시기를 추정할 수 있는 사례가 소수이기 때문에 이 표의 시기 부분에는 부득이하게 실록에 기록된 시기의 왕명을 기입하였다.

76) 하륜이 외손의 양부 염치용의 형량을 경감시키고자 왕에게 청한 일, 하륜이 첩자의 양부 변겸의 노비 소송에 관해 변겸의 편에서 왕에게 상서한 일, 권도가 아들의 양부인 이촌의 가과(加科)를 청한 일, 남이가 자신의 양부 서귀수가 폭행당한 일에 대해 왕에게 아뢴 일, 한명회가 아들의 양부인 배지눌의 관직 제수에 힘쓴 일 등이 이에 해당한다(『太宗實錄』卷26, 太宗 13年 8月 17日 癸亥 ;『太宗實錄』 卷28, 太宗 14年 10月 14日 甲申 ;『世宗實錄』卷18, 世宗 4年 閏12月 11日 甲子 ;『世祖實錄』卷45, 世祖 14年 正月 18日 己卯 ;『成宗實錄』卷6, 成宗 元年 6月 3日 庚戌).

소송 때문에 드러나거나 사관의 평에 기록된 사례들이 나타난다. 그런데 양자녀의 부모에게 재산을 증여한 사례와 양자녀에게 재산을 증여한 것인지 양자녀의 부모에게 재산을 증여한 것인지 명확하지 않은 사례들이 나타난다는 점에서 왕자녀의 사례와는 차이가 있다.77) 자녀가 양부모에게 받은 재산이라고 하면 법적으로 문제가 되지 않기 때문에 권세가들의 뇌물 수수에는 이러한 방법이 사용되기도 하였다.

셋째 권세가 측에서 양부모 사후 다른 상속 대상자나 양부모의 족친과 양부모의 재산을 가지고 소송을 하거나 양부모의 재산을 탈취한 사례들이 나타난다.78) 성종 4년(1473)에 사헌부에서 "근래에 결송관리(決訟官吏)가 혹은 권세를 겁내고 혹은 청단(聽斷)을 꺼려서 그 쟁송하는 바가 만약 수양, 시양에 관한 것이면 반드시 본부(本府)에 먼저 행이(行移)하여 변정(辨正)한 후에 청리(聽理)하고자 합니다. 다투어 서로 본을 받아 요행히 피하기를 바라서 형조, 한성부, 장예원에서 각각 관장하는 일이 한 부(府)에 모이므로 분운(紛紜)함을 이기지 못합니다."79)라고 계(啓)한 내용이 있다. 이를 통해 권세가 집안 사람들이 타인(他人)의 양자녀가 되어 양부모의 재산을 두고 양부모의 다른 상속 대상자들과 쟁송(爭訟)하는 것이 특수한 일이 아니었음을 알 수 있다. 그런데 이러한 상속 분쟁 사례 중에 안맹담의 어머니 허씨(許氏)가 안맹담 수양부모(收養父母)의 족친과 소송을 한 사례와 같이 양자녀의

---

77) 『世宗實錄』 卷28, 世宗 7年 6月 7日 乙巳 ; 『成宗實錄』 卷43, 成宗 5年 6月 24日 丁丑 ; 『世宗實錄』 卷32, 世宗 8年 5月 19日 壬子 ; 『世宗實錄』 卷39, 世宗 10年 2月 15日 丁卯 ; 『睿宗實錄』 卷7, 睿宗 元年 8月 29日 庚辰 ; 『睿宗實錄』 卷7, 睿宗 元年 9月 14日 甲午 ; 『成宗實錄』 卷6, 成宗 元年 6月 3日 庚戌.

78) 권세가 측에서 양부모의 재산 때문에 소송을 한 사례는 유금석, 안맹담, 권총의 사례가 있으며, 양부모의 재산을 탈취한 사례로는 권지, 이징석의 사례가 있다(『太宗實錄』 卷29, 太宗 15年 3月 18日 丙辰 ; 『世宗實錄』 卷39, 世宗 10年 2月 15日 丁卯 ; 『世宗實錄』 卷120, 世宗 30年 4月 9日 甲子 ; 『世宗實錄』 卷48, 世宗 12年 6月 5日 甲戌 ; 『端宗實錄』 卷1, 端宗 卽位年 6月 19日 庚辰).

79) 『成宗實錄』 卷29, 成宗 4年 4月 20日 庚辰.

부모가 소송의 주체가 되는 사례가 나타난다는 점이 주목된다.[80] 또한 친부모와 양부모가 서로 재산 다툼을 벌이는 사례도 나타난다. 조말생은 자식이 오제 처 신씨의 수양자라고 하며 신씨와 재화(財貨)를 두고 다투다 소송까지 하게 되었다.[81] 이러한 사례들을 통해 볼 때 권세가의 자녀가 다른 사람의 양자녀가 되는 이면에는 자녀 양부모의 재산을 획득하고자 하였던 권세가의 의도가 작용하기도 하였음을 알 수 있다.

넷째 환관이나 궁녀와 양부모, 양자녀 관계를 맺는 사례들이 나타난다. 왕의 측근인 환관이나 궁녀와 친밀한 관계를 맺으면 궁중의 소식을 빨리 접할 수 있고, 왕에게 자신의 입장을 유리하게 전달할 수 있다는 점에서 정치적으로 유리할 수 있다. 이러한 사례로는 권도와 신의군이 각각 그 자녀를 환관인 이촌과 궁녀인 장미의 양자녀가 되게 한 사례를 들 수 있다.[82]

이를 종합해 보면 권세가의 자녀를 양자녀로 삼은 경우 양부모 측에서는 관직, 소송에서의 승리 등의 이득을 바랐고, 양자녀나 양자녀의 부모인 권세가 측에서는 재산을 바랬다는 것을 알 수 있다. 그리고 환관이나 궁녀를 자녀의 양부모로 삼음으로써 정치적 이득을 얻고자 하는 사람들도 있었다.

그렇다면 〈표 Ⅳ-3〉의 사례 중 다음 세 사례를 통해 양부모, 양자녀 사이의 정략적 관계에 대하여 구체적으로 살펴보도록 하겠다.

---

80) 『世宗實錄』 卷39, 世宗 10年 2月 15日 丁卯.

81) 『世宗實錄』 卷58, 世宗 14年 12月 14日 己亥.

82) 양반이 궁녀와 수양, 시양의 관계를 맺음으로써 교결한 사례로는 정희왕후의 이질(姨姪)로 세조 즉위 후 좌익원종공신(佐翼原從功臣)에, 성종 즉위 후 좌리공신 (佐理功臣)에 책훈된 이철견(李鐵堅)과 궁녀로 세조대부터 내사(內事)의 출납을 관장하였고, 성종대 정희왕후 수렴청정시에는 정희왕후의 명을 출납하는 일을 맡은 조전언(曺典言)이 수양의 관계를 맺은 사례도 있다. 그런데 이들이 수양의 관계를 맺었다는 기록은 있으나 이철견이 조전언의 수양자가 된 것인지, 조전언이 이철견의 수양녀가 된 것인지, 이철견의 자녀가 조전언의 수양자녀가 된 것인지 확실치 않기 때문에 〈표 Ⅳ-3〉에는 포함시키지 않았다(『成宗實錄』 卷62, 成宗 6年 12月 13日 戊子).

<표 IV-4> 권세가 자녀 입양에 나타난 정략적 관계[83]

	시기	양자녀 (권세가와의 관계)	양부모 (신분)	입양 구분	내용
1	예종 원년	미상 (김수녕의 딸)	담정 (니승, 첩녀)	수양	담정이 노비 쟁송시에 당시 형조참의였던 수양녀의 아버지(혹은 수양녀)에게 노비를 증여함
2	성종 원년	공혜왕후 한씨 (한명회의 딸)	허계지 (상인, 천첩자)	수양	허계지가 중궁의 수양부라는 점 등이 고려되어 죄를 용서받고 방면됨
3	성종 원년	한보 (한명회의 아들)	배지눌 (양반)	수양	사신(史臣)의 평에 배지눌이 집이 자못 넉넉하고 자식이 없어 일찍이 한명회의 아들 한보를 수양으로 삼아 재산을 기울여서 재물을 주니 한명회가 힘써 발탁하여 등용하였다고 함

위의 <표 IV-4>의 내용 중 3은 양반이 권세가의 자녀를 양자녀로 삼은 사례로 양부인 배지눌이 양자인 한보에게 재산을 증여하고, 그 대가로 한보의 친부(親父)인 한명회가 배지눌의 관직 등용에 영향력을 행사한 사례이다. 이것이 한 개인의 문제가 아닌 사회 현상이었음은 앞에서도 지적한 바 있다. 그리고 1, 2는 양반이 아닌 사람이 권세가의 자녀를 양자녀로 삼은 사례이다.

1은 담정의 사위인 김경달(金景達)과 그의 첩족(妾族) 김곤(金崐) 등의 노비 소송, 담정과 그의 적남(嫡男)인 김삼로(金三老)의 처 정씨(鄭氏)의

---

83) <표 IV-4>의 시기 부분에는 해당 기사가 실록에 기록된 시기를 기입하였다. 이 세 사례 중 입양 시기를 추정해 볼 수 있는 사례는 한보와 공혜왕후의 사례이다. 한보는 세종 29년(1447)생이고, 공혜왕후는 세조 2년(1456)생인데, 두 경우 모두 수양으로 기록되어 있다. 수양이 3세 이전에 입양하는 것을 지칭한다는 점을 감안한다면 공혜왕후가 허계지의 수양녀가 된 시기는 아버지 한명회가 최고의 권세를 누리던 시기이지만, 한보가 배지눌의 수양자가 된 시기는 한명회가 아직 권세를 얻기 전이라고 할 수 있다. 이 기록대로라면 배지눌의 경우 이전에 맺었던 수양부, 수양자 관계를 인연으로 한명회에게 재산을 주고 관직을 얻었다고 설명될 수 있겠다. 그런데 실록에 수양과 시양을 엄격하게 구분하여 사용하지 않은 사례가 나타난다는 점을 고려해 볼 때 이 경우 시양을 수양으로 기록하였을 가능성도 배제할 수 없다.

노비 소송시에 김수녕이 김경달과 담정의 노비를 받고 그들에게 유리한 방향으로 판결하게 하였다는 2건의 고소 사건에 대한 사안이다. 이에 김수녕과 담정은 담정이 수양녀인 김수녕의 딸에게 노비를 준 것일 뿐이라고 대응하였다.[84] 실제 김수녕의 딸이 담정의 수양녀라면 김수녕이나 담정은 처벌을 받지 않겠지만 수양녀가 아니라면 처벌을 받을 수 있는 사안이었다. 이 사건의 처리 결과는 실록에 기록되어 있지 않지만 이후 김수녕의 관직 제수에 아무런 문제가 없었다는 점을 고려해 볼 때 김수녕과 담정의 주장이 받아들여진 것으로 보인다. 김수녕의 딸이 담정의 수양녀라고 할지라도 노비 소송이 벌어지고 있는 시기에 이에 영향력을 미칠 수 있는 지위에 있는 수양녀의 아버지에게 노비를 증여했다는 사실은 소송에서의 승소를 위한 뇌물 증여가 입양을 통해 합법화되었던 실태를 보여주는 것이라고 할 수 있다.

2는 권세가와 상인이 교결한 대표적인 사례라고 할 수 있다. 허계지의 행적을 살펴보면, 당시 수양, 시양을 통한 권세가와 부상의 결탁 관계의 일면을 엿볼 수 있다. 허계지가 유배를 가게 되고 성종, 인수왕비와의 인연, 중궁의 수양부라는 점 때문에 죄를 용서받게 된 이 사건의 전말은 다음과 같다. 허계지는 재산이 많아 귀요(貴要)와 교결하여 대납(代納)을 통해 이익을 얻어 큰 부자가 되었다. 예종대에 허계지는 노비 소송 건으로 장예원판결사(掌隷院判決事)에 뇌물을 주러 갔다가 대리(臺吏)에게 붙잡혀 형조에 넘겨졌는데, 지키는 사람에게 뇌물을 주고 도망쳤다. 이 상황에서 또 사헌부에서 허계지가 썼던 상욕(牀褥)과 복용(服用)이 참람되다 하여 죄를 청하였다. 이후 허계지는 사면령이 있을 것이라는 소식을 듣고 옥에 나아갔고, 또 왕의 보모에게 자신에 대해 선처를 해 줄 것을 아뢰도록 부탁해놓기도

---

84) 『睿宗實錄』 卷7, 睿宗 元年 8月 29日 庚辰 ; 『睿宗實錄』 卷7, 睿宗 元年 9月 14日 甲午.

하였다. 예종은 이러한 허계지의 행위에 노하여 전가사변(全家徙邊)에 처하게 하였다. 그런데 곧 예종이 승하하고 성종이 즉위하자 그는 배소(配所)에서 도망해 왔다. 그러나 사간원에 붙잡히게 되었는데, 당시 수렴청정하던 정희왕후는 이 사실을 보고받고 주상과 인수왕비가 허계지의 집에 피어(避御)한 적이 있고, 중궁의 수양부라는 점을 들어 방면하도록 하였다.85) 이는 상인이 권세가와 교결하는 전형적인 모습을 보여주는 사례이다. 허계지는 권세가와 교결함으로써 상인으로서 큰 성공을 거두게 되었을 뿐 아니라 소송에서 승소하고자 하였으며, 지은 죄를 면하려고도 하였다. 허계지가 많은 권세가에게 재산을 증여하고 이들과 친밀한 관계를 유지하였다는 것은 허계지의 집에 명망있는 조사(朝士)들이 많이 드나들었다는 실록 기사를 통해서도 알 수 있다. 한명회의 딸을 수양녀로 삼은 것도 권세가와 교결하는 방법 중에 하나였던 것이다.86)

이를 통해 권세가의 자녀가 다른 사람의 양자녀가 된 경우 역시 양부모와 양자녀의 관계는 정략적 성격을 강하게 띠고 있었음을 알 수 있다. 왕은 단 한 사람이지만 권세가는 왕족, 외척, 공신, 재상 등 각 왕대마다 손꼽히는 인물만을 고려해본다 하더라도 많은 수이다. 그리고 권세가뿐 아니라 인사권이나 상업적 이권, 소송 등에 영향력을 미칠 수 있는 사람들도 다른 사람의 재산을 받고 자신들의 자녀를 그 사람의 양자녀라고 칭하여 합법화하는 방법을 선택할 수 있었다. 따라서 권세가 자녀를 양자녀로 삼는 일은 왕자녀

---

85) 『睿宗實錄』 卷6, 睿宗 元年 7月 22日 癸卯 ; 『睿宗實錄』 卷7, 睿宗 元年 9月 19日 己亥 ; 『成宗實錄』 卷5, 成宗 元年 5月 28日 乙巳 ; 『成宗實錄』 卷6, 成宗 元年 6月 2日 己酉.

86) 공혜왕후는 한명회의 딸로 세조 2년(1456)에 출생하였다. '수양'하였다고 한 것을 통해 볼 때 허계지가 공혜왕후를 양자녀로 삼은 것은 세조대 초반이었다. 한명회의 딸을 수양녀로 삼은 것은 당시 정난(靖難) 1등 공신으로 최고 권세가였던 한명회와 교결하기 위한 수단이었던 것으로 보인다. 성종, 인수대비와 인연을 가지게 된 것도 공혜왕후를 양자녀로 삼은 데서 기인하였을 가능성이 많다.

를 양자녀로 삼는 일보다 더 많은 사회적 폐단을 낳을 가능성이 있었다.

그러나 이러한 권세가 자녀 입양 역시 16세기에는 점차 사라져가는 추세를 보인다. 15세기의 지배층들은 혈연관계가 없는 타인(他人)과 양부모, 양자녀 관계를 맺는 것을 관행적으로 행하였지만 한편으로는 자녀를 혈연관계가 없는 타인(他人)의 양자녀가 되게 하거나 권세가 자녀를 양자녀로 삼는 행위를 모두 부정적으로 인식하였다.[87] 그럼에도 불구하고 종친, 공신, 외척, 왕의 측근 세력을 견제할만한 정치 세력이 형성되지 못한 상태에서 15세기까지는 이러한 일이 성행하였다. 그러나 중종반정 이후 정치 환경이

---

87) 자녀를 타인(他人)의 양자녀가 되게 한 권세가에 대하여 부정적으로 인식하였음은 단종 즉위년(1452)『세종실록』을 편찬하면서 춘추관 사관 이호문(李好問)이 황희(黃喜)를 탐오(貪汚)하다고 기록한 일에 대하여 수록할지 삭제할지에 대해 의논한 내용 중 황희가 탐오하지 않았다는 것을 주장하며 허후(許詡)가 언급한 다음의 내용에서 잘 나타난다. "(황희는) 수상으로 거의 30년을 있으면서 진실로 탐오한 이름이 없었는데, 어찌 몰래 남을 중상하고 관직을 팔고 옥사에 뇌물을 받아 재물이 많았겠습니까? 그가 친구의 문유(問遺)를 받은 적은 혹 있으나 자녀의 수양 같은 것은 사람들이 함께 들어 아는 바로 치신(致身)과 수신(守身)은 모두 수양이 없고, 오직 보신(保身)의 처만 양모에게서 자라 노비와 재물을 많이 얻었는데, 이것이 어찌 황희에게 관계되겠습니까?" 이 내용을 살펴보면, 황희가 탐오하지 않았다는 예로 그 아들들을 남의 양자가 되게 하지 않았다는 점을 언급하였음을 알 수 있다. 단, 며느리 한 사람만 남의 양녀로 많은 재산을 받았는데, 며느리의 일은 황희와 관계되지 않는다고 하였다. 이를 통해 권세가들이 자녀를 타인(他人)의 양자녀가 되게 하여 그들로부터 재산을 받는 일이 법에 저촉되지는 않을지라도 당시 관료 사회에서는 이를 탐오한 일로 여겼음을 알 수 있다(『端宗實錄』卷2, 端宗 卽位年 7月 4日 乙未). 또한 권세가 자녀를 양자녀로 삼은 사람에 대하여 부정적으로 인식한 사례를 들면 다음과 같다. 문종 즉위년(1450)에 경외관리(京外官吏) 중에 승진할 만한 사람과 관직에서 물러나게 할 만한 사람을 아뢰라는 하교에 관직에서 물러나야 할 사람 중의 한 사람으로 조상명(曺尙明)이 거론되었다. 그가 거론된 것은 자손이 있는데 세가(勢家)의 손(孫)을 수양으로 삼아 임소(任所)에 데리고 갔다는 이유에서였으며, 이러한 조상명의 행위에 대해 심지(心志)가 비루(鄙陋)하다고 평하였다. 이를 통하여 세가(勢家)의 손을 수양으로 삼은 것이 당시 관료사회에서 부정적으로 인식되고 있었음을 알 수 있다(『文宗實錄』卷3, 文宗 卽位年 9月 18日 己未).

변화하고 관료들에 대한 도덕적 검증이 강화되는 추세 속에서 권세가 자녀 입양은 감소되었던 것으로 보인다.[88]

4. 수양, 시양의 성격과 양부모, 양자녀 관계

Ⅳ장에서는 15세기 수양·시양자녀의 입양 목적을 양육, 봉양, 봉사, 가족의 화합과 안정, 유력자와의 교결(交結)로 나누어 검토하였다. 이 장에서는 당시 입양의 특성을 구체적으로 살펴보기 위해 주요 입양 목적을 하나하나 개별적으로 서술하였지만 실제 입양에는 여러 가지 목적이 통합되어 나타났다.

입양 목적을 다시 정리해보면, 다음과 같다. 부모가 사망하거나 양육하기 어려운 상황이 된 아이를 양자녀로 삼는 경우가 있었다. 또 양부모, 특히 자녀가 없는 양부모는 자신에게 효도하고 사후에 묘 관리와 봉사를 담당해 줄 것을 기대하고 양자녀를 들이기도 하였다. 그리고 이들은 양육한 정과 효도, 사후 묘 관리 및 봉사를 기대하며 양자녀에게 재산을 증여·상속하였다. 한편 수양·시양자녀는 관행적, 법적으로 재산 증여·상속의 대상자이기 때문에 자녀가 없는 부부는 재산상속자 지정을 위해 양자녀를 들이기도 하였다. 물론 이 경우 이 양자녀는 사후 상사(喪事)나 제사를 담당하는 것이 일반적이었다.

---

88) 〈표 Ⅳ-3〉에서 16세기 사례로는 16세기 초에 강수인(姜壽仁)이 광천위(光川尉) 김인경(金仁慶)을 수양자로 삼았던 사례 한 건만을 찾을 수 있을 뿐이다. 이 사례 외에 기록에 나타나지 않는다고 해서 16세기에 권세가 자녀 입양이 완전히 사라졌다고 생각되지는 않는다. 그렇지만 언관의 발언권이 강화되고 사관직(史官職)에 사림의 진출이 많아진 상황 속에서 고위 관료의 정략적 입양이 더 이상 다루어지지 않았다는 것은 그만큼 혈연관계가 없는 타인(他人)에 의한 권세가 자녀 입양이 감소되었다는 것을 의미하는 것이라 할 수 있을 것이다.

　또한 이 시기에는 왕실이나 사대부가에서 왕실 혹은 집안의 화합을 위해 양모, 양자 관계를 맺는다든지 권력의 힘을 빌어 원하는 것을 얻기 위해 왕자녀나 권세가 자손을 양자녀로 삼는 등 목적성을 강하게 띤 입양 사례도 다수 나타났다. 이러한 사례들 중 혈연관계가 없는 타인(他人)을 양자녀로 삼은 사례에서는 양부모, 양자녀 관계 형성에 친족관계, 상속 관행과 같은 사회적 관행보다 개인적 사유가 더 크게 작용하기도 하였다.

　15세기 수양, 시양에는 당시 가족, 친족관계에 나타나는 주요한 특징인 계통에 구애받지 않고 혈연을 중시하던 친족관계, 손외에 재산을 주는 것을 꺼리던 상속 관행, 가계계승을 중요시하지 않는 인식이 큰 영향을 미쳤지만, 때로는 각 개인의 필요가 이러한 관행을 넘어서서 더 중요하게 작용하기도 하였다. 친족관계, 상속 관행 등의 관행을 따를지, 개인적인 필요나 이해관계를 우선시할지는 자신이 처한 상황을 고려하여 선택하면 되었다. 이 시기에 수양 · 시양자녀 입양이 이렇게 자유롭게 이루어질 수 있었던 것은 수양, 시양이 가진 다음과 같은 속성에 기인한다.

　첫째 수양 · 시양자녀의 자격 기준과 양부모, 양자녀 관계의 안정성을 보장하는 법이 제정되어 있지 않았으며, 관에서 수양, 시양의 관계의 성립과 해소를 관리 · 감독하지 않았다.

　조선 초에 입양 시점의 양자녀의 나이로 수양과 시양을 구분하는 기준이 마련된 것 외에 그 자격 기준이 법으로 규정되어 있지 않았다. 따라서 개인의 상황에 따라 어떤 사람을 양자녀로 삼더라도 문제가 되지 않았다. 이에 따라 이 시기 사람들은 관행과 자신의 필요를 적절하게 고려하여 수양자녀나 시양자녀를 선정하였다.

　수양, 시양의 관계는 그 안정성이 법적으로 보장되어 있지도 않았다. 따라서 양부모가 수양, 시양의 관계를 지속하고자 하지 않을 때에는 양부모의 의사만으로 쉽게 파기될 수 있었다. 또한 조선 전기에는 관사에서 수양,

140

시양의 명부를 작성해 두었던 것 같지 않다. 이는 정부에서 수양, 시양의 여부를 파악해야 할 필요가 있을 때에도 이를 파악하기가 쉽지 않아 어려움을 겪었던 사례에서 확인할 수 있다.

성종 24년(1493) 성균당상(成均堂上)과 예조에서 함께 의논하여 계한 권학절목(勸學節目)의 내용에는 생원, 진사들의 수양부모나 시양부모에 대한 노병진성(老病陳省)은 친부모나 계후부모(繼後父母)와는 달리 간위(奸僞)를 가리기가 어렵다고 하며 원점(圓點)을 계산하지 않는 예(例)를 사용하지 않도록 하자는 조목이 포함되었다.[89] 성균관에서 공부하는 생원, 진사들이 수양부모나 시양부모의 병을 살핀다는 명목으로 휴가를 받는 경우에 그것이 사실인지 그 진위를 파악하기가 힘들었던 것이다. 같은 해 병조에서는 내금위의 군사들이 부모나 양부모의 병을 사칭하고 정사(呈辭)한 후 부모나 양부모에게 가지 않고 논다며, 제도(諸道)로 하여금 차사원(差使員)을 정하여 부모나 양부모의 병상(病狀)과 수양, 시양의 진위를 상세히 추국(推鞫)하여 계문하도록 하자고 계하였다.[90]

이를 통해 중앙 정부에서 수양, 시양의 여부를 파악할 수 없었고, 지방 관아에서도 추국을 통해 사실 여부를 파악하였음을 알 수 있다. 만약 소송이 발생하여 수양자녀나 시양자녀인지의 여부를 판단해야 할 필요성이 있을 때에는 양부모의 전계문기와 친족과 주변 사람들의 증언 등을 참고하여 수양, 시양의 진위를 분간하였다.[91]

---

89) 『成宗實錄』 卷277, 成宗 24年 5月 5日 戊辰.
90) 『成宗實錄』 卷277, 成宗 24年 5月 12日 乙亥.
91) 수양자녀, 시양자녀와 첩자(妾子), 친족 등이 상속 재산을 가지고 소송을 할 때 양자녀 여부를 증명하는 근거가 되는 문서는 바로 양부모의 전계문기(분재기)였다. 이원효 처 이씨 사후 그의 재산을 가지고 이씨의 시양녀 기계부정 이효전 처 이씨와 이원효의 계후자 이명숭(李命崇)의 처 홍씨(洪氏) 사이에 소송이 벌어졌는데, 홍씨는 이효전 처 이씨가 이원효 처 이씨의 시양녀가 아니라고 하며, 이효전 처 이씨가 이원효 처 이씨에게 받은 전계문기가 위조라고 주장하였다(『成宗實錄』

이렇게 이 시기 양부모와 수양·시양자녀의 관계는 양자(兩者) 사이에 사사로이 맺어진 관계였다.[92] 따라서 양자(兩者)의 상황과 감정, 필요에 따라 수양·시양자녀 입양의 대상과 목적이 다양하게 나타나게 되었던 것이다.

둘째 수양과 시양은 양부모와의 관계보다는 친부모와의 관계가 우선시되었다. 수양부모의 복상 규정을 정할 때에도 친아버지에 대해서는 참최(斬衰) 3년인데 비해 수양부모에 대해서는 자최(齊衰) 3년으로 정하였다. 그리고 친부모가 생존해 있을 때에는 수양부모에 대해서는 강복(降服)하도록 하였다.[93] 또한 양부모의 친족과는 친족관계가 성립되지 않았다. 이 때문에

卷232, 成宗 20年 9月 13日 戊辰). 재산 소송시에는 일차적으로 전계문기가 수양자녀, 시양자녀임을 증명해주는 근거가 되었던 것이다. 그런데 양자녀임을 증명하는 전계문기가 있는 경우에도 이 사례와 같이 상대편에서 그 문기가 위조라며 소송을 일으키는 일이 많았다. 이렇게 수양·시양자녀의 진위 여부가 상속 분쟁의 초점이 되는 일이 많자 세종 24년(1442)에는 양자녀 중에 노비를 수증받을 수 있는 대상을 '여러 사람이 함께 아는 수양, 시양'으로 한정하였다. 이는 재산 소송시에 주변 사람들의 증언이 매우 중요하게 작용했을 것임을 짐작하게 한다(『世宗實錄』 卷97, 世宗 24年 8月 28日 乙卯). 실제로 성종 20년(1489) 남천군(南川君) 처 최씨(崔氏)가 수양녀임을 알려주는 문서가 없음에도 불구하고 권감(權瑊)의 처 유씨(柳氏)의 노비를 상속받을 수 있었던 것은 유씨의 형제들이 최씨를 유씨의 수양녀라고 증언하였기 때문이었다(『成宗實錄』 卷233, 成宗 20年 10月 26日 庚戌;『成宗實錄』 卷233, 成宗 20年 10月 27日 辛亥). 이를 통하여 주변 사람의 증언이 재산 소송시에 수양자녀나 시양자녀 여부를 증명하는 또 한 가지의 방편이 되었음을 알 수 있다.

92) 규장각에는 예조에서 작성한 『수양시양등록』이 소장되어 있다. 『수양시양등록』에는 숙종 10년(1684)부터 영조 48년(1772)까지 수양자녀와 시양자녀를 입양한 사람이 예조에 소지를 내어 입안을 신청한 경우 예조에서 입안을 발급해 준 사실이 기록되어 있다. 이를 통해 17세기 후반 이후에는 수양, 시양의 명부가 있었음을 알 수 있다. 그러나 수양과 시양은 예조의 입안을 발급받지 않더라도 그 관계가 성립되었다. 그럼에도 불구하고 이러한 기록이 나타나는 것은 양부모, 양자녀 관계의 안정성을 확보하고자 했던 사람들이 예조에 소지를 내어 입안을 발급받고, 예조에서는 입안 발급의 기록을 이 등록에 기재하였던 것으로 판단된다. 이러한 점을 고려하면 『수양시양등록』이 작성되었던 조선 후기에도 정부에서 수양·시양의 현황에 대해서 제대로 파악하였다고 보기는 힘들다.

부처(夫妻) 양측의 여러 명의 친족들이 함께 양자녀가 되어도 문제가 발생하지 않았다. 또한 양부모와 양자녀의 신분이 다르더라도 친족들의 저항이 없어 양자(兩者)의 필요에 의해 쉽게 수양, 시양의 관계를 맺을 수 있었다.

셋째 수양자녀나 시양자녀의 신분에 양부모의 신분이 영향을 미치지 않았다. 천인이 양반의 수양부모나 시양부모가 되더라도 양자녀는 양반의 신분을 그대로 유지하였다. 이 때문에 허계지와 한명회의 딸의 사례와 같이 천인이 당시 최고 권세가의 딸을 수양녀로 삼는 일도 발생할 수 있었다.

이러한 이유로 수양, 시양의 관계는 비교적 자유롭고 쉽게 형성될 수 있었으며, 사회 구성원들의 다양한 이해관계를 실현시키는 수단으로까지 이용될 수 있었다. 그렇다면 이렇게 양부모, 양자녀 관계의 안정성을 보장하는 법이 없었음에도 불구하고 이 당시에 그 관계가 지속될 수 있었던 이유에 대해 살펴보고자 한다.

이는 우선 수양, 시양의 관계가 친족관계나 친밀감, 혹은 끈끈한 이해관계에 기반을 두고 형성되었기 때문이라고 보아야 할 것이다.

다음으로 사회적으로 양자녀가 양부모에게 효를 행해야 한다는 지배적 관념이 있었다는 점도 무시할 수 없다. 부모에 대한 효가 강조되고 장려되었던 조선 사회에서는 수양부모나 시양부모에 대한 효도 중요시되었다. 관직자 귀근법(歸覲法)과 복상 규정 등의 법제에서는 수양에 비해 시양을 차별하여 수양부모에 대한 규정만 제정되었지만 현실에서 양부모를 봉양하는데에는 수양인지 시양인지가 큰 의미가 없었다. 수양부모와 시양부모에게 병이 났을 때 성균관의 생원, 진사들과 내금위 병사들이 휴가를 내거나 정사(呈辭)하고 이들의 병을 살피러 갈 수 있었다는 사실은 이 시기에 수양, 시양의 구분을 떠나 양자녀가 양부모에게 효를 행하는 것이 당연하게 여겨졌다는 것을 알려준다.94)

---

93) 『經國大典』 卷3, 禮典, 五服.

조선 정부에서는 수양부모나 시양부모에게 불효한 행위를 처벌함으로써 수양·시양부모에 대한 효를 장려하였다. 태종 13년(1413) 부처(夫妻)가 동거할 때에 수양자녀나 시양자녀를 들였는데, 이 양자녀가 양부모 중 한 쪽이 사망한 후에 생존 양부모를 상대로 소송하는 경우 사헌부로 하여금 논죄하게 하고 소송 재물은 생존 양부모 사망 후 관에서 몰수하도록 하였다.95) 그리고 성종 11년(1480) 한명회의 아들이자 공신이었던 한보는 시양모에게 불순하였다 하여 파직되었다.

마지막으로 양자녀에 대한 재산의 증여와 상속은 수양, 시양의 관계가 공고해질 수 있는 매개가 되었다.

그러나 양부모와 수양·시양자녀의 관계가 불안정하다는 점은 사대부들의 생활에 유교적 생활습관이 확산되어 가고 사회구성원들이 봉사와 가계계승을 중요시하게 되면서 입양 형태가 변화하게 되는 원인이 되기도 하였다. 사적인 이해관계 충족을 위한 수양, 시양을 규제해야 한다는 인식이 확산되어 가고, 안정적 봉사자를 확보하고자 하는 사람들이 증가함에 따라 수양, 시양을 선택하는 사람들이 감소하게 되고 정부에서 인증한 안정적 봉사자이자 가계계승자인 계후자를 세우고자 하는 사람들이 증가하게 되었던 것이다.

---

94)『成宗實錄』卷277, 成宗 24年 5月 5日 戊辰 ;『成宗實錄』卷277, 成宗 24年 5月 12日 乙亥.

95)『太宗實錄』卷25, 太宗 13年 5月 10日 戊子.

V. 입후법의 제정과 15~16세기의 입후 장려 정책

1. 입후법의 제정

1) 입후법 제정의 배경

고려의 입양 관행이 계승된 형태로서의 수양과 시양은 입양 대상과 목적에 제한을 받지 않았다. 따라서 유교적 가족질서를 확립하고자 하는 위정자들의 입장에서는 이를 규제해야 할 필요가 있었다. 그러나 조선 초 수양, 시양에 관한 정책은 기존 입양 관행을 금지하는 등의 강력한 규제 정책이 아니었다. 수양자녀와 시양자녀를 구분하여 시양자녀를 중심으로 그 법적 권리와 의무를 약화시키는 방향의 정책일 뿐이었다. 이에 따라 15세기에는 입양 대상에 제한을 받지 않고 다양한 목적을 가지고 자유롭게 수양·시양자녀 입양이 행해질 수 있었다. 이렇게 국초의 수양, 시양에 관한 정책은 기존 입양 관행을 정비하는 정도에 그쳤다. 따라서 아들 없는 집안에서 유교적 제사형태가 확립되도록 유도하기 위해서는 또 다른 법이 제정될 필요가 있었다.

유교적 제사형태 확립을 위한 정책은 유교적 가족질서를 확립하기 위한 정책 중에서도 정부에서 매우 심혈을 기울였던 부분이었다. 조선 건국 이전

공양왕대부터 가묘 설립을 독려함으로써 유교적 제사형태 확립의 기반을 확보하고자 하였다. 사회구성원들의 실질적인 이해관계가 걸린 상속 규정에서도 유교적 제사형태 확립의 의지는 분명하게 드러난다. 조선의 상속법에서는 기본적으로 기존 상속 관행인 부모 재산의 균분(均分) 상속과 손외여타 금지 관행을 인정하였다. 그런데 승중자(承重子)에게 일정정도의 승중분을 가급(加給)하도록 함으로써 균분상속에 예외를 두었다. 또한 세종대에 자식이 없는 적모(嫡母), 전모(前母), 계모(繼母)의 재산을 본족(本族)에 모두 되돌리지 않고 일정정도의 재산을 이 여성들에게 재산을 준 조상의 혈손이 아닌 첩자(妾子), 의자(義子)에게 주도록 하였는데, 이는 첩자와 의자가 아들이 없는 적모, 전모, 계모의 봉사를 담당한다는 명목에서였다.[1]

가묘를 설립하여 유교적 제사형태에 따라 제사를 행한다면 이 여성들은 자식이 없다 하더라도 남편과 함께 부가(夫家)의 가묘에 부묘(祔廟)되어 부가의 가계계승자인 의자나 첩자로부터 제사를 받게 되기 때문에 이들 의자, 첩자에게도 상속분을 인정해야 한다는 논리였다. 자식 없는 부처의 재산은 본족에게 되돌리도록 하였던 손외여타 금지 관행을 인정하고 있었던 상속법에도 변형을 가하였던 것이다.

한편, 태종대와 세종대에 대소인리(大小人吏)들에게 강제적으로 가묘를 설치하도록 하는 조치를 취하면서 아들 없는 사람에게 유교적 제사형태에 부합하는 봉사자를 선정하는 기준을 마련해주어야 할 필요성은 더욱 증가하였다. 더구나 당시에는 부처(夫妻) 양측의 친족과 부처에 모두 혈연관계가 없는 타인(他人)의 입양이 이루어지고, 딸이 있으면 후사가 끊겼다고 생각하지 않았기 때문에 그 필요성은 더욱 클 수밖에 없었다.[2]

---

1) 『世宗實錄』卷68, 世宗 17年 5月 16日 丁亥 ; 『世宗實錄』卷97, 世宗 24年 7月 16日 甲戌.

2) 입후법 제정시 최종적으로 왕의 윤허를 받기 위해 의정부에서 계한 내용 중에는 『성리대전(性理大全)』의 내용을 언급하며 이성과 외손의 봉사가 불가함을 기술한

이러한 필요에 의해 정부에서는 아들 없는 사람도 유교 의례에 따른 제사를 행할 수 있도록 하기 위하여 이를 주관할 봉사 대상자 선정의 기준을 제시한 입후법을 제정하게 되었다.

2) 입후법의 제정과 정비

아들이 없는 사람도 유교 의례에 따른 제사를 받을 수 있도록 하기 위하여 세종 19년(1437)에 입후(立後)의 기준을 제시한 입후법이 제정되었다.[3] 세종 19년에 제정된 입후법에서는 입후의 대상, 입후의 절차, 입후된 자의 지위 등을 다음과 같이 규정하였다.

대부(大夫)와 사(士)의 집에 후사가 없으면 동종적자(同宗適子) 외에 지자(支子)를 세워서 후사로 삼되, 여러 지자(支子) 중에 세우고자 하는 바에 따르도록 허락하고, 또 여러 족손(族孫) 중에 택하여 세우는 것도 가하다. 남의 후사가 되는 자는 모름지기 양가(兩家)의 아버지가 모두 있어 함께 명한 후에야 출후(出後)할 수 있고, 입후하는 집에서는 비록 아버지가 없더라도 만약 그 어머니가 원하면 허락하되 국가에 고하여 세우도록 한다. 공덕(功德)이 있는 사람과 대신(大臣), 종실(宗室), 현자(賢者)의 후사를 특명(特命)으로 세우는 경우에는 비록 양가(兩家)에 모두 부모가 없더라도 이 예에

부분이 있는데, 그 내용은 다음과 같다.
『성리대전』에서 진씨(陳氏)가 말하기를, '신(神)은 류(類)가 아니면 제사를 받지 않는데, 옛 사람이 아들이 없으면 족인(族人)으로서 후사를 이음은 그 한 기(氣)가 서로 감통(感通)됨을 취한 것이었다. 후세(後世)에는 이의(理義)가 밝지 못하여 성(姓)이 다른 아이를 몰래 기르는 자가 많으니, 겉으로는 후사를 이은 것 같으나 실상은 이미 끊어진 것이다. 또 딸의 아들로 후사를 삼는 자가 많이 있는데, 기류(氣類)는 비록 가까우나 성씨가 또한 다르니 결단코 행할 수 없다[性理大全 陳氏曰 神不歆非類 古人無子 以族人續之 取其一氣相感 後世理義不明 多潛養異姓之兒 陽若有 繼 陰已絶矣 又多有以女子之子爲後 氣類雖近 姓氏亦異 斷不可行]' 하였습니다(『世宗實錄』卷77, 世宗 19年 6月 3日 辛酉).
3) 『世宗實錄』卷77, 世宗 19年 6月 3日 辛酉.

해당하지 않는다. 무릇 입후한 자는 일체의 가사(家事)에 모두 자기 자식과 같이 대우하고, 입후된 자도 친자(親子)와 같이 한다. 소후자(所後者, 양부모) 및 사친(私親)을 위한 상제(喪制)는 모두 고법(古法)에 따른다. 그 형제 및 존속(尊屬)은 비록 동종(同宗)이라 하더라도 후사로 삼을 수 없다. 이성(異姓)은 비록 아들로 삼은 자가 있다 하더라도 사당을 세울 수 없고, 소생부모 및 본종(本宗)의 복(服)은 모두 강복(降服)하지 않는다.4)

이 법에서는 입후의 가장 핵심인 입후의 대상에 대한 규정 뿐 아니라 입후 절차와 입후된 집안에서의 계후자(繼後子)의 지위에 대해서도 규정하였다. 이 법은 이후 정비 과정을 거쳐 입후의 대상과 절차에 관한 규정은 『경국대전』 입후조(立後條)에 수록되었고, 입후된 자의 복제(服制)는 오복조(五服條)에 수록되었다.5) 이 중 입후의 대상과 절차에 대해 규정한 『경국대전』 입후조의 내용을 『경국대전』의 최종본인 『을사대전(乙巳大典)』 입후조를 통해 살펴보면 다음과 같다.

적처(嫡妻)와 첩(妾)에 모두 아들이 없는 자는 관(官)에 고하여 동종지자(同宗支子)를 세워 후사로 삼도록 한다 〈양가(兩家)의 아버지가 함께 명하여 세우는데, 아버지가 사망하였으면 어머니가 관에 고한다. 존속과 형제

---

4) "大夫士之家無嗣者 以同宗適子外支子 立以爲後 諸支子中 許從所欲立者 且於諸族孫中 擇而立之 亦可 其爲人後者 須兩家父皆在同命之 然後方可出後 立後之家雖無父 若其母 願之則許 告於國而立之 其有功德及大臣宗室賢者之後 特命立嗣者 雖兩家皆無主者 不在 此例 凡立後者 一應家事 皆如己子 爲後者 亦如親子 爲所後者及爲私親喪制 一從古法 其兄弟及屬尊者 雖同宗 不得爲後 異姓雖有作子者 不得立祠堂 其爲所生父母及本宗服 皆無降"(『世宗實錄』 卷77, 世宗 19年 6月 3日 辛酉).
이 입후법은 의정부에서 세종에게 계하여 윤허받는 과정을 거친 후 법으로써 기능하였다. 실록에 실린 이 내용은 의정부에서 왕에게 계한 내용 중 일부이다. 따라서 왕에게 계하는 문투로 번역해야 하지만 위의 인용문이 의정부 계문의 전체 내용이 아니고 계문 내용 중 왕의 윤허를 받은 후 법으로 기능했던 부분만을 실은 것이기 때문에 편의상 법조문 형태로 번역하였다.
5) 『經國大典』 卷3, 禮典 立後 ; 『經國大典』 卷3, 禮典 五服.

및 손자는 후사로 삼지 못한다.〉[6]

세종 19년에 제정된 입후법과 『을사대전』의 입후조의 조문을 비교하기 위해 입후 조건, 입후 대상, 입후 절차로 구분하여 〈표 V-1〉에 정리하였다.

〈표 V-1〉 세종 19년 입후법과 『을사대전』 입후조의 비교

구분	세종 19년의 입후법	『을사대전』 입후조
입후 조건	대부(大夫)와 사(士)의 집에 후사가 없는 경우	적처(嫡妻)와 첩(妾)에 모두 아들이 없는 경우
입후 대상	동종(同宗)의 지자(支子)와 족손(族孫) 〈형제와 존속은 입후 대상자가 될 수 없음〉	동종지자(同宗支子) 〈존속, 형제, 손자는 입후 대상자가 될 수 없음〉
입후 절차	양가(兩家)의 아버지가 관(官)에 고하여 관의 승인을 받는 과정을 거쳐야 입후 성립 〈입후하는 집에서는 아버지가 없으면 어머니가 관에 고할 수 있음〉	양가(兩家)의 아버지가 관에 고하여 관의 승인을 받는 과정을 거쳐야 입후 성립 〈양가(兩家) 모두 아버지가 사망하였으면 어머니가 관에 고할 수 있음〉

〈표 V-1〉을 통하여 동종지자(同宗支子)가 입후 대상자가 되고, 양가(兩家)의 아버지가 관에 고하여 관의 승인을 받는 절차를 거쳐야 입후가 성립되도록 한 입후법의 큰 틀은 이미 세종 19년의 입후법에 세워져 있었음을 알 수 있다. 그리고 이는 『경국대전』에도 그대로 규정되었지만 세부적인 내용은 조금씩 변화하였다. 이에 대하여 상세히 검토함으로써 입후법의 취지와 입후법 정비 방향에 대하여 살펴보도록 하겠다.

(1) 입후 조건

세종 19년의 입후법은 대부(大夫)나 사(士)의 계층 중 후사가 없는 사람을 위한 제도로서 제정되었다. 이때까지는 후사가 없다는 것이 적처에 아들이

---

6) "嫡妾俱無子者 告官立同宗支子爲後 〈兩家父同命立之 父歿則母告官 尊屬與兄弟及孫不相爲後〉"(『經國大典』 卷3, 禮典, 立後). *〈 〉안은 세주.

없는 경우를 의미하는 것인지, 적처와 첩에 모두 아들이 없는 경우를 의미하는 것인지에 대해서는 언급하지 않았다. 그런데 입후법을 운용하면서 이 부분이 문제가 되었다. 첩자(妾子)도 아버지의 입장에서는 친자(親子)이기 때문에 가계를 계승할 수도 있다. 그러나 당시 조선에서는 첩이 남편에 비해 신분이 낮은 여성이기 때문에 첩자를 천한 자로 인식하였으므로 이러한 문제가 발생하였다.7) 부계(父系)와 모계를 함께 중요시하던 종래의 관습으로는 어머니 쪽의 신분이 자식의 신분이나 위상을 결정하는데 매우 중요하였다. 그러나 부계(父系) 중심의 가족구조로 바꾸어 나가는 과정 속에서 첩자도 아버지의 친자임이 강조되었던 것이다.

단종 즉위년 신자근(申自謹)이 동모제의 아들인 신윤관(申允寬)을 입후하려고 하였을 때, 첩자가 있다는 이유로 예조의 허락을 받지 못하면서부터 적실에 아들이 없더라도 첩자가 있으면 입후할 수 없도록 하는 기본 원칙이 세워졌다.8) 이때 의정부와 예조에서 함께 의논하여 왕에게 계한 내용을 살펴보면, "2품 이상 천첩자(賤妾子)로 승중한 자는 사율원(司律院) 등 여러 관청에 입속(入屬)시켜 벼슬길에 나아가도록 하였으니 천첩자 승중의 법은 이미 세워진 것입니다."라고 하였다. 천첩자가 승중할 수 있다는 것이 이미 법제화되어 있기 때문에 적자가 없고 첩자만 있더라도 이를 후사가 없는 것으로 볼 수 없다는 논리였던 것이다. 이러한 원칙은 『경국대전』에 반영되어 적처와 첩에 모두 아들이 없는 사람만 입후할 수 있도록 규정되었다.9)

---

7) 태종 13년(1413) 중혼(重婚) 금지 법령이 반포된 이후 중혼인 경우 사족 신분의 여성이라고 하더라도 첩으로 분간되는 경우가 있었다. 그러나 이는 중혼 금지 법령에 따른 예외적인 경우였고, 첩은 양첩(良妾)이라고 하더라도 남편의 신분보다 낮은 신분의 여성인 경우가 일반적이었다.

8) 『端宗實錄』 卷3, 端宗 卽位年 9月 28日 丁巳.

9) 『경국대전』에 이 규정이 수록된 이후에도 첩자를 승중자로 삼기를 꺼려하는 사람들이 많았다. 현실적으로 첩자는 천한 존재라는 인식이 있었던데다 과거 응시나 관직 진출에 제한을 받고 있었기 때문에 첩자가 승중한다는 것은 가격(家格)을

(2) 입후 대상

세종 19년에 제정된 입후법에서는 동종(同宗)의 지자(支子)나 족손(族孫) 중에 택하여 입후할 수 있도록 하였다. 그리고 동종이라고 하더라도 형제나 존속은 입후할 수 없도록 하였다. 입후법 제정 이전부터 행해져왔던 양자녀 입양 형태인 수양과 시양의 입양 대상은 부측(夫側) 동성 친족뿐 아니라 부측(夫側) 이성 친족, 처측 친족, 혈연관계가 없는 타인(他人)에 이르기까지 광범위하였다. 그런데 세종 19년에 제정된 입후법에서는 부측(夫側) 동성 친족만을 입후 대상자로 규정하였다. 그렇다고 해서 기존의 입양 형태인 수양과 시양을 금지하지는 않았기 때문에 수양과 시양은 입후와는 별도로 존속하였다. 또한 입후 대상을 지자(支子)로 규정하여 장자(長子)를 입후 대상에서 제외시켰는데, 이는 '적자는 친가(親家)의 가계를 이어야 하기 때문에 다른 사람의 후사가 될 수 없다'는 『의례(儀禮)』의 구절에 근거한 것이었다.10)

그런데 이 법에서는 형제나 존속을 입후 대상자로 삼는 것은 금지하였지만 족손(族孫)은 입후 대상에 포함시켰다. 아들 항렬을 뛰어넘어 손자 항렬에서 후사를 세우는 것은 소목의 차서를 어지럽히는 일이었다. 그러나 당시 조선의 입양 관습에서는 손자 항렬에서 양자녀를 삼는 것이 흔한 일이었기 때문에 법조문에 이러한 구문이 들어가게 되었던 것으로 보인다.

실제로 입후법을 제정한 당일 왕명으로 왕자의 난 당시 사망한 방번(芳蕃)과 방석(芳碩)의 후사를 세웠는데, 방번의 후사로 광평대군(廣平大君)을,

---

떨어뜨리는 결과를 가져올 수 있었다. 따라서 이 규정에 대해서 성종대 이후에 많은 논란이 벌어지고 명종 8년(1553)에는 적장자에게 첩자가 있더라도 동생제(同生弟)의 아들은 입후할 수 있도록 규정이 완화되기도 하였다.

10) "稽諸古典 儀禮喪服傳曰 何如而可爲之後 同宗可也 何如而可以爲人後 支子可也. 疏曰 適子當家 自爲小宗 不可後於他 故取支子 支子則第二以下庶子也"(『世宗實錄』卷77, 世宗 19年 6月 3日 辛酉).

방석의 후사로 금성대군(錦城大君)을 세웠다.[11] 광평대군과 금성대군은
모두 세종의 아들로 세종의 숙부인 방번과 방석에게는 4촌 손자가 되었다.
여기에는 정치적 목적도 있지만 아직 손자를 입후하는 것을 예에 어긋나지
않는 것으로 보는 인식이 있었기 때문이기도 하다. 그리고 이후에도 손자
항렬을 입후하는 사람들이 많았다. 광평대군의 후사가 된 무안군(撫安君),
성녕대군(誠寧大君)의 후사가 된 열산정(列山正) 등은 각각 광평대군과
성녕대군의 4촌 손자였으며,[12] 이외에도 손자 항렬의 사람들을 입후한
사람들이 많았다.[13]

그러나 성종대가 되면 손자 항렬을 입후하는 것이 소목의 차서를 문란하게
한다 하여 문제시되었다. 손자가 조부를 봉사하는 것을 허락할 지에 대해서는
성종 10년(1479)에 신효창(申孝昌)의 봉사자 선정에 대한 논의를 하면서
표면화되었다.[14] 이 논의를 살펴보면 논의에 참여한 사람의 대부분이 소목
의 서차를 어지럽히는 것이 불가하다는 의견을 피력하였다. 이러한 논의가
진전된 결과 성종 12년(1481)에는 손자 항렬의 입후를 금지하는 수교를
내렸다.[15] 그리고 성종 15년(1484)에는 이 수교의 내용을 『경국대전』에
삽입하여 존속과 형제뿐만 아니라 손자 항렬까지 입후 대상에서 제외하였다.
이 결과 『경국대전』의 최종본인 『을사대전』에는 '존속과 형제 및 손자는

---

11) 『世宗實錄』卷77, 世宗 19年 6月 3日 辛酉.
12) 鄭求福 외(1997), 앞의 책, 영인본 225쪽 ;『成宗實錄』卷166, 成宗 15年 5月 壬子.
13) 『成宗實錄』卷166, 成宗 15年 5月 26日 壬子.
14) 『成宗實錄』卷107, 成宗 10年 8月 11日 甲午 ;『成宗實錄』卷107, 成宗 10年 8月
    21日 甲辰.
15) 성종 12년에 손자 항렬의 입후를 금지하는 수교가 내려졌음은 김효로(金孝盧)가
    자신을 파계(罷繼)시킨 예조의 조치를 번복시키기 위해 사헌부에 올린 소지(所志)
    내용을 통해 알 수 있다. 김효로는 성종 11년(1480) 4촌 손자로서 『갑오대전』
    입후조에 의해 김효지(金孝之)의 계후자가 되었는데, 손자 항렬의 입후를 금지한
    수교가 내려지자 이를 소급하여 적용시켜 자신을 파계시킨 데 대해 사헌부에
    억울함을 호소하였다(鄭求福 외(1997), 앞의 책, 영인본 222쪽).

152

서로 후사로 삼지 못한다'라고 수록되게 되었다.

(3) 입후 절차

세종 19년의 입후법에서는 양가(兩家)의 아버지가 모두 있어 함께 명한 후에야 입후가 성립될 수 있었고, 입후할 집에서는 아버지가 없는 경우에는 어머니가 원한다면 들어주도록 하였다. 입후할 집에만 어머니가 입후할 수 있도록 허락한 것은 아들이 없는데 남편이 입후하지 못하고 사망한 경우에 후사가 끊기지 않도록 배려한 결과라고 생각된다. 그러나 늦어도 성종 5년(1474)에 반포한 『경국대전』인 『갑오대전』 단계부터는 아들을 다른 사람의 후사로 보내는 집에서도 아버지가 사망하였으면 어머니가 관에 고하여 출후(出後)시킬 수 있도록 하였다.[16]

그런데 세종 19년 규정 중 '양가(兩家)의 아버지가 모두 있어 함께 명한 후에야 출후할 수 있고, 입후하는 집에서는 비록 아버지가 없더라도 만약 그 어머니가 원하면 허락하되 국가에 고하여 세우도록 한다'는 내용에서 '국가에 고하여 세우도록 한다'는 부분의 의미가 불분명하다. 이 내용만으로는 모든 입후를 국가에 고해야 한다는 것인지 어머니가 입후를 원하는 경우에만 국가에 고하도록 한 것인지가 확실치 않다. 또한 국가에 고한다는 것이 신고를 의미하는 것인지 국가의 허가를 받아야 하는 것인지도 불분명하다. 이는 단종 즉위년(1452)에 신자근(申自謹)이 동모제인 신자수(申自守)의 3자 신윤관(申允寬)을 입후하려고 하였다가 첩자가 있다는 이유로 예조의

---

16) 이는 『갑오대전』이 통용되고 있던 성종 11년에 작성된 김효로의 입후를 승인한 예조 입안 내용을 통해 확인할 수 있다. 이 사례에서는 김효로의 친가와 계후가 모두 아버지가 사망한 후였기 때문에 양가(兩家)의 어머니가 소지를 작성하여 입후를 승인해 줄 것을 관에 청원하였다. 이에 대해 예조에서는 당시의 『경국대전』 조문을 인용하여 이것이 합법적임을 인정하였다(鄭求福 외(1997), 앞의 책, 영인본 214쪽).

허가를 받지 못하여 입후하지 못했던 사례를 통해서 파악할 수 있다. 즉, 이 사례를 통해 아버지가 입후하고자 하는 경우에도 관에 고하여 허가를 받아야 입후가 성립되었다는 것을 확인할 수 있다.[17]

　『경국대전』의 최종본인 『을사대전』에는 '적처와 첩에 모두 아들이 없는 사람은 관에 고하여 동종지자를 세워 후사로 삼는다'라고 하여 입후하려는 자는 관에 고해야 함을 명시하였다. 이때 관에 고한다는 것도 관의 허가를 받아야 했던 것임은 물론이다. 또한 '양가(兩家)의 아버지가 함께 명하여 후사로 세우는데, 아버지가 사망하였으면 어머니가 관에 고한다'라고 하여 양가(兩家)의 아버지가 관에 고하여 입후를 허가받도록 하였고, 아버지가 사망한 경우는 양가(兩家) 모두 어머니가 관에 고할 수 있도록 하였다. 이렇게 관의 허가를 받아야 입후가 성립되도록 한 것은 유교적 가계계승형태를 정착시키려고 제정한 입후법을 철저하게 준수하도록 하기 위한 것이었다.

　이렇게 세종 19년에 입후법을 제정하여 부측(夫側) 동성 친족 중 장자가 아닌 지자(支子)를 입후하도록 하는 기본 원칙을 세웠으며, 양가(兩家)의 아버지(입후하는 집에서는 아버지가 없으면 어머니)가 관에 고하여 관의 허가를 받아야 입후가 성립되도록 하는 입후의 절차를 규정하였다. 이 규정은 현실 적용과정에서 나타나는 문제점들을 보완하고 보다 종법질서에 충실하도록 수정되어 『경국대전』 규정으로 정착되었다. 입후법의 제정은 가계계승을 위한 부측(夫側) 동성 양자 입양이 거의 행해지지 않고 있는 상황에서 기존에 존재하던 입양 형태와는 별도로 국가에서 가계계승을 원하는 사람을 위하여 입후의 기준을 마련한 법이라는 데 의의가 있다. 또한 입후 대상자를 선정하는 기준을 제시하는데 그치지 않고 개별 입후에 대해 허가제를 실시하여 국가에서 감독함으로써 입후를 하고자 하는 개인들

---

17) 『端宗實錄』 卷3, 端宗 卽位年 9月 28日 丁巳.

이 입후법을 준수하도록 유도하였다.

2. 입후법 시행의 법제적 기반 마련

1) 입후의 행정 절차

앞에서 입후는 관에 고해서 관의 허가를 받아야 성립된다고 하였다. 그렇다면 개별 입후에 대하여 국가에서 어떠한 행정절차를 거쳐 승인하였는 지에 대하여 살펴보도록 하겠다. 이는 개별 입후에 대해 관의 허가를 받은 증빙 문서인 예조에서 발급한 계후입안을 통해 확인할 수 있다. 15세기 계후 관련 입안(立案)으로 현재 남아있는 것은 3건이 있는데, 예조에서 발급한 입안이 1건이고 사헌부에서 발급한 입안이 2건으로, 이는 모두 김효로(金孝盧)의 계후를 인정한 입안이다. 입후를 관장하는 기관이 예조이 기 때문에 본래 계후입안은 예조에서 발급한다. 그런데 사헌부 입안이 존재하는 것은 김효로가 입후를 허락받았다가 성종 12년(1481) 입후법이 개정되면서 예조에서 개정된 입후법을 소급 적용하여 계후자의 지위를 박탈당하자 사헌부에 억울함을 호소하여 다시 계후자의 지위를 되찾은 특별한 사정이 있었기 때문이다. 즉, 계후입안은 예조에서 발급하는 것이지 만 특수한 상황에 의해 사헌부에서 발급한 입안이 존재하였던 것이다. 그렇다면 일반적인 계후입안의 형태라고 할 수 있는 예조에서 발급한 계후입 안의 내용을 분석함으로써 입후법의 현실 적용 실태를 살펴보도록 하겠다. 15세기에 예조에서 발급한 계후입안은 1건에 불과하다. 그러나 계후입안은 중앙 정부에서 발급한 증빙 문서이고 법조문에 의거하여 입후를 허가하는 모든 사람에게 발급했던 문서이기 때문에 수록되는 내용이 일정하였다. 실제로 16세기에 발급한 계후입안과 비교해 보아도 구조와 내용이 대동소이

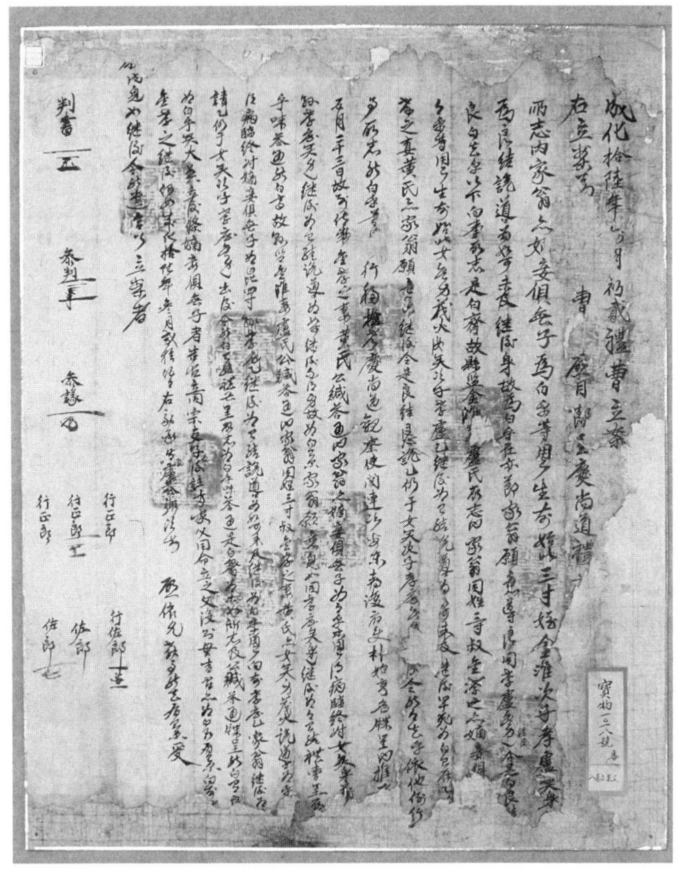

성종 11년(1480) 예조에서 김효로의 입후를 승인한 계후입안
출전 : 왕실도서관 장서각 디지털 아카이브(UCI:G002+AKS-BB55_B01300287E)

하다.[18) 따라서 1건을 분석하더라도 당시 입후법의 적용 실태를 밝히는 것에는 무리가 없으리라고 생각된다.

성종 7년(1476) 병조에서 올린 계문에 '무릇 입후는 반드시 양가(兩家)의

---

18) 물론 왕의 특명에 의해 법에 위배되더라도 입후를 허락해 주는 경우에는 입안의 내용이 달라질 수 있다. 그러나 일반적인 경우의 계후입안은 형식과 내용이 대동소이하다.

156

정원(情願)을 들어 실상을 조사한 후 계문(啓聞)하여 정한다'라고 하였다.[19] 이 계문에는 입후를 할 집과 출후시킬 집 양가(兩家)에서 입후를 원한다는 내용의 소지를 예조에 제출하면 예조에서 조사하여 법에 부합하면 왕에게 계문하여 입안을 발급하는 입후의 절차가 축약되어 나타나 있다. 이러한 입후 절차는 예조에서 발급한 계후입안을 통해서 더욱 상세히 파악할 수 있다. 그리고 계후입안의 내용을 통해 예조에서 어떠한 기준으로 계후입안을 발급하였는지도 알 수 있다. 그렇다면 김효로의 입후를 승인한 예조 입안을 중심으로 당시 입후법의 현실 적용 실태를 살펴보기로 하겠다.

우선 계후입안의 내용을 통해 예조에서 입후 청원 소지를 접수한 후 입안을 발급하기까지의 절차를 알 수 있다. 예조에서 해당 입후를 윤허해 줄 것을 청하는 내용의 계목(啓目)을 작성하여 올리면 담당 승지가 왕에게 계목을 올려 윤허를 받은 후 이를 근거로 예조에서 계후입안을 발급하였다.[20] 여기에서 왕의 윤허 절차는 예조에서 조사하고 심의하여 타당하다고 결정된 입후를 추인하는 것이었고, 법에 위배되는지의 여부를 따져 1차적으로 입후의 가부를 결정하는 곳은 예조였다.

또한 계후입안에는 예조에서 왕에게 올린 계목 내용이 실려 있기 때문에 예조에서 어떠한 과정을 거쳐 입후의 가부를 결정하였는지는 이 계목의

---

19) "凡立後 必聽兩家情願 閱實 啓聞 乃定"(『成宗實錄』 卷68, 成宗 7年 6月 26日 丁酉). 입후에 관한 일은 예조에서 관장했다. 그런데 병조의 계문 내용에 이러한 내용이 포함된 것은 원종공신에 관한 사무를 담당하는 충익부(忠翊府)의 계본(啓本)을 병조에서 왕에게 계한 것이기 때문이다. 충익부의 계본 내용은 환관과 공신의 입후 절차가 일반인들의 입후 절차와 다르니 이를 일반인의 입후 절차와 동일하게 고쳐야 한다는 내용이었다. 이 내용 중에 일반인의 입후 절차를 위와 같이 설명했던 것이다.

20) "右立案□□□(爲繼後事) 禮曹啓目 …… 右副承旨臣盧公弼次知啓依允敎事是去有良尒 受□(敎)內兒如 繼後令是遣 合行立案者"(鄭求福 외(1997), 앞의 책, 영인본 214쪽). * 문서상에 결락된 부분은 □로 표시하였고, ( ) 안의 내용은 필자가 추정한 것이다.

내용을 보면 알 수 있다. 예조에서 왕에게 올린 계목에는 양모가 될 김효지(金孝之) 처 황씨(黃氏)와 생모인 김회(金淮) 처 노씨(盧氏)의 소지 내용, 소지를 접수한 예조에서 해당 지방에 실상을 조사하게 하여 그 결과를 보고받았다는 내용, 해당 지역 지방관의 보고 내용 중에 있는 김효지 처 황씨와 김회 처 노씨의 공함 답통(公緘答通) 내용이 실려 있고, 마지막으로『경국대전』입후조의 내용을 나열하며 이에 부합하니 김효로를 김효지의 계후자로 삼는 것이 어떻겠느냐는 내용으로 마무리되어 있다.

이러한 계후입안의 내용과 일반적인 입안 발급 절차를 함께 고려해 보면 계후입안의 발급 절차를 알 수 있다. 먼저 양가(兩家)의 아버지 또는 어머니가 입후를 청원하는 소지를 올리면 예조에서 해당 지역의 관아에 실상을 조사하게 하였다. 해당 지역 관아에서는 소지를 올린 양가(兩家)의 아버지나 어머니에게 입후의 경위를 묻는 질문서인 공함(公緘)을 보내거나 관청으로 소환하여 실상을 조사하였고, 공함의 질문 내용에 대한 답변서인 답통(答通)을 받거나 진술을 받아 이 내용을 예조에 보고하였다. 이를 보고받은 예조에서는『경국대전』입후조에 부합하는지를 검토하여『경국대전』입후조에 위배되지 않은 경우에 왕에게 입후를 윤허해 달라는 내용의 계목을 올려 왕의 윤허를 받으면 입안을 발급하였다.

예조에서 올린 계목에 양가(兩家) 어머니의 소지 내용, 공함 답통 내용,『경국대전』입후조의 내용이 실려 있는데, 이 내용들이 실려 있다는 것은 이것이 입후의 가부를 결정하는 근거가 되기 때문이다. 그렇다면 이를 분석해보도록 하겠다.

먼저 양가(兩家) 어머니의 소지 내용을 살펴보도록 하겠다. 소지를 양가(兩家) 어머니가 올린 것은 '양가(兩家)의 아버지가 함께 명하여 입후하고 사망한 경우에는 어머니가 관에 고한다'는『경국대전』규정에 의한 것이다. 입후와 출후를 원하는 소지를 올릴 수 있는 권한을 가진 사람은 일차적으로 양가(兩家)의 아버지이지만, 양가(兩家)의 아버지인 김효지와 김회가 사망한 상태이기 때문에 소지를 올린 사람이 양가(兩家)의 어머니가 된 것이다. 다음은 양가(兩家) 어머니의 소지 내용이다.21)

▷ 김효지 처 황씨의 소지 내용

번역 : 경상도 예안에 사는 고 별시위 김효지 처 황씨의 소지 내용은 '**가옹이 적처와 첩에 모두 아들이 없으므로** 생전부터 **3촌질 김회의 차자 효로**를 계후하고자 한다고 말하다가 계후하지 못하고 사망하였습니다. 이번에 가옹의 뜻대로 위의 효로를 계후시키고자 바라오니 처분하여 주십시오' 하는 소지였습니다.

원문 : 慶尙道禮□…□(安接故別侍衛金孝之妻黃氏)所志內 家翁亦 **嫡妾俱無子 爲白乎等用良** 生前始叱 **三寸姪金淮次子孝盧**矣身□…□(乙 繼後)爲良結 說 導爲如可 未及繼後身故爲白乎在亦 節家翁願意導良 同孝盧矣身乙 繼後令是白 良□(結) □(望)良白去乎 行下向事 所志是白齊

▷ 김회 처 노씨의 소지 내용

번역 : 고 현감 김회 처 노씨의 소지 내용은 '**가옹의 동성 3촌숙인 김효지**가 **적처와 첩에 모두 아들이 없으므로** 생전부터 저에게 너의 **차자 효로**를 계후하고자 한다고 말하다가 계후하지 못하고 일찍 사망하였는데 □…□ 김효지 처 황씨가 가옹의 뜻대로 계후시키고자 한다고 간절히 말하므로 저의 차자 효로를 계후시키오니 다른 예에 의하여 처분하여 주십시오.' 하는 소지였으므로

원문 : 故縣監金淮妻盧氏所志內 **家翁同姓三寸叔金孝之**亦 **嫡妾俱**□…□**(無子 爲)白乎等用良** 生前始叱 女矣身茂火 汝矣**次子孝盧**乙 繼後爲良結 說導爲如 可 未及繼後早死爲白良在乙 □…□(金)孝之妻黃氏亦 家翁願意以 繼後令是良

---

21) 문서 내용 중 결락되어 문서상에서 글자를 확인할 수 없는 부분은 □로 표시하였다. 글자 수를 알 수 있으면 □를 글자 수대로 넣었고, 글자 수를 알 수 없을 때에는 □…□로 표시하였다. 그리고 문서에는 결락되어 있지만 추정할 수 있는 글자는 □ 옆에 ( ) 표시를 하여 추정 글자를 기입하였다.

結 懇說乙仍于 女矣次子孝盧矣身□(乙) □□(繼後)令是白去乎 依他例行□…□
(下向)事 所志是白乎等用□(良)

양모(養母)가 될 김효지 처의 소지에는 입후 대상자인 김효로가 남편의
3촌질의 차자(次子), 즉 남편의 동종(同宗)이고 장자가 아닌 지자(支子)라는
점과 남편이 적처와 첩에 모두 아들이 없는 상태라는 것을 밝혔다. 김회
처의 소지에도 아들 김효로의 생부(生父)가 되는 남편에게 양부(養父)가
될 김효지가 3촌숙이라는 점과 사망한 김효지가 적처와 첩에 모두 아들이
없는 상태라는 점, 그리고 입후 대상자인 김효로가 차자라는 점을 밝혔다.[22]
이는 이 입후가 『경국대전』 입후조에 나타난 입후 조건과 입후 대상, 즉
적처와 첩에 모두 아들이 없어야 입후를 할 수 있으며, 입후 대상은 동종지자
여야 한다는 규정에 부합함을 밝힌 것이다. 다만 이 사례에서는 양부(養父)인
김효지에게 계후자인 김효로가 4촌 손자가 된다는 점이 이후의 입후와
차이가 있다. 앞에서 언급했듯이 이 입안은 성종 11년(1480)에 발급받은
입안으로, 성종 12년(1481) 손자 항렬은 입후할 수 없다는 수교가 내려지기
전이었기 때문에 김효지의 4촌 손자인 김효로의 입후가 허락되었던 것이다.
이때까지의 입후법은 존속과 형제의 입후는 금하였지만 손자 항렬의 입후는
금하지 않았다.
　다음으로 양가(兩家) 어머니의 공함 답통 내용을 살펴보도록 하겠다.[23]

▷ 김효지 처 황씨의 공함 답통 내용
번역 : 김효지 처 황씨의 공함 답통 내용은 '가옹이 **적처와 첩에 모두 아들이**
　　없으므로 병을 얻어 임종할 때 저에게 **4촌 손자인 효로**를 계후하고자 한다고
　　말하다가 계후하지 못하고 사망하였으므로 가옹의 뜻대로 위의 효로를

---

22) 독자의 편의를 위해 이에 해당하는 부분은 굵은 글씨로 표시하였다.
23) 공함 답통의 원문 수록 원칙은 주 21)과 같다.

계후하고자 예조에 소지를 바쳤다'는 뜻의 답통이었습니다.

원문 : 金孝之妻黃氏公緘答通內 家翁亦 **嫡妾俱無子爲白乎等用良** 得病臨終時 女矣身□□(茂火)…□**(四寸)孫孝盧**矣身乙 繼後爲良結 說謇爲如可 繼後不得 身故爲白良尒 家翁願意兒如 同孝盧矣身乙 繼後爲白良結 禮曹呈所□…□(志 爲白)乎味 答通是白齊

▷ 김회 처 노씨의 공함 답통 내용

번역 : 고 현감 김회 처 노씨의 공함 답통 내용은 '가옹 동성 3촌숙인 김효지의 처 황씨가 저에게 말하□…□ 병을 얻어 임종할 때 **적처와 첩에 모두 아들이 없으니 4촌 손자인 효로**를 계후하고자 한다고 말하다가 계후하지 못하였으므 로 앞의 효로를 가옹의 계후로 삼고 싶다고 청하므로 저의 **차자 효로**를 출후(出後)시키고자 예조에 소지를 바쳤다'는 뜻의 답통이었습니다.

원문 : 故縣監金淮妻盧氏公緘答通內 家翁同姓三寸叔金孝之妻黃氏亦 女矣身茂 火 說謇爲乎□…□ 得病臨終時 **嫡妾俱無子爲昆 四寸孫孝盧**乙 繼後爲良結 說謇爲如可 未及繼後爲白乎等用良 向前孝盧乙 家翁繼後爲□…□請乙仍于 女矣**次子孝盧**矣身乙 出後令是白良結 禮曹呈所志爲白乎味 答通是白齊

이 내용을 살펴보면 양부와 입후 대상자의 친족 관계, 양부에게 적처와 첩에 모두 아들이 없는 상태라는 점 등을 다시 확인하였고, 양가(兩家)의 어머니가 각각 입후할 의사와 아들을 출후시킬 의사가 있다는 것을 밝혔음을 알 수 있다.[24]

마지막으로 예조 계목의 끝부분에 실려 있는 『경국대전』 입후조의 내용을 살펴보면 다음과 같다.

대전(大典) 입후조에 적처와 첩에 모두 아들이 없으면 관에 고하여 동종지

---

[24] 주 22)와 마찬가지로 양부와 입후 대상자의 친족 관계, 양부에게 적처와 첩에 모두 아들이 없는 상태라는 내용, 입후 대상자인 김효로가 차자라는 내용을 굵게 표시하였다.

자를 세워 후사를 삼도록 하였고, 주(註)에 양가(兩家)의 아버지가 함께 명하여 세우는데, 아버지가 사망하였으면 어머니가 관에 고한다라고 하였으므로[25)

이 내용이 계목 말미에 실린 것은 소지와 공함 답통에 포함되었던 내용인 양부가 될 김효지가 적처와 첩에 모두 아들이 없으며, 계후자가 될 김효로가 김회의 차자로 김효지와 동종이고 장자가 아닌 지자(支子)라는 점이 『경국대전』 입후조에 부합한다는 것을 설명하기 위한 것이다. 또한 양가(兩家)의 아버지가 모두 사망하여 양가(兩家)의 어머니가 소지를 올린 사례이기 때문에 '아버지가 사망하였으면 어머니가 관에 고한다'는 내용까지 수록하여 절차상으로도 『경국대전』 입후조에 부합함을 설명하였다.

이렇게 계후입안 내의 예조 계목 내용이 해당 입후가 『경국대전』 입후조에 부합하는지를 확인하는 내용으로 되어 있다는 것은 계후입안 발급 절차가 개별 입후가 『경국대전』 입후조를 충실히 이행하였는지를 중앙 정부 차원에서 확인하는 절차였다는 점을 알려준다. 또한 입안의 발급을 예를 관장하는 최고 관부인 예조에서 담당하고 왕의 윤허까지 받은 다음에 발급했다는 점에서 입후법을 실제로 현실에 적용시키는 과정까지 중앙 정부 차원에서 관리하였다는 것을 알 수 있다. 이렇게 정부에서는 입후법의 이행을 계후입안 발급 절차를 통해 감독함으로써 개인들이 입후법을 철저하게 준수하도록 하였다.

이렇게 15세기 수양, 시양의 입양 관행이 행해지고 있는 상황에서 조선 정부에서는 입후법을 제정하였다. 입후법 제정과 더불어 입후를 원하는 사람들에게 조사과정을 거쳐 입후법에 위배되지 않으면 계후입안을 발급하

---

25) "大典立後條 嫡妾俱無子者 告官立同宗支子爲後 註兩家父同命立之 父沒則母告官亦爲 白置有良亦"(鄭求福 외(1997), 앞의 책, 영인본 214쪽).

여 승인해 주는 행정절차를 마련함으로써 '입후'라는 새로운 입양 형태가 생겨나게 되었다. 그리고 이러한 입후 절차를 거쳐 입양된 양자를 '계후자(繼後子)'라고 명명하게 되었다.

2) 계후자(繼後子) 위상의 강화

국가에서 사가(私家)의 입후에 대해 계후입안을 발급하여 승인한 것은 유교적인 제사형태를 정착시키고자 제정한 입후법을 각 개인들이 준수하게 하고자 한 것이다. 그러나 이는 입후하고자 하는 사람에게만 적용되던 규정으로 입후를 원하지 않는 사람은 이 법의 적용을 받지 않았다. 조선 전기에는 아들이 없는 사람이라 하더라도 딸이나 외손에게 봉사하도록 하는 일이 많았다. 또한 자식이 없는 사람도 이성(異姓) 친족이나 혈연관계가 없는 타인(他人)도 입양이 가능한 수양이나 시양의 입양 형태를 택하는 일이 많았다. 이러한 개인의 선택에 대해서까지 국가에서 관여하지는 않았다. 다만 유교적 가족질서의 정착을 위한 여러 조치들을 꾸준히 추진해 나갔으며, 계후입안을 발급받은 계후자의 지위를 보장하기 위한 제도적 장치를 마련해 갔다. 계후자의 지위를 보장하기 위한 제도적 장치로는 양부모와 계후자의 관계 규정과 복제(服制), 상속분 규정으로 나타났다.

입후법이 제정되던 세종 19년부터 계후자의 지위에 대한 규정이 마련되었다. 세종 19년의 입후법에서는 양부모는 계후자에게 일체의 가사(家事)에 있어서 모두 자기 자식과 같이 대우하고, 입후된 자도 양부모에 대하여 친자식처럼 하도록 하였다. 복제는 양부모에 대해서는 친부모에게 입어야 하는 복(服)을 입도록 하였고, 친부모에 대해서는 본복(本服)에서 1등급을 감하도록 하였다.[26] 이로써 계후자는 친부모와의 관계보다도 양부모와의

---

26) "凡立後者 一應家事 皆如己子 爲後者 亦如親子 爲所後者及爲私親喪制 一從古法"(『世宗

관계를 더 중시해야 한다는 기본 원칙이 세워졌다.

이후 세부적인 규정들이 마련되어 가면서 계후자의 지위가 제도적으로 보장되어 나갔다. 세종 23년(1441)에는 친부모와 양부모의 복제 뿐 아니라 양가(兩家)의 친족들에 대한 복제를 규정하였는데, 양부모 쪽 친족에 대한 복은 친자와 같이 입고, 본종(本宗)의 친족에 대한 복은 1등급을 감하도록 하였다.[27] 이렇게 세종대에 마련된 계후자의 양가(兩家) 친족에 대한 복상 규정은『경국대전』에 다음과 같이 정리되었다.

> 다른 사람의 후사가 된 사람은 소후부모(所後父母) 및 내외친(內外親)을 위하여 모두 친자와 같이 복을 입는다. 그 보복(報服)도 같다. 〈소생부모를 위해서는 기년복(期年服)을 입고, 관직에서 물러나 심상(心喪) 3년을 한다. 본종의 여러 친족을 위한 복은 모두 한 등급을 내려 입는다. 그 보복(報服)도 같다.〉[28]

한편 계후자에 대한 양부모 재산 상속분은 15세기의 법령에는 나타나지 않으며,『경국대전』에도 실려 있지 않다. 계후자 상속분을 따로 규정하지 않은 이유는 세종 19년의 입후법에 '일체의 가사(家事)에 있어서 모두 자기 자식과 같이 하라'는 규정이 있고 친부모에게 강복(降服)하고 양부모에게 친자와 같이 입도록 한 복상 규정이 있어 계후자에게 친자와 같은 양의 재산을 상속해야 함을 당연하게 여겼기 때문이라 할 수 있다. 이는 세종 20년(1438)에 손외(孫外)에 재산을 주지 말라는 조상의 유서가 있는 경우에도 계후자에게는 '일체의 가사(家事)에 있어서 모두 자기 자식과 같이 하라'는

實錄』卷77, 世宗 19年 6月 3日 辛酉).

27) 『世宗實錄』卷92, 世宗 23年 5月 27日 壬戌.

28) "爲人後者 爲所後父母及內外親 並如親子 其報服亦同 〈爲所生父母服期 解官 心喪三年 爲本宗諸親 並降一等 其報服亦同〉"(『經國大典』卷3, 禮典 五服). * 〈 〉안은 세주.

164

입후법의 내용을 거론하면서 친자(親子)와 같이 결급(決給)하도록 한 것에서도 확인할 수 있다.[29] 계후자에게는 어떠한 경우에도 양부모의 재산을 친자와 같이 지급하도록 하였던 것이다.

실제로 예조에서 입안을 발급받고 김효지의 계후자가 된 김효로는 성종 11년(1480)에 양모인 김효지 처 황씨로부터 노비와 전답(田畓)을 분급받았는데, 김효지의 노비를 분급받을 때에는 수양녀에 비해 주사조(主祀條)를 더 받았다. 또한 전답을 분급받을 때에도 수양녀보다 훨씬 많은 양의 전답을 받았고, 비슷한 분량을 받은 시양녀에 비해 와가(瓦家)와 주사조(主祀條)를 더 받았다. 이러한 사실을 통해서도 계후자가 적자승중자로서의 대우를 받았음을 확인할 수 있다.[30]

한편 입후법이 제정되고 계후자가 적자승중자로서의 위상을 가지게 됨에 따라 이전 입양 관행인 수양자녀와 시양자녀의 상속법상의 지위는 더욱 축소되어가게 되었다. 입후법 제정 이전에는 자식 없는 사람이 봉사자를 원한다면 수양자녀나 시양자녀를 입양해야 했기 때문에 정부에서도 이들의 상속분을 크게 축소시키기는 어려웠다. 그러나 입후법 제정 이후에는 국가에서 공식적으로 인정하는 봉사자 및 가계계승자는 계후자였기 때문에 수양자녀나 시양자녀의 입지는 축소되어 갔다. 시양자녀의 상속분이 『경국대전』 규정에서 크게 감소된 것은 앞에서도 언급한 바 있다. 또한 세종 24년(1442) 의정부 계문 내용 중에 '3세전 수양이 비록 자기 자식과 같다고 하지만 수양부모에게 이미 승중(承重)할 수 없고 본종(本宗)의 친족에게 강복(降服)

---

29) "議政府啓 …… 且無繼嗣者 旣以同宗支子 立以爲後 一應家事 皆如己子 其奴婢財産 泥於遺書 不傳於爲後者 而傳於族人 則尤乖於義 一如親子決給爲便 從之"(『世宗實錄』 卷82, 世宗 20年 9月 12日 癸巳).

30) 왕실도서관 장서각 디지털 아카이브, 문중 고문서, 安東 光山金氏 後彫堂, 奴婢許與文記/斜給立案(金孝之 처 黃氏-金孝盧 외 8인) ; 家舍田畓許與文記/斜給立案(金孝之 처 黃氏-金孝盧 외 2인).

하는 예가 없으니 마땅히 손외(孫外)로 논해야 한다'라고 한 것도 입후법 제정 이후 위정자들의 수양자녀에 대한 입장을 잘 나타내주는 것이라 할 수 있다. 이는 『경국대전』 상속 규정상의 수양·시양자녀에 대한 양부(養父) 재산의 상속분을 통해서도 확인할 수 있다.

<표 Ⅴ-2> 『경국대전』에 규정된 수양·시양자녀에 대한 양부 재산 상속분

가족 유형	수양자녀	시양 자녀	가족 유형별 상속 비율31)
자녀가 없는 경우	모두 지급	七分之一	수양자녀 : 시양자녀 = 6 : 1
적실에 자녀가 없고 양첩자녀가 있는 경우	양첩자녀와 평분(平分) (천첩자녀는 五分之一)	七分之一	양첩자녀 : 천첩자녀 : 수양자녀 : 시양자녀 = 12 : 3 : 12 : 2
적실에 자녀가 없고 천첩자녀만 있는 경우	천첩자녀 몫(五分之一)을 제외하고 모두 지급	七分之一	천첩자녀 : 수양자녀 : 시양자녀 = 3 : 12 : 2
적실에 자녀가 있는 경우	七分之一	十分之一	적자녀 : 양첩자녀 : 천첩자녀 : 수양자녀 : 시양자녀 = 18 : 3 : 2 : 3 : 2

수양자녀에 대해서는 국초부터 법조문에 '자기자식과 같다'는 어구가 삽입되어 있었고, 자녀가 없는 경우 양부모의 재산을 모두 상속받을 수 있었다. 그런데 『경국대전』에 규정된 양부 재산 상속분을 살펴보면, 양부모에게 자녀가 있는 경우에 수양자녀는 양첩자녀의 상속분 정도만 받을 수 있도록 규정되어 있다. 이는 계후자가 적자승중자의 상속분을 받게 되는 것과 비교되는 부분이다.

수양자녀와 계후자의 상속분은 『대전후속록(大典後續錄)』에 실린 중종 25년(1530)의 수교에서 명확하게 차별화되어 규정되었다. '적실에 딸이

---

31) 『경국대전』에 나타난 각 가족 유형별로 각각의 상속대상자가 어느 정도의 비율로 양부 재산을 상속받을 수 있는지에 대하여 기입하였다. 여기에서는 승중자에 대한 가급분(加給分)은 포함시키지 않았다.

166

있고, 또 계후자가 있고, 또 양자녀가 있으면 적녀(嫡女)와 계후자는 평분(平
分)하고 계후자에게 봉사조(奉祀條)를 더 주며, 양자녀는 대전(大典)의 분수
(分數)에 의하여 분급(分給)한다'고 하였다.32) 즉, 적녀와 계후자와 수양·시
양자녀가 있는 경우에 계후자는 적실에 딸이 있는 경우에도 적자승중자의
대우를 받았으나 양자녀는『경국대전』에 규정된 분수만큼만 상속받을 수
있었다. 가령 적녀, 계후자, 수양자녀가 모두 있을 때 계후자는 적녀와
같은 양의 재산을 받고 거기에 봉사조까지 더 받을 수 있지만 수양자녀는
『경국대전』의 분수에 따라 적녀의 1/6에 해당하는 재산만을 상속받도록
규정하였던 것이다.

또한 국가에서 관료와 공신들에게 지급하는 공신전(功臣田), 별사전(別賜
田), 과전(科田)을 계후자가 체수(遞受)받을 수 있도록 한 규정도 마련되었다.
세종 26년(1444)에 이맹균(李孟均)의 계후자인 이보기(李保基)가 이맹균의
과전을 체수받고자 하였는데, 호조에서 이를 규정한 법이 없다는 이유로
지급하지 않자 이보기가 격고(擊鼓)하여 호소한 일이 있었다. 이 사안에
대해 호조와 의정부에서 함께 논의하였는데, 입후한 자는 일체의 집안
일에 모두 자기 자식과 같이 대우하도록 한 내용과 계후자가 소생부모를
위해서는 강복(降服)한다는 내용이 포함된 세종 19년의 입후법을 근거로
이맹균의 과전을 친자의 예로 지급하는것이 타당하다는 결론을 내렸고,
왕은 이 결정을 따랐다.33) 그리고 세조 8년(1462)에는 이 사례를 근거로
하여 공신전, 별사전, 과전을 계후자에게 체급(遞給)하도록 하는 내용을
『경국대전』에 싣도록 하였다.34)

---

32) "嫡有女 又有繼後子 又有養子女 則嫡女與繼後子 平分 而繼後子 加給奉祀條 養子女
　　依大典分數 分給"(『大典後續錄』 卷5, 刑典 私賤).
33) 『世宗實錄』 卷106, 世宗 26年 10月 9日 甲寅.
34) 『世祖實錄』 卷29, 世祖 8年 12月 18日 戊寅. 현존하는『경국대전』인『을사대전』에는
　　이 내용이 실려 있지 않다. 이는 사천조(私賤條)에 계후자의 상속분이 실려 있지

이상을 통해 입후법 제정 이후 계후자의 지위가 제도적으로 보장되어 갔던 모습을 확인할 수 있었다. 이렇게 15세기에 조선 정부는 입후법을 제정함으로써 입후의 기준을 설정하고, 계후입안을 발급하여 입후법에 규정된 입후 기준을 철저하게 준수하도록 하였을 뿐 아니라 계후자가 입후된 집안에서의 위상을 확고히 할 수 있도록 하는 제반 규정까지 마련하여 차근차근 실행에 옮겨 나갔다. 이러한 일련의 과정을 통해 아들이 없는 경우에 부측(夫側) 동성 친족 중 소목에 합당한 자를 양자로 삼아 가계를 계승하는 유교적 가계계승체제가 자리잡을 수 있는 제도적 기반을 갖추어 나갔다.

3. 입후 정착을 위한 정부의 시책

1) 왕명에 의한 입후

입후법을 제정한 당일 세종은 1차 왕자의 난 때 후사 없이 죽임을 당한 공순공(恭順公) 방번(芳蕃)과 소도공(昭悼公) 방석(芳碩)의 계후자로 각각 자신의 아들인 광평대군(廣平大君) 여(璵)와 금성대군(錦城大君) 유(瑜)를 세웠다. 그리고 광평대군과 금성대군에게 가묘를 세우고 공순공과 소도공의 제사를 지내도록 하였다.[35] 또한 이듬해에 역시 1차 왕자의 난 때 죽임을 당한 경순공주(慶順公主)의 남편 흥안군(興安君) 이제(李濟)가 개국원훈(開國元勳)인데 후사가 없어 흥안군과 공주의 제사를 지낼 사람이 없다며 이제의 동성 3촌질인 이윤(李閏)을 후사로 삼도록 하였다.[36] 세종은 직접

않은 것과 같은 원리로, 법전 편수자들이 계후자는 친아들로 간주하여 상속하는 것을 당연하게 여겼기 때문인 것으로 판단된다.

35) 『世宗實錄』卷77, 世宗 19年 6月 3日 辛酉.

36) 『世宗實錄』卷80, 世宗 20年 3月 15日 己亥.

신덕왕후(神德王后)의 아들과 사위에게 계후자를 세워줌으로써 부왕인 태종의 정치적 반대세력이었던 이들을 덕으로 포용한다는 명분을 세움과 동시에 새로 제정한 입후법을 실제로 현실에 적용하겠다는 의지를 분명하게 표방하였다. 특히 공순공과 소도공의 경우 당시에 처인 왕씨(王氏)와 심씨(沈氏)가 생존해 있었다. 입후법에 규정된 일반적인 입후 절차를 따르자면 왕씨와 심씨가 계후자를 선정한 후 예조에 청원하여 입안을 발급받는 과정을 거쳐야 했다. 그러나 이들이 입후를 하지 않을 가능성이 많았을 뿐 아니라 입후를 하고자 한다 하더라도 태종의 반대 세력이었다는 전력 때문에 계후자를 선정하기도 어려웠을 것이다. 이러한 상황에서 세종은 자신의 아들을 이들의 계후자로 세움으로써 이들을 덕으로 포용한다는 인상을 주면서 입후법 제정 사실을 널리 공포하는 두 가지 효과를 기대했던 것 같다.

또한 세종 24년(1442)에 왕은 태조대에 정안군(靖安君, 훗날의 태종)과 맞닥뜨린 표범을 활을 쏘아 죽인 공이 있는 김덕생(金德生)이 후사가 없이 죽었다 하여 후사를 세워주고자 한다는 뜻을 밝히며, 의정부에 이에 대해 의논하여 계문하도록 하였다.37) 그런데 김덕생은 아들은 없었지만 딸과 외손이 있었다. 당시의 풍속대로라면 이 경우에 딸이나 외손이 봉사하는 것이 일반적이었다. 이 때문에 의정부 대신들의 의견이 두 가지로 나뉘었다. 이 의견의 요지를 살펴보면 다음과 같다.38)

---

37) 『太祖實錄』 卷8, 太祖 4年 10月 13日 癸卯 ; 『世宗實錄』 卷97, 世宗 24年 8月 14日 辛丑.

38) 원문의 내용 중 중첩되는 내용과 양측의 주장을 이해하는데 크게 도움이 되지 않는 부분은 빼고 본문의 뜻을 최대한 살려 정리하였다. 양측 주장의 원문은 다음과 같다.
◎ 우의정 신개의 의견 : "臣有大功而身亡者 追錄其功 古今帝王之美事 德生當危急之際 輕生奮力 頃刻之間 手斃惡獸 其功甚大 褒賞之典未及擧而身亡 又無子孫 可謂痛惜 自古追錄其功 莫大於立後 宜令猶子立以爲後 賜給祭田 以慰忠魂 以示勸勵".
◎ 좌찬성 하연 등 4명의 의견 : "德生雖亡 追賞其功 聖敎至當 然臣等竊謂 若無子女 則以他人之子立後奉祀 足慰地下之魂矣 今世俗 雖無子奉祀 若有女孫 則無一人借他人之

◎ 우의정 신개(申槪)의 의견 : 큰 공이 있는데 사망한 신하의 공을 추록(追錄)하는 것은 제왕(帝王)의 아름다운 처사이다. 예로부터 그 공을 추록(追錄)하는 것은 입후(立後)보다 큰 것이 없으니 조카를 세워 후사로 삼고 제전(祭田)을 사급(賜給)하여 충성스러운 혼령을 위로하고 그 충성스러움을 권장하자.

◎ 좌찬성 하연(河演) 등 4명의 의견 : 김덕생의 공을 추상(追賞)하겠다는 성교(聖敎)는 지당하다. 그러나 지금 세속(世俗)에는 아들이 없더라도 여손(女孫)이 있으면 한 사람도 타인(他人)의 아들을 후사로 삼는 사람이 없다. 만약 덕생의 아우인 우생(祐生)의 차자(次子)를 후사로 삼는다면 덕생의 외손과 재산 다툼이 있을 것이니 덕생의 뜻에 어긋나는 일일 것이다. 또한 제사를 받드는데 있어서도 우생의 아들보다 본손(本孫)인 외손이 더 정성스럽게 받들 것이다. 덕생의 외손에게 제전을 지급하여 영세토록 향사(享祀)하게 하는 것으로 별전(別典)을 시행하자.

신개는 입후를 해 주는 것이 김덕생의 혼을 위로해주는 방편이 될 것으로 본 반면에 다른 4명의 대신들은 외손에게 제전(祭田)을 주어 봉사하도록 하는 것이 오히려 김덕생의 뜻에 부합할 것으로 보았다. 혈손이 아닌 3촌질보다 혈손인 외손이 심정적으로 더 가까웠던 당시의 현실을 고려한다면 외손에게 봉사를 하도록 하는 것이 타당할 것이고, 국가의 주요 정책 방향 중의 하나인 유교적 제사형태 정착을 위해서는 딸이 있더라도 입후를 하도록 해야 했다. 이러한 상황에서 의정부 대신 5명 중 4명이 외손에게 제사를 받들게 하자는 의견을 폈지만 세종은 신개의 의견을 받아들여 입후를 하도록

子爲後 情理固然也 德生之死已有年矣 而命議追報 是特典也 以祭田給德生外孫 使之享祀 則其子孫必誠心致祭 而神又感格矣 若使德生弟祐生次子爲後 是爲之後者爲之子 必與德生外孫反爭臧獲土田 情理似乎不順 豈德生之本心哉 若曰田民以爲本孫所有 不可追奪 則夫祭以誠爲主 祐生之子之情 豈如本孫親愛之情乎 又豈誠心奉祀哉 以祭田給德生外孫 永世享祀 以施別典何如"(『世宗實錄』 卷97, 世宗 24年 8月 14日 辛丑).

하였다. 세종은 김덕생의 제사를 외손으로 하여금 받들도록 하자는 주장을 물리치고 김덕생 아우인 김우생의 차자를 입후하여 제사를 받들도록 함으로 써 유교적 제사형태를 정착시키고자 하는 의지를 분명하게 표명하였던 것이다. 즉, 세종은 아들이 없으면 딸이 있더라도 입후를 해야 한다는 점을 사대부들에게 분명하게 인식시키고자 하였던 것이다.

이렇게 세종은 입후법을 제정한 직후 후사없이 사망한 의친(議親)과 공신의 계후자를 세워주고, 이들 계후자에게 가묘를 세우고 봉사하도록 함으로써 직접 입후법을 현실에 적용시키기 시작하였다. 세종은 이러한 조치를 통해서 후사가 없는 사람은 부측(夫側) 동성 친족 중 지자(支子)나 제족손(諸族孫)을 입후하여 제사를 받들도록 해야 한다는 입후법 제정 취지 를 알렸다. 또한 공신인 김덕생에 대해서는 딸과 외손이 있는데도 동성 3촌질을 입후하도록 함으로써 딸이 있더라도 입후를 해야 한다는 점을 사대부들에게 인식시키고자 하였다.

2) 법외입후(法外立後)의 부분적 허용

입후하고자 하는 사람은 『경국대전』 입후조의 규정을 지켜야만 입후를 할 수 있었다. 『경국대전』 입후조에 의하면 적처와 첩에 모두 아들이 없는 사람만 입후할 수 있었고, 동종지자(同宗支子)로 소목에 합당한 사람만 입후 대상이 될 수 있었으며, 양가(兩家)의 아버지가 함께 관에 고하여 관의 허락을 받아야 입후가 성립되었는데, 만약 아버지가 사망하였으면 어머니가 관에 고할 수 있었다. 그런데 중종반정 이후 정부에서는 연산조에 피화(被禍)된 사람의 집에서 입후하기를 원하면 입후법에 어긋나는 부분이 있더라도 들어주었다.[39] 물론 법에 어긋나는 입후를 허락하는 것은 왕의

---

39) 『中宗實錄』 卷62, 中宗 23年 7月 3日 壬申.

특명(特命)으로만 가능하였다.

중종은 무력을 이용하여 전왕을 폐위하고 즉위하였기 때문에 즉위의 정당성을 확보하기 위해서는 연산조의 정치를 폐정(弊政)으로 치부하고 민심을 얻어야 했다. 이러한 상황에서 연산조에 억울하게 사망한 사람의 후사를 이어준다는 명목으로 입후법에 어긋남에도 불구하고 왕의 특명으로 입후를 허락하는 법외입후(法外立後)가 출현하였다.[40] 법에 어긋나는 입후를 허락해주기 시작하자 이것이 전례(前例)가 되어 공신이나 재상들이 법에 어긋나는 입후를 허락해달라고 청했을 때 왕이 이를 거절하지 못하는 경우가 발생하였다. 또한 법조문에 얽매이는 것보다 후사를 이어주는 것이 더 중요하다고 판단되는 사안에는 특명으로 입후를 허락해주기도 하였다.

이 시기의 법외입후 사례를 범주화하면 첩자(妾子)가 있는 경우, 입후 대상자가 장자(長子)인 경우, 양가(兩家) 중 한 쪽의 부모가 모두 사망한 경우로 정리할 수 있다.

먼저 첩자가 있는데 입후를 허락해 준 경우를 살펴보도록 하겠다. 『경국대전』 입후조에 적처와 첩에 모두 아들이 없는 경우에만 입후할 수 있도록 하였기 때문에 첩자가 있는 사람이 입후를 하는 것은 이에 어긋나는 일이었다. 그런데 『경국대전』 봉사조(奉祀條)에는 '적장자(嫡長子)에게 첩자만 있는 경우에 제(弟)의 아들을 후사로 삼기를 원하면 들어주고 스스로 첩자와 따로 하나의 지파(支派)를 만들고자 하면 또한 들어준다'[41] 라는 내용이

---

40) 필자는 '법외입후(法外立後)'를 법에 어긋나는 입후라는 의미로 사용하였다. 이는 왕의 특명이 있어야 가능하였다. 당시에는 '법외입후'라는 용어보다는 '법외계후(法外繼後)'라는 용어를 사용하였다. 그러나 조선 전기에는 '계후(繼後)'라는 용어가 입후법에 의한 입후라는 의미로만 사용되지 않았기 때문에 필자는 본고에서 의미를 분명하게 하기 위하여 입후법에 의해 가계계승자를 세우는 행위를 '입후(立後)'로 통일하여 사용하였다. 따라서 여기에서도 '법외계후'가 아닌 '법외입후'라는 용어를 사용하였다.

41) "嫡長子只有妾子 願以弟之子爲後者聽 欲自與妾子別爲一支則亦聽"(『經國大典』 卷3,

있다. 입후조와는 달리 봉사조에서는 첩자가 있더라도 친형제의 아들이라면 후사로 삼을 수 있도록 하였던 것이다. 그리고 첩자에게 봉사하도록 할 경우에는 본인의 제사는 받들도록 할 수 있지만 선대의 제사는 받들 수 없게 되어 있었다. 이렇게 적자는 없고 첩자만 있는 사람은 입후조에 의하면 입후를 할 수 없었지만 봉사조에 의하면 3촌질에 한하여 입후할 수 있었다. 그러나 첩자가 있는데 친형제가 아닌 4촌 이상의 친족의 아들을 계후자로 삼으려 하는 것은 입후조는 물론이고 봉사조에도 어긋나는 일이었다. 그런데 이러한 경우에도 왕이 특명으로 입후를 허락하기도 하였다. 이에 따라 16세기에는 첩자가 있는 사람이라 하더라도 입후를 하는 사례들이 많이 나타났다.[42]

이렇게 입후조와 봉사조 규정의 괴리로 인해 법 적용에 혼선이 일어나고 첩자가 있는데도 특은으로 친족을 입후하기도 하여 첩자가 있는데 입후하는 사례들이 많이 나타났다. 따라서 일관성 있는 법 적용을 위해 그 기준을 명확히 할 필요가 있었다. 이에 따라 명종 8년(1553)에 남조원(南調元)의 첩자와 계후자 사이의 분쟁을 계기로 '적장자에게 첩자가 있는 경우에는 동생제(同生弟)의 아들이 아니면 후사로 삼는 것을 허락하지 않는다'라는 수교가 내려졌다.[43] 이로 인하여 적장자에게 첩자가 있는 경우에 친형제의

禮典, 奉祀).

42) 명종 11년(1556) 예조판서 홍섬(洪暹)은 "남편이 사망한 후 그 처가 평일(平日)의 투기하는 마음을 잊지 않고 첩자로 하여금 봉사하게 하고자 하지 않아 상언하여 남편의 질(姪)을 후사로 삼기를 원할 때에 특은(特恩)으로 허락하여 후사로 삼도록 한 경우가 자못 많습니다."라고 하였다. 이를 통해 첩자가 있는데, 특은에 의해 입후한 사례가 많았음을 알 수 있다. 또한 그는 첩자가 있는 경우 동생제(同生弟)의 아들 이외에는 입후하지 못하게 한 명종 8년(1553)의 수교 이후에 첩자들이 상언하거나 예조에 소지를 올려 6촌, 8촌, 10촌 형제로 아비의 후사가 된 자를 파계(罷繼)시키려 한다고 하였다. 이를 통해 첩자가 있다 하더라도 3촌질 뿐만 아니라 특은으로 4촌, 6촌, 8촌의 아들을 입후한 사례들이 있었음을 확인할 수 있다(『明宗實錄』 卷20, 明宗 11年 2月 19日 戊申).

아들을 후사로 삼는 경우는 입후가 가능해지게 되었다.[44]

다음으로 입후 대상자가 장자(長子)인데 입후를 허락해 준 경우를 살펴보도록 하겠다. 『경국대전』 입후조에 의하면 입후 대상자는 동종지자(同宗支子)여야 했기 때문에 장자를 입후하는 것은 입후조에 어긋나는 일이었다. 그러나 장자를 입후하고자 할 때에도 왕이 특명으로 허락하는 경우가 많았다. 선조 6년(1573)에는 예조에서 종자(宗子)가 제(弟)의 장자를 후사로 삼는 경우 특은으로만 구제할 것이 아니라 입후할 수 있도록 법으로 제정하자는 다음과 같은 내용의 계목(啓目) 초본을 작성하기도 하였다.

종자(宗子)가 아들이 없는 경우에 제(弟)의 장자(長子)를 후사로 삼는 문제에 대한 계목을 초하였는데, "대전 입후조에는 적처와 첩에 모두 아들이 없는 자는 동종지자(同宗支子)를 세워 후사로 삼는다고 하였으므로 장자는 특은(特恩) 외에 법례상 남의 후사가 될 수 없거니와 …… 대전의 동종지자 입후는 대개 상도(常道)를 논한 것이고, 장자가 아들이 없는데 제(弟)의

---

43) 『明宗實錄』卷15, 明宗 8年 9月 8日 辛亥 ; 『明宗實錄』卷15, 明宗 8年 9月 9日 壬子 ; 『明宗實錄』卷15, 明宗 8年 9月 11日 甲寅 ; 『明宗實錄』卷15, 明宗 8年 11月 2日 甲辰 ; 『受教輯錄』卷3, 禮典, 立後, 嘉靖 癸丑(明宗 8年).

44) 명종 8년의 수교가 내려진 후 첩자들이 상언하거나 예조에 소지를 올려 이전에 성립된 입후를 파계(罷繼)시키려 하는 일들이 발생하자 명종 11년 2월에 명종 8년의 수교에 대해 다시 논의하였다. 이 논의 결과 명종 8년의 수교대로 시행하되 입법(立法) 이전의 입후에 대해서는 소급 적용하지 말도록 하고, 입법 이후의 일이라도 재상이 상언하여 특은을 입어 입후한 경우는 이 수교를 적용시키지 말도록 하였다(『明宗實錄』卷20, 明宗 11年 2月 19日 戊申). 또, 이 해 9월에 명종 8년 수교의 소급 적용 여부에 대하여 다시 논의하였는데, 이때에는 모든 경우에 명종 8년의 수교를 적용시키되 조부 이상의 제사를 받들고 있는 자 중에 선조(先朝)에 정한 것은 소급 적용하지 말도록 하였다(『明宗實錄』卷21, 明宗 11年 9月 14日 己巳 ; 『明宗實錄』卷20, 明宗 11年 9月 18日 癸酉). 그런데 『수교집록』에는 2월의 결정만 실려 있고, 9월의 결정은 실려 있지 않다(『受教輯錄』卷3, 禮典, 立後, 嘉靖 丙辰(明宗 11年)). 이는 9월의 결정이 명종 8년의 수교 이전의 계후건에만 적용되던 한시적 법으로 『수교집록』이 편찬된 17세기 후반에는 효용성이 없는 내용이었기 때문으로 판단된다.

장자를 세워 후사로 삼을 수 없음을 말한 것이 아닙니다. 지금 세상에
혹 할아버지가 친히 장자에게 후사가 없음을 보고 차자(次子)의 장자를
세워 자신의 제사를 받들 사람을 세우고자 한다면 인정(人情)과 천리(天理)
에 합당하지 않음이 없사오되 유사(有司)가 동종지자를 후사로 삼는다는
문구에 얽매어 변통(變通)할 줄을 모르니 각주(刻舟)와 같아 더욱 미편(未便)
하거니와 종자(宗子)는 제(弟)의 장자로 후사를 삼는 것은 새로운 법례인
듯하니 대신들에게 의논하게 하여 정탈(定奪)함이 어떻겠습니까?”라고
하였다.45)

이는 장자 입후를 금지하는 법조문에 얽매여 종가(宗家)의 후사를 끊어지
게 하는 것이 합당하지 않기 때문에 특은(特恩)으로만 허락하지 말고 아예
이를 허가할 수 있도록 법을 제정하자는 주장으로 입법화되지는 못하였다.
그러나 입후법에 어긋나는 입후 중에 유교적 가계계승체제를 확립하는
데 방해되지 않는 입후는 왕의 특명에 의해 허가해 주는 것에 그치지 않고
아예 법제화하여 인정해주자는 주장이 주무 관서인 예조에서 제기되었다는
점에서 이 시기 입후법을 탄력적으로 운용하고자 하는 움직임이 있었다는
것을 알 수 있다.

  마지막으로 양가(兩家) 중 한 쪽의 부모가 모두 사망하였는데 입후를
허락해 준 경우를 살펴보기로 하겠다. 『경국대전』 입후조에 의하면 예조의
승인을 받아 입후를 하기 위해서는 양가(兩家)의 부(父)가 함께 관에 고해야
했고, 부(父)가 사망한 경우에는 모(母)가 고할 수 있었다. 이에 따르면
한쪽 집의 부모가 모두 사망한 경우에는 입후를 할 수 없게 된다. 그런데

---

45) “又草宗子無子以弟之長子爲後者曰 大典立後條 嫡妾俱無子者 立同宗支子爲後爲白乎
    等用良 長子則特恩外 例不得爲人後爲白在果 …… 大典同宗支子立後段 蓋論常道 非謂
    長子無子而不得立弟之長子爲後也 今世或有大父親見長子之無後 欲立次子之長子以立
    己祀 人情天理 無不穩合爲白乎矣 有司亦 拘於同宗支子爲後之文 不知變通 有同刻舟
    尤爲未便爲白在果 宗子以弟之長子爲後 似涉新例爲白昆 議大臣定奪何如”(『眉巖日記』
    8冊, 癸酉 10月 初1日).

이러한 경우에도 왕의 특명에 의해 입후를 승인받기도 하였다.46) 왕이 이러한 입후를 허락해주었던 근거는 '인군(人君)은 마땅히 끊어진 제사를 이어주는 것을 중히 여겨야 한다'47)는 것이었다. 더구나 이는 법에 어긋나는 일이기는 하지만 위의 두 경우와는 달리 예법과 관계없는 절차상의 문제였다. 만약 형제가 둘 밖에 없는데 그 형제 중 장자(長子)가 아들이 없어 3촌질을 계후자로 삼고자 했을 때 그의 부모가 모두 사망하였다 하여 입후를 허락해주지 않는다면 조카를 계후자로 삼고자 한 장자의 후사는 끊어지게 된다. 후사가 끊어지지 않게 하려면 먼 친족을 계후자로 삼아야 하는데, 3촌질을 두고 먼 친족을 후사로 삼는다는 것도 타당하지 않은 일로 인식되었다. 따라서 유교적 생활습관이 확산되어가는 분위기 속에서 양가(兩家) 중 한 쪽의 부모가 모두 사망하였더라도 정리(情理)가 절박(切迫)한 경우 왕이 특명으로 입후를 허락하였던 것이다.

이렇게 법외입후는 중종반정 이후 중종의 왕위계승의 정당성을 부각시키기 위해 연산조에 피화된 사람들의 후사를 이어준다는 명목으로 법에 어긋나는 입후라 하더라도 왕의 특명으로 허락해주었던 데서 시작되었다. 이후 이는 전례가 되어 공신이나 재상은 물론이고 일반 사대부들의 입후에도 정리가 절박하다고 판단되면 법에 어긋나더라도 왕이 특명으로 입후를 허락하는 현상이 나타나게 되었다.

그런데 이는 단순히 법에 어긋나는 입후를 허락해주는 왕의 일시적인 은혜라는 측면으로만 이해될 수 있는 사안이 아니다. 16세기 말에는 입후 행정을 관장하는 예조에서 입후법의 지엽적인 부분보다 후사를 잇는 것이 더 중요하다는 차원에서 법에 어긋나는 입후에 대해 특은으로 허락해 줄

---

46) 『中宗實錄』卷61, 中宗 23年 6月 28日 戊辰 ;『宣祖實錄』卷7, 宣祖 6年 11月 9日 乙酉 ;『宣祖實錄』卷166, 宣祖 36年 9月 8日 辛酉.
47) 『中宗實錄』卷62, 中宗 23年 7月 3日 壬申.

것을 청하기도 하였다.[48) 또한『경국대전』입후조에 어긋나는 사안 중 예에 합당하고 정리도 절박하다고 판단되는 사안에 대해서는 특은으로 구제하는데 그치지 않고 법 개정을 통해 이를 합법화시키고자 시도하기도 하였다. 이는 법이 유교적 사회질서 정착을 이끌었던 단계에서 유교 이념의 실천이 강조되고 법과 정책이 이를 도와주는 역할을 하는 단계로 나아가고 있었음을 보여준다.

이와 같이 16세기에는 법에 어긋나더라도 특은에 의해 입후를 승인받는 사례가 많았고, 입후 행정을 관장하는 예조에서는 이를 입후를 장려하는 수단으로써 이용하기도 하였다. 16세기에 나타난 특은에 의한 법외입후는 유교 예제가 사대부들의 생활 속에 확산되어가는 당시 상황과 맞물려 입후가 증가하는 데 중요한 역할을 하였다.

---

48)『宣祖實錄』卷7, 宣祖 6年 11月 9日 乙酉 ;『宣祖實錄』卷166, 宣祖 36年 9月 8日 辛酉.

Ⅵ. 16세기 수양·시양자녀
입양 형태의 변화와 입후의 증가

1. 입후와 기존 관행의 갈등과 공존

1) 입후 정착의 제약 요인 ― 친족관계, 재산상속 관행, 봉사 관행

조선 정부에서는 입후법을 제정하였지만 기존 입양 관행을 금지하는 조치를 취하지는 않았다. 입후법은 입후를 원하는 사람이 예에 어긋나지 않는 입후를 하도록 하기 위하여 그 기준을 규정한 법이었을 뿐 입후를 강제하는 법이 아니었다. 따라서 아들이 없다 하더라도 반드시 계후자를 세울 필요는 없었다. 입후를 할 것인지의 여부는 개인의 선택에 맡겨졌다. 그런데 15세기에는 계후자를 세우는 사람들이 많지 않았다.[1] 그렇다면 15세기에 계후자를 세우는 사람들이 많지 않았던 이유에 대하여 살펴보도록

---

[1] 최재석은 『국조방목』에서 피터슨(Mark A. Peterson)과 정긍식은 『사마방목』에서 각각 대과에 급제한 인물과 생원, 진사시에 입격(入格)한 인물 중 계후자의 비율을 계산하였다. 그 결과 15세기에는 입후가 매우 적었음을 알 수 있다(崔在錫(1980), 앞의 논문, 100쪽 〈표 2〉 國朝榜目을 通해 본 養子의 比率 참조 ; Mark A. Peterson(1996), 앞의 책(마크 피터슨 지음, 金惠貞 옮김(2000), 앞의 책), 164쪽 그래프 Adoption percentage 참조 ; 정긍식(2003), 「전기자료에 나타난 16세기 양자의 특징 : 『사마방목(司馬榜目)』의 분석」, 『國際地域硏究』 12-4, 109쪽 〈표 1〉 양자 비율 추이).

하겠다.

먼저 당시의 친족관계와 상속 관행을 중심으로 살펴보도록 하겠다.

아직 부계(父系)중심 가계계승 질서가 확립되지 않은 상태에서 입후가 확산되기 위해서는 부측(夫側)과 처측의 이해관계가 충족되어야 했다. 입후법은 아들이 없는 사람에게 계후자를 세워 후사를 이어줌으로써 아들이 없는 부처(夫妻)의 제사를 받들고 가계를 이어나가도록 하려는 취지로 제정되었다. 계후자는 양부모 부처의 제사를 함께 받들면서 양부의 가계를 이어나가는 존재였다. 혼인 후에도 부(夫)와 처가 각각 자신의 친족에 소속감을 강하게 가지고 있으며 자식이 없는 부처가 각각 자신과 혈연관계가 있는 친족에게 재산을 증여·상속하였던 사회상속에서 처가 부측(夫側) 친족을 부부 공동의 양자인 계후자로 세우는 것에 동의하기는 쉽지 않았을 것이다. 그렇다면 당시 친족관계와 상속 관행에 따른 처와 처측 친족의 입장을 살펴보도록 하겠다.

계통을 구분하지 않고 혈연이 중시되던 친족관계는 당시의 가족 및 친족질서를 지배하는 가장 근본적인 요소였다. 손외(孫外)의 타인(他人)에게 재산을 넘기지 않으려는 상속 관행도 계통을 따지지 않고 재주(財主)의 핏줄인지 아닌지를 따져서 재산을 상속한다는 점에서 이러한 친족관계의 영향하에 발생한 상속 관행이라 할 수 있다.

그런데 수양·시양자녀 입양 대상을 선택하는 데 더 직접적인 영향을 미친 것은 상속 관행이었다. 수양, 시양의 경우 입양 대상과 목적에 구애받지 않고 자유로운 입양이 행해졌다. 그러나 자식 없는 사람이 부모의 자손이 아닌 사람을 양자녀로 삼아 부모에게 받은 모든 재산을 증여·상속하는 경우에 본래 재산을 받아야 할 형제, 조카 등의 친족들은 이에 크게 반발하였다.[2] 또한 본래 재산을 증여하였던 원재주인 부모가 살아있을 경우에 그

---

2) 한 예로 송면의 처 신씨가 부측(夫側) 친족인 양자 송반에게 자신의 전 재산을

부모는 자식 없는 자녀가 자신의 자손이 아닌 다른 사람을 양자녀로 삼아 그에게 자신의 재산을 모두 증여 · 상속하는 것을 좌시하지 않았다.3) 자식 없는 사람은 상속 문제에 있어서 이러한 친족의 입장을 고려해야 했기 때문에 양자녀를 선정할 때 신중하지 않을 수 없었다. 이러한 사회상속에서 처가 입후에 동의하기는 쉽지 않았다.

이렇게 입양 대상에 제한을 받지 않았던 수양, 시양의 입양 관행에 손외여타(孫外與他) 금지 관행이 영향력을 발휘하고 있었다는 점을 통해 계통에 관계없이 혈연관계의 친소만으로 친족의 친소관계가 결정되던 친족관계에서 파생된 손외여타 금지 관행이 다시 이러한 친족관계를 유지시켜주는 역할을 하였음을 확인할 수 있다.

그럼에도 불구하고 손외여타 금지 관행에 어긋나는 수양 · 시양자녀 입양이 행해지기도 하였다. 수양자녀나 시양자녀는 여러 명을 입양하는 것도 가능하였고, 입양 대상과 목적에도 제한이 없었기 때문에 사적인 감정이나 필요에 따라 입양을 하기도 하였다. 평상시에 가까이 지내던 배우자의 친족을 자신과 혈연관계가 있는 자신의 친족보다 더 친밀하게 여기고 양자녀로 삼는 사람도 있었고, 자신이 바라고자 하는 것을 얻기 위하여 자신에게도 배우자에게도 혈연관계가 없는 사람을 입양하기도 하였다. 이러한 현상은 개인적인 욕구와 필요가 사회의 변화와 부합하게 되면 그동안 손외여타

주자 신씨의 친족들이 반발하였던 사례를 들 수 있다.

3) 앞에서 남은과 이우양의 유서에서 자손들에게 손외(孫外)의 수양자녀에게 자신에게 받은 재산을 주는 것을 금지하였음을 언급한 바 있다. 실제 자신의 재산을 받은 자손이 손외의 수양자녀나 시양자녀에게 재산을 주자 원재주로서 이를 무효화시키고자 했던 사례도 나타난다. 이숙번(李叔蕃)의 처 정씨(鄭氏)는 장녀가 자식 없이 사망하자 예전에 남편과 자신이 장녀 부처(夫妻)에게 준 재산 허여문기를 고치고자 하여 가져오게 하였다. 그런데 사위인 강순덕(姜順德)이 이 말을 듣지 않고, 이 재산을 강순덕의 3촌질이자 강순덕 부처의 수양자인 강희맹(姜希孟)에게 주자 상언을 하여 재산을 회수하고자 하였다(『端宗實錄』 卷4, 端宗 卽位年 11月 5日 癸亥).

금지 관행이 입양 대상 선정에 미쳤던 영향력이 약화될 수 있음을 예고하는 것이기도 하다. 또한 앞의 Ⅳ장에서 양부모와 수양·시양자녀 관계의 안정성을 보장하는 사회적 장치가 부족하였다는 점을 언급한 바 있다. 이는 가족·친족질서 및 제사 형태의 변화, 입후법 제정과 입후의 확산 등과 같은 사회 변화에 따라 기존 질서에 의해 행해지던 수양, 시양이 위축될 것이라는 점을 예상하게 한다.

다음으로 봉사에 대한 인식과 봉사 관행을 중심으로 살펴보도록 하겠다.

16세기까지는 가묘제인 사시제(四時祭)보다는 기일제(忌日祭)나 묘제(墓祭)를 더 중시하였다.4) 즉, 종법적 가계계승의 측면보다 부모나 조상을 추모하는 차원의 봉사가 더 중요시되었던 것이다. 이러한 상황에서 자식이 없는 부처(夫妻)는 각각 자신의 친족을 수양자녀나 시양자녀로 삼아 재산을 증여·상속하고 제사를 맡기는 방법을 택하였다.

한편 15세기 사람들은 아들이 없더라도 딸이 있는 경우에는 입후를 하지 않으려 하였다. 앞서 언급했던 김덕생의 사례를 통해서도 당시에는 외손이 있으면 입후를 하지 않았음을 확인할 수 있으며, 딸이 봉사하는 경우도 많았다.5) 부모 사후에도 생전처럼 효를 행한다는 차원에서 봉사가 이루어지던 사회상속에서 아들, 딸이 모두 봉사와 묘 관리를 행할 수 있었다. 또한 입후 대상 친족은 혈연관계가 있는 부(夫)의 입장에서 보았을 때도 자신의 자손이 아니기 때문에 친자녀인 딸, 혈손인 외손자에 비해 심정적으로도 거리감이 있었을 것이다. 더구나 처의 입장에서는 딸이 있으면 자신과 혈연관계가 없는 부(夫)의 친족을 입후하고 싶어 하지 않았을 것이다. 따라서 딸이 있는 집에서는 입후를 하는 것을 꺼려하였다.

---

4) 鄭肯植(2004), 「16세기 財産相續과 祭祀承繼의 실태」, 『古文書研究』 24, 31쪽.
5) "參贊官申瑞曰 …… 我國雖大夫之無後者 亦不立祀 使女子爲之祭 大爲非矣 …… 今世俗雖在大夫之列者 若有女子 則不肯立後者 恐其田宅奴婢歸于他人也 ……"(『中宗實錄』卷26, 中宗 11年 10月 21日 己巳).

이를 통해 종래의 친족관계, 상속 관행, 봉사 관행의 변화가 전제되어야 입후가 정착될 수 있다는 것을 확인할 수 있었다. 그렇다면 친족관계와 상속 관행, 봉사 관행의 변화 과정과 이에 따른 입양 관행의 변화에 대하여 검토해보고자 한다.

2) 입후와 기존 관행의 절충

입후법에 의해 계후자를 세우는 것이 당시의 친족관계, 상속 관행, 봉사 관행에 배치되었기 때문에 15세기에는 아들이 없다 하더라도 계후자를 세우고자 하는 사람이 많지 않았다. 한편, 조선 정부에서는 건국 초부터 지속적으로 유교적 제사형태 확립을 위한 정책들을 입안하고 집행해나갔다. 이에 따라 점차적으로 유교적 제사형태가 정착되어 가고, 제사의 중요도도 증가하였다. 이러한 상황 속에서 사후 제사를 안정적으로 받고자 하는 사람들도 증가하였다. 자식이 있는 사람들은 자녀들이 제사를 윤행하거나 딸이나 외손이 제사를 지낸다 하더라도 자식이 없는 사람들은 이왕이면 안정적 봉사자를 확보하고자 하는 경향을 보였다.

가묘 설립을 독려하는 등의 정부의 정책을 통해 유교적 제사형태 확립의 형식적 기반이 마련된 상황에서 개인들이 사후 안정적으로 제사를 받고자 하면서 자식 없는 사람들 중에는 부측(夫側) 동성 친족에서 봉사자를 찾는 사람들이 나타났다. 또한 현실적으로 계후입안을 발급받은 계후자는 정부에서 인증한 봉사자였을 뿐 아니라 법제적으로 입후된 집안에서의 적자승중자로서의 권리와 의무를 부여받았다. 따라서 안정적으로 봉사자를 확보하고자 한다면 계후자를 세우는 것이 자식 없는 부부에게 있어서 최선의 선택이 될 수 있었다. 이러한 상황 속에서 15세기 말에는 입후를 지향하면서도 당시의 친족관계나 상속 관행과의 충돌을 최소화하는 방편의 입양이 나타나게 되었다.

그 한 가지 방법은 입후법에 의해 계후자를 세우더라도 이와 함께 처의 친족을 수양자녀나 시양자녀로 삼는 방법이었다. 이를 통해 처는 자신의 재산을 계후자에게 모두 증여·상속하지 않고 자신과 혈연관계가 있는 친족에게도 증여·상속하였다. 계후자는 양부모의 재산을 모두 증여·상속 받을 수 있는 존재로, 계후자가 있다면 처의 친족은 재산 증여·상속의 대상자에서 완전히 배제될 수도 있었다. 이 때문에 여성은 계후자를 세워야 하는 상황에서 자신의 친족을 수양자녀나 시양자녀로 삼음으로써 조상으로 부터 받은 재산이 모두 계후자에게 증여·상속되는 것을 방지하였던 것이다.

김효지 처 황씨는 성종 11년(1480) 사망한 남편의 뜻에 따라 남편의 4촌 손자인 김효로를 계후자로 세웠다.[6] 그런데 김효지 처 황씨가 노비와 전답(田畓)을 분재한 문기의 내용을 살펴보면 황씨에게는 계후자 외에도 수양녀인 명주(明珠)와 시양녀인 김간(金澗) 처 김씨(金氏)가 있었음을 알 수 있다. 수양녀 명주는 김효지의 4촌 손녀였고, 시양녀 김씨는 황씨의 3촌 질녀였다. 황씨는 성종 11년 이 계후자, 수양녀, 시양녀에게 노비와 전답을 분재하였는데 노비는 남편의 노비였고, 전답은 어느 쪽의 전답인지 확실하지 않다.

이 중 노비 분재 내역을 살펴보면 〈표 Ⅵ-1〉과 같다.

총 40구 중에 계후자 김효로에게는 모두 15구를 증여하였는데 이 중 주사위(主祀位)가 2구이며, 수양녀 명주에게는 11구를, 시양녀 김씨에게는 2구를 증여하였다. 그리고 나머지는 왕래하며 자신에게 효도하거나 자신이 병석에 있을 때 간호를 해 주었던 남편의 친족들에게 골고루 분급하였다.[7]

---

6) 鄭求福 외(1997), 앞의 책, 영인본 214쪽.
7) 왕실도서관 장서각 디지털 아카이브, 문중 고문서, 安東 光山金氏 後彫堂, 奴婢許與文記/斜給立案(金孝之 처 黃氏 – 金孝盧 외 8인).

한편, 전답 분재 내역을 살펴보면 계후자 김효로에게는 총 236복 9속의 토지를 증여하였는데 이 중 주사위(主祀位)가 37복 5속이며, 수양녀 명주에게는 146복, 시양녀 김씨에게는 204복 2속을 증여하였다.[8]

<표 Ⅵ-1> 김효지 처 황씨의 노비 증여

노비 증여 대상자		증여 노비 수	비고
김효지 부처(夫妻)와의 관계	이름		
계후자 / 김효지의 4촌 손자	김효로(金孝盧)	15	15구 중 주사위(主祀位) 2구 주사위 2구 중 도노(逃奴) 1구
수양녀 / 김효지의 4촌 손녀	명주(明珠)	11	
시양녀 / 황씨의 3촌 질녀	김간 처 김씨(金澗 妻 金氏)	2	
김효지의 3촌질	정인로(鄭仁老)	3	
김효지의 4촌 손자	김효원(金孝源)	2	2구 중 도노(逃奴) 1구
김효지의 4촌 손녀	주철수 처 정씨 (周鐵守 妻 鄭氏)	1	
김효지의 3촌 질부	김채 처 이씨 (金蔡 妻 李氏)	2	
김효지의 4촌 손녀	권숙평 처 김씨 (權叔平 妻 金氏)	1	
김효지의 얼(孼)4촌 손자	김장룡(金長龍)	3	
분재한 노비 총 수		40	

먼저 노비 증여분을 살펴보면 계후자와 수양녀에게는 상대적으로 많은 노비를 분급하였으나 시양녀에게는 남편의 다른 친족과 비슷한 수의 노비를 증여하였다. 시양녀 김씨는 김효지와 혈연관계가 없지만 그의 남편 김간은 김효지의 3촌질이었다.[9] 따라서 김씨가 시양녀가 아니었다 하더라도 그 정도의 노비를 증여받는데 아무런 문제가 되지 않았다. 다만 노비를 받은

---

8) 왕실도서관 장서각 디지털 아카이브, 문중 고문서, 安東 光山金氏 後彫堂, 家舍田畓許與文記/斜給立案(金孝之 처 黃氏－金孝盧 외 2인).

9) 光山金氏良簡公派譜所(1984), 『光山金氏良簡公派譜』卷1, 회상사, 36~39쪽.

다른 친족들이 황씨에게 효도하거나 황씨를 시병(侍病)하였다는 이유로 노비를 받았다는 것을 고려해 볼 때 김씨가 황씨의 시양녀였다는 것이 노비 증여에 영향을 미친 것으로 생각된다. 이렇게 노비 증여는 법전상의 상속분을 그대로 지킨 것은 아니지만 본족(本族)에게 재산을 증여·상속해야 하며, 계후자, 수양자녀에게는 자기 자식과 같이 분급하며, 계후자에게는 승중조(承重條)를 더 주어야 한다는 법리(法理)를 따랐다고 할 수 있다. 그리고 시양녀 김씨에 대한 노비 증여분은 『경국대전』의 시양자녀 상속분에 따른 것으로 볼 수도 있고, 증여한 노비가 황씨의 노비가 아닌 김효지의 노비이기 때문에 황씨의 친족인 김씨에 대한 증여분이 크지 않았다고도 판단할 수도 있다.

토지 증여분을 살펴보면 주사위(主祀位)를 제외하면 계후자 김효로와 시양녀 김씨에 대한 증여분은 거의 비슷하고 수양녀 명주에 대한 증여분은 계후자나 시양녀에 비해 훨씬 적다. 법전에 규정된 수양·시양자녀 상속분에 의거하지 않았음을 알 수 있다. 황씨가 계후자, 수양녀, 시양녀에게 증여한 전답이 김효지와 황씨 중 누구의 재산인지는 알 수 없다. 그러나 수양녀 증여분이 오히려 시양녀 증여분보다 적은 것은 이 전답 중에 황씨의 재산이 상당 정도 있었기 때문이 아닌가 추정된다. 법적으로 계후자는 자신의 재산을 모두 증여·상속받을 수 있는 존재인데다 수양녀도 남편의 친족이었다. 따라서 황씨는 자신의 친족인 시양녀를 들임으로써 자신의 모든 재산이 계후자와 수양녀에게 가는 것을 막고자 하였던 것으로 보인다.

그리고 또 한 가지 방법은 입후를 하지 않고 부측(夫側) 동성 친족을 수양자나 시양자로 삼아 봉사를 맡기는 방법이었다. 유교적 제사형태 정착을 위한 제도적, 물적 기반이 확충되어 가면서 15세기 후반으로 갈수록 양부모가 수양자녀나 시양자녀에게 기대했던 역할 중 봉사의 역할이 강화되었다. 그런데 이러한 제사형태에서 적합한 입양 대상은 부측(夫側) 동성 친족 중 소목에 합당한 남성이었다. 그러나 계후자를 세우는 일은 처측에서 처의 재산이 모두 계후자에게 증여·상속될 것을 꺼려했기 때문에 쉽지 않았다.10) 수양자의 경우 법전에 자기자식과 같다고 명시되어 있기는 하지만 양부모가 재산을 증여·상속하지 않거나 일부만 증여·상속하였다 하더라도 큰 문제가 되지 않았다. 따라서 남편의 친족을 수양자나 시양자로 삼는다면 부처(夫妻)의 제사를 그에게 맡기고 부측(夫側) 재산은 모두 증여·상속하더라도 처측 재산은 봉사위(奉祀位) 정도만 분급하고 나머지는 본족(本族)에 되돌릴 수 있었다. 또한 계후자를 세우지 않고 수양자나 시양자를 들인다면 처도 따로 자신의 친족을 수양자나 시양자로 삼아 제사를 당부하는 방법을 사용할 수도 있었다. 이러한 이유로 사후에 봉사를 담당해 줄 양자를

---

10) 양모의 재산을 두고 계후자와 양모의 친족이 갈등을 빚은 대표적인 사례는 민보익(閔輔翼)의 처 최씨(崔氏)의 오빠인 최숙생(崔淑生)과 민보익의 계후자 민순년(閔舜年) 간의 갈등을 들 수 있다. 민순년은 민보익의 형인 민경익(閔景翼)의 아들로 민보익의 계후자가 되어 양부의 3년상을 치뤘다. 그리고 양모인 최씨가 사망하자 복상하려 하였는데, 최숙생이 민순년의 형인 요년(堯年)이 후사가 없이 사망하였으니 돌아가 친가의 후사를 이으라며 최씨의 상에 복상하는 것을 막고 최씨의 노비를 감급(減給)하였다. 그러나 민순년의 친부인 민경익에게 요년과 순년 외에도 아들이 한 명 더 있었다는 것을 고려해 본다면 이러한 최숙생의 행동에는 다른 뜻이 있었던 것으로 보인다. 민보익에게 계후자가 없었다면 최씨 재산의 1차 상속 대상자는 최씨의 형제들이 된다. 따라서 민순년이 민보익의 계후자로서의 지위를 잃는다면 최숙생은 최씨의 재산을 상속받을 수 있게 되는 것이다. 최숙생은 최씨의 재산을 얻기 위해 민순년의 계후자의 지위를 인정하지 않으려 하였던 것이다. 이러한 최숙생의 행동은 당시 대간의 탄핵을 받았다. 대간의 입장에서 보면 유교적 가계계승제의 확립이라는 대의(大義)를 재물에 대한 사사로운 욕심 때문에 무너뜨리는 행위로 비난받아 마땅한 행위였던 것이다. 그러나 최숙생의 입장에서 보면 자식이 없이 사망한 누이의 재산이 누이의 본족이 아닌 다른 사람에게 모두 상속되게 되었기 때문에 간과할 수 없는 일이었다. 이는 최숙생에 한하는 일이 아니었을 것이다. 재산을 손외(孫外)에 넘기는 것을 꺼려하는 관행이 지속되고 있는 상황에서 자식없는 여성의 재산 전체를 그 여성의 본족이 아닌 타인(他人)에게 넘겨준다는 것은 처족의 입장에서는 자신들의 기득권을 완전히 포기하는 것이 되었다. 이 때문에 처나 처족들이 입후에 쉽게 찬성하지 않았던 것이다(『中宗實錄』 卷17, 中宗 7年 12月 22日 壬戌).

선정할 때 계후자를 세우기보다는 부측(夫側) 친족을 수양자나 시양자로 삼는 방법을 택하기도 하였다.

그렇다면 계후자를 세우지 않고 부측(夫側) 동성 친족을 수양자나 시양자로 삼아 봉사를 맡긴 사례를 살펴보도록 하겠다. 앞의 Ⅳ장에서 권통의 3촌질로 그의 시양자가 된 권주의 사례를 언급한 바 있다. 권주는 성종 15년(1484)과 연산군 원년(1495)에 시양부모인 권통과 전씨에게 재산을 증여받았다. 성종 15년에는 시양부인 권통이 자신의 재산 중 노비 10구와 전답 7석락지를 증여하였고, 권통이 사망한 이후인 연산군 원년에는 시양모인 전씨가 남편의 노비 3구와 자신의 노비 1구를 증여하였다. 그리고 권주는 권통이 사망하자 상사(喪事)를 관장하였고, 권통의 3년상을 치른 후에도 때때로 내려와 소분(掃墳)을 하였다.[11] 이 기록을 통해 권주는 권통의 재산은 노비 13구와 전답 7석락지를 받았고, 양모 전씨의 재산은 노비 1구를 받았음을 확인할 수 있다. 전씨가 노비 1구를 증여한 것은 권주가 전씨를 효양(孝養)한 것에 대한 마음의 표시였다. 그리고 한편으로 전씨는 권주가 자신의 사후에 상사나 소분을 책임져 줄 것을 기대하였을 수도 있다. 만약 권주가 갑자사화 때 피화되지 않았더라면 전씨는 사후의 일을 기대하면서 권주에게 재산을 더 증여하였을 가능성도 있다.

그런데 갑자사화 때 권주가 화를 입자 전씨는 권주에게 증여하였던 재산이 적몰될까 염려하여 그 재산을 권통의 이성 3촌질 김용석(金用石) 등에게 증여하였다가 중종반정 이후인 중종 4년(1509) 다시 회수하여 득후소생(得後所生)까지 권주에게 환급(還給)하였다. 권주가 이미 사망하였기 때문에 그 재산은 권주의 아들들에게 골고루 돌아가야겠지만 전씨는 남편 묘의 간수배묘(看修拜墓)를 고려하여 권주의 장자(長子)인 권질(權礩)에게 증여하였다. 권질에게 증여한 재산에는 권통의 재산뿐 아니라 득후소생까지

---

11) 李樹健(1981), 앞의 책, 500~504쪽.

포함된 전씨의 노비 3구도 있었다. 자신의 재산을 득후소생까지 그대로 권주의 장자 권질에게 증여한 것은 남편 묘의 배묘를 권질에게 맡겼던 것처럼 자신의 사후의 일도 책임져 줄 것을 기대했기 때문일 것이다.

이를 통해 시양자에게 사후 상사와 묘 관리를 받고자 하였던 모습을 확인할 수 있다. 그런데 권통이 권주를 계후자로 세우지 않고 시양자로 삼은 것은 권통에게 첩자가 있어 입후를 할 수 있는 자격이 되지 않았다는 점, 배묘를 중심으로 한 제사가 주류를 이루는 사회 분위기 속에서 종법적 가계계승에 대한 관념이 아직 정착되지 않았다는 점, 전씨가 조상에게서 받은 재산을 권통의 친족에게 모두 주는 것을 달가워하지 않았을 것이라는 점을 들 수 있다.

그렇다면 상사와 묘 관리 외에 봉사를 맡기기 위해 부측(夫側) 동성 친족을 수양자나 시양자로 삼은 사례를 살펴보도록 하겠다. 이는 중종 11년(1516) 경연에서 후사가 없는 노산군(魯山君)과 연산군(燕山君)의 입후에 대해 논의할 때 영경연사(領經筵事) 김응기(金應箕)가 자신의 주장을 뒷받침하기 위한 사례로 든 다음의 내용을 통해 확인할 수 있다.

김제신(金悌臣)은 김전(金詮)의 3촌인데 김전을 후사로 삼고 그에게 말하기를, "3년복을 입지 말고 나의 전지(田地)와 노비를 모두 줄 것이니 계후(繼後)만 하여라." 하였는데, 김전이 이 때문에 지금에 이르기까지 김제신의 제사를 지냅니다. 김심(金諶)이 무후(無後)하므로 3촌질 김안세(金安世)를 수양으로 삼아 전지를 주었습니다. 단지 노산군, 연산군의 제사만 지내는 것을 김제신의 일과 같이 하여 왕자를 후사로 삼되 3년복을 입지 않고 의탁하여 제사를 끊어지지 않게 하는 것이 정(情)과 예(禮)에 합당할 것입니다.12)

---

12) "領事金應箕曰 …… 金悌臣乃金詮三寸也 以金詮爲後 而語之曰 不服喪三年 吾之田地奴
    婢盡給 只繼後 金詮以此 至今祀之 金諶無後 以三寸姪金安世爲收養 給田地 只祭之如金

188

　15세기 후반 김제신과 김심은 각각 동성 3촌질인 김전과 김안세를 시양자, 수양자로 삼았다.13) 이 두 사례는 부측(夫側) 동성 친족을 수양자나 시양자로 삼아 봉사를 맡긴 사례이다. 이 중 김제신이 김전을 시양자로 삼은 사례를 살펴보도록 하겠다. 김제신이 김전을 양자로 삼은 이유는 처 노씨(盧氏)와의 사이에 자녀가 없고 첩자녀만 있기 때문에 사후의 제사를 맡기기 위해서였다. 실제로『국조인물고(國朝人物考)』에 실린 김제신의 묘표(墓表)에는 연산군 5년(1499) 전주부윤(全州府尹)으로 외직에 나가있던 김제신이 사망하자 당시 홍문관(弘文館) 전한(典翰)으로 있던 김전이 관을 받들고 돌아왔으며, 홍귀달에게 묘지문을 지어 줄 것을 부탁하는 등 김전이 김제신의 사후에 그의 상사를 주관하였음을 알려주는 내용이 실려 있다.14) 또한 김전이 김제신의 제사를 지냈다는 것은 위의 인용문을 통해서도 알 수 있다. 그런데 김전은 김제신 사후 장례와 제사를 주관하였을 뿐이고 김제신의 가계를 잇지는 않았다.

　이렇게 15세기 후반에는 점차적으로 제사에 대한 관심이 높아지면서 자식 없는 사람이 봉사를 위해 양자를 들이고자 하는 현상이 나타났다. 그러나 계후자를 세운다면 기존의 친족관계나 상속 관행에 부합하지 않아 처측 친족의 반발이 발생할 수 있었다. 따라서 계후자를 세우더라도 이와 함께 처가 처측 친족을 수양자녀나 시양자녀로 삼는 현상이 나타나는가 하면, 봉사의 역할이 강화된 수양자, 시양자를 들이는 현상이 나타나게 되었다.

　　悌臣事 而以王子爲後 不服三年 而使依托不絶祭祀 於情禮合當矣"(『中宗實錄』卷26, 中宗 11年 11月 22日 己亥).

13) 김전이 김제신의 시양자였다는 사실은『국조문과방목』의 기록에서 확인할 수 있다(『國朝文科榜目』卷4, 己酉(성종 20년)榜). 김안세의 수양, 시양 여부는 Ⅲ장의 주 9) 참조.

14)『國朝人物考』卷43, 燕山時罹禍人, 金悌臣.

2. 봉사(奉祀)에 대한 인식 변화와 입양의 양상

1) 수양·시양자녀 입양 대상의 변화

앞에서 입후법 정착 이전에는 당시 친족관계와 상속 관행의 영향으로 부측(夫側) 친족과 처측 친족이 모두 입양 대상이 되었으며, 부처(夫妻)가 각각 자신의 친족인 양자녀에게 재산을 증여·상속하는 현상이 나타났음을 언급한 바 있다. 이러한 현상은 16세기까지도 지속되었지만 한편으로는 15세기 말부터 수양·시양자녀 입양 대상과 목적에 변화의 조짐이 나타나고 있었다. 2절에서는 수양자녀나 시양자녀에게 재산을 증여하거나 상속한 15세기 후반~16세기의 분재기를 통하여 그 변화 양상을 보다 상세히 검토해 보기로 하겠다.[15]

15세기 후반~16세기의 분재기에 나타난 양부모와 수양·시양자녀간의 친족관계를 정리하면 〈표 Ⅵ-2〉와 같다.

〈표 Ⅵ-2〉의 분재 연도를 살펴보면, 수양자녀나 시양자녀에게 재산을 증여한 분재기는 15세기 후반부터 나타나며, 대부분 16세기 문서임을 알 수 있다. 이 시기는 입후법이 자리잡아나가기 시작하던 시기이고, 유교적 가족질서 정착을 위한 정부 시책의 영향력이 서서히 나타나고 있던 시기였다. 이 표에서 양부모와 양자녀의 친족관계를 살펴보면, 친족관계 여부를 파악할

---

15) 분석 대상은 재산 수급 대상이 수양자녀나 시양자녀라는 점이 확실히 명기된 분재기에 한정하였다. 분재기에는 '수양'이나 '시양'이라는 용어가 사용되지 않았다 하더라도 분재기에 첨련된 공함 답통이나 초사(招辭)에서 이러한 내용이 나타나는 문서도 포함하였다. 11번 분재기는 문기상에 '수양'이라는 용어가 없지만 수양모와 수양자 관계임이 분명하여 포함시켰다. 문기의 내용을 살펴보면 이안국(李安國)을 양자(養子)라고 하고, '나이 2세부터 품에 안았을 뿐더러 3세에 입적(入籍)하였다'라고 하였다. 이안국은 양부(養父)인 이진형(李쯤亨)의 동성 친족이 아니기 때문에 계후자는 될 수 없다. 그리고 입양시의 나이를 고려하면 이안국이 이진형과 주씨의 수양자라는 것을 알 수 있다. 첩이 적자나 적손을 수양한 경우는 이 절에서 분석하고 자 하는 내용과는 성격이 다르므로 〈표 Ⅵ-2〉에는 포함시키지 않았다.

수 없는 사례 11을 제외하고는 모두 양부모 중 한 쪽과 혈연관계를 가진 친족들임을 알 수 있다. 이 사례들을 분류해 보면 부(夫)와 혈연관계가 있는 경우 10사례, 처와 혈연관계가 있는 경우 3사례, 혈연관계 여부를 알 수 없는 경우 1사례로 구분되어 부(夫)와 혈연관계가 있는 경우가 압도적으로 많다.

<표 VI-2> 15세기 후반~16세기의 분재기에 나타난 입양 대상16)

	분재 연도	증여자	수급자	재산수급근거	증여자와 수급자의 친족 관계	전거
1	1480	김효지 처 황씨 (金孝之 妻 黃氏)	명주(明珠)〈남처곤 처〉	수양녀	김효지의 4촌 손녀	『光山金氏烏川古文書』576~579쪽
2	1480	김효지 처 황씨	김씨〈김간 처〉	시양녀	김효지 처의 3촌 질녀	『光山金氏烏川古文書』576~579쪽
3	1508	김효원 처 오씨 (金孝源 妻 吳氏)	김연 (金緣)	수양자	김효원의 3촌질	『光山金氏烏川古文書』580~583쪽
4	1509	권통 처 전씨 (權通 妻 全氏)	권주 (權柱)	시양자	권통의 3촌질	『慶北地方古文書集成』500~504쪽
5	1509	권사수, 금씨 (權士秀, 琴氏)	권벌 (權橃)	시양자	권사수의 3촌질	『慶北地方古文書集成』498~500쪽
6	1510	이계세 (李繼世)	김연	수양여서(收養女壻)	이계세의 5촌 질녀부(姪女夫)	『光山金氏烏川古文書』588쪽
7	1531	김채 처 김씨 (金綵 妻 金氏)	김연	시부(媤父)의 수양자	김채의 4촌형	『光山金氏烏川古文書』585쪽

16) 〈표 VI-2〉에서 '증여자', '수급자'는 분재기상의 재산 증여자와 수급자이다. 그런데 사례 10은 김종직 처 문씨가 딸인 신용계 처 김씨에게 재산을 분급하면서 자신이 준 재산은 봉사위(奉祀位)를 제외하고 모두 문씨의 손자이자 김씨의 3촌질인 김씨의 시양자 김유에게 주라는 내용이 포함되어 있는 분재기이다. 즉, 이 분재기의 재산 증여자와 수급자는 양부모와 양자녀 관계가 아닌 친모녀 관계이다. 그러나 이 문기에 딸에게 자신이 분급한 재산을 뒤에 시양자에게 증여하라고 당부한 내용이 있으므로, 아직 재산 증여가 이루어지지는 않았지만 시양모와 시양자 관계인 신용계 처 김씨와 김유를 각각 재산 증여자와 수급자로 정리하였다.

8	1537	손중돈 처 최씨 (孫仲暾 妻 崔氏)	손광서 (孫光曙)	수양여서	손중돈 처 최씨의 3촌 질녀부(손중돈의 장손)	『古文書集成』 32, 269~270쪽
9	1539	이반 처 김씨 (李胖 妻 金氏)	이용 (李容)	시양자	이반의 3촌질	『古文書集成』 49, 127~131쪽
10	1544	신용계 처 김씨 (申用啓 妻 金氏)	김유 (金維)	시양자	신용계 처의 3촌질	『嶺南古文書集成(1)』 68~69쪽
11	1556	이진형 처 주씨 (李晉亨 妻 朱氏)	이안국 (李安國)	수양자	알 수 없음	「異姓養子의 繼後와 分財」,『문헌과 해석』 12, 115~116쪽
12	1567	김부필, 하씨 (金富弼, 河氏)	노미〈김해〉(老眉〈金垓〉)	수양자	김부필의 3촌질	『慶北地方古文書集成』 543~546쪽
13	1575	방응성 처 소씨 (房應星 妻 蘇氏)	황정직 (黃廷稷)	시양자	방응성의 외증손	『全北地方의 古文書(1)』 사진31
14	1588	권호문 처 유씨 (權好文 妻 柳氏)	권행가 (權行可)	수양자	권호문의 3촌질	『慶北地方古文書集成』 556~563쪽

이렇게 부측(夫側) 친족을 수양자녀나 시양자녀로 삼은 사례가 많다 하더라도 분재기 수가 많지 않기 때문에 이 수치만으로 어떤 결론을 도출해내기는 어렵다. 또한 부측(夫側) 친족인 양자녀에게 남편의 재산만을 증여하고, 처는 따로 자신의 친족 중에서 양자녀를 들여 자신의 재산을 증여하였다면 부부가 각자 자신의 친족을 양자녀로 삼은 것이기 때문에 위의 결과가 아무런 의미가 없게 된다. 따라서 처의 재산이 부측(夫側) 친족인 양자녀에게 증여되었는지의 여부를 밝혀야 15세기 후반에서 16세기에 이르는 시기에 부처(夫妻) 중 어느 쪽의 친족을 양자녀로 삼는 것이 일반적이었는지를 제대로 파악할 수 있을 것이다.

그런데 이를 분석하는데 있어서 단순히 증여자와 수급자의 관계만을 분석하는 것은 분재기에 담겨 있는 정보를 잘못 이해할 수 있는 여지가 많다. 부처(夫妻) 중 한 편이 사망하였을 때에는 배우자가 재산을 관리하기 때문에 재산 증여자는 원 재산 소유주가 아닌 배우자인 경우가 많았다. 또한 이전에 시부모나 장인, 장모에게 증여받거나 상속받았던 재산을 원

재산 소유주의 상속 대상자에게 증여하는 경우도 있었다. 따라서 재산의 소종래(所從來)를 따져서 분석할 필요성이 있다. 이 때문에 양자녀에게 증여된 재산이 부처 중 어느 쪽 친족에게서 온 재산인지를 고려하여 부(夫)의 재산인지 처의 재산인지를 분류하고 부측(夫側) 친족을 입양한 사례와 처측 친족을 입양한 사례를 나누어 수양자녀나 시양자녀가 부부 중 어느 편의 재산을 증여받았는지를 〈표 VI-3〉에 정리하였다.

〈표 VI-3〉 수양·시양자녀에 대한 재산 증여의 소종래(所從來)별 분류

양자녀가 부측(夫側) 친족인 경우 (10건)	부(夫)의 재산을 증여한 사례 (4건)	사례 1. 김효지 처 황씨-명주(남처곤 처 김씨) 사례 6. 이계세-김연 사례 7. 김채 처 김씨-김연 사례 9. 이반 처 김씨-이용
	처의 재산을 증여한 사례 (1건)	사례 3. 김효원 처 오씨-김연
	부처(夫妻)의 재산을 증여한 사례 (5건)	사례 4. 권통 처 전씨-권주17) 사례 5. 권사수, 권사수 처 금씨-권벌 사례 12. 김부필, 김부필 처 하씨-노미(김해) 사례 13. 방응성 처 소씨-황정직 사례 14. 권호문 처 유씨-권행가
양자녀가 처측 친족인 경우 (3건)	부(夫)의 재산을 증여한 사례 (1건)	사례 2. 김효지 처 황씨-김씨(김간 처)
	처의 재산을 증여한 사례 (2건)	사례 8. 손중돈 처 최씨-손광서 사례 10. 신용계 처 김씨-김유

---

17) 이 분재기는 성종 15년(1484)에 권통이, 연산군 원년(1495)에 권통 처 전씨가 시양자 권주에게 증여하였다 회수하였던 노비와 전답을 권주에게 환급한 문서이다. 권주에게 증여하였던 재산을 회수하였다가 다시 증여하게 된 이유는 당시의 정치적 상황과 관계되어 있다. 권주는 성종대에 폐비 윤씨 사사(賜死)시에 주서(注書)로서 승지의 지시에 따라 전의감(典醫監)에서 사약을 가지고 온 일로 인해 연산군 11년(1505)에 교형에 처해지고 그 재산은 적몰되었다. 전씨는 권주에게 주었던 재산이 적몰될 위기에 처하자 남편의 생질(甥姪)인 김용석(金用石) 등에게 이전에 권주에게 증여하였던 문기 2통을 소각하게 하고 그 재산을 증여하였다. 이후 중종반정으로 정권이 바뀌자 전씨는 왕에게 상언(上言)하여 김용석 등에게 분급하였던 재산을 환수하여 다시 권주에게 분급하였다. 그러나 권주가 사망하였기 때문에 이 재산은 권주의 장자인 권질(權礩)이 받게 되었다(李樹健(1981), 앞의 책, 500~504쪽 ;『燕山

　먼저 부측(夫側) 친족을 입양한 사례 10건에서 부부 중 어느 편의 재산을 증여하였는지를 살펴보면, 부(夫)의 재산을 증여한 사례 4건(1, 6, 7, 9), 처의 재산을 증여한 사례 1건(3), 부(夫)와 처의 재산을 함께 증여한 사례 5건(4, 5, 12, 13, 14)이다. 이를 살펴보면 부측(夫側) 친족인 수양자나 시양자에게 처의 재산을 증여한 사례가 10건 중 6건임을 확인할 수 있다. 자녀가 없는 여성이 자신과 혈연관계가 없는 부측(夫側) 친족인 수양자나 시양자를 자신의 양자로 인정하여 이들에게 재산을 증여한 사례가 많이 나타난다는 것은 의미있는 결과라고 할 수 있다.

　다음으로 처측 친족을 입양한 사례 3건을 살펴보면, 부(夫)의 재산을 증여한 사례 1건(2), 처의 재산을 증여한 사례 2건(8, 10)으로 분류할 수 있다.

　부(夫)의 재산을 증여한 사례인 사례 2는 15세기 후반의 사례로 분재기의 내용만 보아서는 처의 친족인 시양녀에게 부(夫)의 재산을 증여한 것으로만 파악된다. 시양녀 김씨는 김효지 처 황씨의 이성 3촌 질녀로 김효지의 재산을 증여받았다. 그런데 광산 김씨의 족보를 살펴보면 김씨는 김효지의 3촌질인 김간의 처임을 알 수 있다. 김효지의 재산을 김씨에게 준다 하더라도 그 재산은 김간의 자녀에게 상속될 것이기 때문에 결국 김효지의 친족에게 돌아가는 셈이 되는 것이다. 따라서 이 사례는 부(夫)의 재산을 처측 친족에게 증여한 사례로만 볼 수 없다.

　그리고 처측 친족을 입양하여 처의 재산을 증여한 사례를 상세히 검토해보면, 16세기에 점차 봉사나 가계계승을 중시하게 되었음을 알려주는 사례들이라는 것을 확인할 수 있다.

　사례 10은 김종직 처 문씨가 자녀가 없는 딸인 신용계 처 김씨에게 재산을

君日記』卷58, 燕山君 11年 6月 17日 庚午 ;『燕山君日記』卷58, 燕山君 11年 6月 18日 辛未 ;『燕山君日記』卷58, 燕山君 11年 6月 24日 丁丑).

194

증여한 문기인데, 자신의 손자인 딸의 시양자에게 자신이 김씨에게 준 재산을 증여하도록 미리 당부한 내용이 포함되어 있다. 아직 증여가 이루어진 것은 아니지만 남편과 처의 재산을 따로 관리하여 각자 자신과 혈연관계가 있는 친족에게 재산을 증여·상속하던 관습이 나타난 것이라고 할 수 있다. 그런데 이 분재기에서 문씨는 김씨의 제사를 받들 김씨의 의자(義子)에게도 봉사위로 약간의 재산을 떼어주도록 하였다. 이는 자식 없는 여성의 의자녀(義子女) 상속분에 대한 규정을 제정하는 등의 유교적 제사형태 정착을 위한 정부 정책이 16세기의 실제 재산상속에도 영향을 미쳤음을 알려준다.

사례 8은 손중돈 처 최씨가 수양여서인 손광서에게 자신의 재산을 증여한 문기인데, 수양녀는 최씨의 3촌 질녀이고, 수양여서인 손광서는 최씨의 남편 손중돈과 그 전처 사이의 장손이다. 수양녀 최씨가 손중돈 처 최씨의 3촌 질녀이지만 수양여서인 손광서가 남편의 장손으로 손씨 집안의 가계를 이어갈 존재였기 때문에 이 사례는 처측 친족에게 재산을 증여한 것으로만 볼 수 없다.

이상을 통해 15세기 말부터 그 조짐이 보이기 시작하여 16세기에 이르면 부측(夫側) 친족을 양자로 삼아 처의 재산까지 증여한 사례들이 나타나며, 처가 자신의 친족을 수양녀로 삼아 수양여서에게 재산을 증여한 사례에서도 그 수양여서가 남편의 장손, 즉 부가(夫家)의 가계 계승자였다는 사실을 확인할 수 있다. 이는 여성이 부측(夫側) 친족을 양자로 삼아 재산을 증여·상속하는 것을 꺼리는 관념이 점차 약화되어갔다는 것을 의미한다. 이러한 결과는 수양·시양자녀 입양에 부측(夫側) 친족을 입양하는 사례가 증가해 갔을 것임을 알려주는 것이라 할 수 있다.

2) 부측(夫側) 친족 입양의 목적

여성이 부측(夫側) 친족을 수양자나 시양자로 삼아 자신의 재산을 증여한 사례가 나타나게 된 것은 당시 양부모들이 양자에게 원하는 것, 즉 입양 목적이 변화한 것과도 관련이 있다. 이는 다음에 제시한 16세기의 분재기상에 구체적으로 나타나 있다.

첫째 부측(夫側) 친족을 수양자나 시양자로 삼아 봉사를 맡기는 현상이 나타났다.

앞에서 15세기 말 이후 수양자나 시양자의 입양에 봉사자 선택의 목적이 강화되었다는 언급을 한 바 있다. 이는 다음에 제시한 16세기 분재기의 내용을 살펴보면 더욱 명확하게 드러난다.

사례 3. 김효원 처 오씨(수양모)-김연(수양자)

나(오씨)의 전민(田民)을 모두 주고자 하거니와 …… <u>우리들이 죽은 후에 상사(喪事) 및 추천(追薦)을 게으르게 하지 말고 가볍지 않게 하되</u>[18]

사례 4. 권통 처 전씨(시양모)-권주(시양자)[19]

권주의 자식들이 만일 각처에 □□하거든 가옹(권통)의 분묘를 모두 <u>간수배묘(看修拜墓)</u>를 일일이 하지 못하는 바가 없지 않을 것이니 위의 □…□는 장자 권질(權礩)에게 후소생과 함께 별례(別例)로 전급(傳給)한다.[20]

사례 12. 김부필, 김부필 처 하씨(수양부모)-노미(수양자)

이에 우리 부부(김부필, 하씨)가 양변(兩邊)에서 몫으로 얻은 가사(家舍)와

---

18) "女矣田民乙 全給向意爲在果 …… 我等身後良中 喪事及追薦乙 無有怠慢 不輕使內乎矣"(한국정신문화연구원(1982), 『光山金氏鳥川古文書』, 580쪽).

19) 이 사례는 주 17)에서 언급한 바와 같이 이전에 권주에게 증여하였다 회수한 재산을 권주에게 재분급한 것인데, 이미 권주는 사망한 후이기 때문에 실제로는 권주의 아들이 이 재산을 분급받았다.

20) "權柱子息等亦 萬一各處□□爲去等 家翁墳墓乙 並只 看修拜墓 ——不得爲乎所 不無爲昆 右良 □…□乙良 長子權礩亦中 後所生 幷以 別例傳給爲乎事"(李樹健(1981), 『慶北地方古文書集成』, 영남대학교 출판부, 502쪽).

196

전민(田民)을 전소생(前所生), 후소생(後所生), 전매득(前買得), 후매득(後買得) 모두 남김없이 전계(傳係)하니 네(노미)가 분명하게 한마음으로 종가의 제사를 공경히 받들고 학문을 하기를 게으르게 하지 않아서 조상의 업(業)을 잇는다면[21)

사례 13. 방응성 처 소씨(시양모) – 황정직(시양자)

생전과 사후의 길흉범백(吉凶凡百)을 너(황정직)에게 맡기어 시양으로 정하고 나(소씨)의 쪽 전민 및 가옹(방응성)의 가사, 전답, 노비 등을 제출(除出)하여 너에게 영영 허급하니[22)

사례 14. 권호문 처 유씨(수양모) – 권행가(수양자)

저(권호문)쪽과 나(유씨)의 쪽 및 가옹 전처 안씨의 전답, 노비들로써 봉사(奉祀)는 행가에게 장자례(長子例)□…□하니 자손에게 전하여 삼가 제사를 받들 것[23)

이 사례들 중 네 사례는 양모가, 한 사례는 양부모가 함께 양자에게 재산을 증여하며 기대하거나 당부한 내용들이다. 이 중 사례 4는 양모가 사망한 시양자의 장자에게 남편 묘의 관리를 맡긴 것이고, 이외의 네 사례는 양모 혹은 양부모가 자신들 부처(夫妻)의 봉사를 당부한 것이다. 부측(夫側) 친족을 수양자나 시양자로 삼아 이들에게 처의 재산까지 증여하고 사후 부처(夫妻)의 봉사를 당부하였던 것이다. 이 중 사례 3, 12, 14는 양자가 부(夫)의 3촌질이다. 특히 사례 3, 12는 처가 수양자인 부(夫)의 3촌질에게

---

21) "玆以 吾夫婦兩邊衿得家舍田民 前所生後所生前買得後買得 幷以 無遺傳係爲去乎 汝明白一心敬奉宗祀 不懈爲學繼祖之業"(李樹健(1981), 앞의 책, 544쪽).

22) "生前死後 吉凶凡百乙 到付汝身 定爲侍養 余邊田民 及家翁家舍田畓奴婢等乙 除出汝矣身亦中 永永許給爲去乎"(전북향토문화연구회(1993), 『全北地方의 古文書(1)』, 사진31).

23) "彼我邊及家翁前妻安氏田畓奴婢等乙用良 奉祀段 行可亦中 長子例□…□爲去乎 傳子孫愼奉祀事"(李樹健(1981), 앞의 책, 558쪽).

각각 부처(夫妻)의 상사(喪事)와 추천(追薦), 종가의 제사를 당부하고 자신의 재산을 모두 증여한 사례이다. 부측(夫側) 동성 친족이 부처(夫妻)의 봉사자가 되는 현상이 나타났던 것이다. 특히 3의 사례에서 재주인 오씨는 자신의 친족에게 재산을 나누어 주지 않고 부(夫)의 3촌질인 수양자에게 자신의 재산을 모두 주는 이유를 다음과 같이 설명하였다.

> 나의 3촌 숙모 권씨(權氏)가 자식이 없어 전민(田民)을 족친에게 평균분급(平均分給)하였는데, 이 권씨가 사망한 후에 한 사람도 전적으로 치상(治喪)을 관장할 사람이 없고, 수분행제노(守墳行祭奴)를 넣지 않아 불측지변(不測之變)이 생기는데 이르렀으니 진실로 불쌍한 일이다. 내가 이 일을 징계삼아 약간의 전민을 족친에게 균분하지 않으니 네가 이 뜻을 알고 우리들이 죽은 후에 상사(喪事) 및 추천(追薦)을 게으르게 하지 말고 가볍지 않게 하되 ……24)

이를 통해서 여성들의 봉사자의 안정적 확보에 대한 바람이 부측(夫側) 동성 친족인 수양자에게 자신의 재산을 모두 증여·상속하는 원인이 되었음을 알 수 있다. 위의 인용문에서 오씨는 상사와 추천 정도만 당부하였지만 유교적 제사형태가 정착되어가면서 이후 봉사가 지니는 의미는 더욱 강화되었을 것이고, 이에 따라 자식이 없는 부처(夫妻)의 봉사를 담당하는 사람이 부측(夫側) 친족이 되어 갔을 것임은 명약관화한 일이라 하겠다.

둘째 부측(夫側) 동성 친족인 수양자에게 가계계승자로서의 역할을 기대하는 현상이 나타났다.

사례 12의 수양자 노미(김해)는 부측(夫側) 동성 3촌질로 계후자로서의

---

24) "女矣參寸叔母權氏亦 無子息 田民乙 族親處 平均分給 同權氏死後 無一人專掌治喪 不入守墳行祭奴 至有不測之變 誠可哀憫 予懲此事 數小田民乙 族親處 均分不冬爲臥乎 汝悉此意 我等身後良中 喪事及追薦乙 無有怠慢 不輕使內乎矣 ……"(한국정신문화연구원(1982), 『光山金氏烏川古文書』, 580쪽).

198

자격 요건도 갖추고 있었다. 김부필 부처(夫妻)는 "네가 우리들을 부르기를 아버지, 어머니라고 하고 네 아비를 부르기를 숙부라고 하여 어려서부터 장성하기까지 혹시라도 잘못 부른 적이 없었으니"라고 하여 김해가 수양자이기는 하지만 양부모와 친부모의 호칭을 계후자와 같이 한 것에 대해 기특하게 여겼다. 또한 "네가 성장하여 지금 종가(宗家)를 중창하기를 기대할 만하고"라고 하여 김해에게 부처의 봉사자로서 뿐만 아니라 종가의 계승자로서의 역할까지 기대하였다.[25] 그러나 김부필이 사망한 후에 김해는 심상(心喪) 3년을 행하였다.[26] 기년복(期年服)을 입고 심상 3년을 행하는 것은 친부모가 살아있을 때 수양자녀가 수양부모에 대해 입는 복제(服制)로,[27] 양부모의 상복을 친부모와 같이 입고 친부모의 상복은 기년만 입고 심상 3년을 행하는 계후자의 복제와 비교된다.[28] 그리고 김해는 광산 김씨 족보에 수양부인 김부필이 아니라 친부인 김부의(金富儀)의 아들로 기록되어 있다. 이렇게 부계(父系) 중심의 가계계승 관념이 강화되어가면서 수양자에게 계후자의 역할을 기대하게 되는 모습도 나타났음을 확인할 수 있다.

이와 같이 16세기에 여성들이 안정적 봉사자를 확보하고자 하면서 부측(夫側) 친족, 특히 부측(夫側) 동성 친족을 수양자나 시양자로 삼아 부처(夫妻)의 제사를 맡기는 현상이 나타났다. 또한 가묘제(家廟祭)가 자리잡아나가면서 부측(夫側) 동성 친족인 수양자나 시양자에게 가계계승자로서의 역할을 기대하기도 하였다.

---

25) "汝呼余等爲爺孃 而呼汝父爲叔父 自少至長 無或誤稱 …… 汝之成長 今則可期重創宗家"(李樹健(1981), 앞의 책, 544쪽).

26) 『烏川世稿』, 「近始齋先生文集」, 墓誌銘.

27) 『경국대전』에는 친부모가 생존시 수양부모에 대한 수양자녀의 복제를 '己之父母在則降服期 解官 心喪三年'이라고 규정하였다(『經國大典』 卷3, 禮典, 五服).

28) "爲人後者 爲所後父母 及內外親 並如親子 其親服亦同 爲所生父母服期 解官 心喪三年"(『經國大典』 卷3, 禮典, 五服).

3. 입후의 증가 양상

1) 안정적 봉사자(奉祀者) 확보의 바람과 입후의 양상

『국조방목』과 『사마방목(司馬榜目)』에 기재된 계후자의 수를 통계화 한 기존 연구를 살펴보면 입후의 건수는 입후법이 제정된 15세기에는 극소수였고, 16세기 이후 19세기에 이르기까지 그 비율이 지속적으로 증가하였음을 알 수 있다.[29] 그런데 이렇게 입후의 비율이 지속적으로 증가하였지만 증가의 단초는 16세기에 마련된 것으로 파악된다. 따라서 16세기 입후의 양상을 검토함으로써 조선 후기 입후 비율이 지속적으로 증가하는 초기 단계의 유의미한 변화에 대해 살펴보기로 하겠다.

앞에서 16세기에 여성이 부측(夫側) 동성 친족을 수양자나 시양자로 삼아 이들에게 자신의 재산을 증여하고 사후 봉사를 당부하는 현상이 나타났으며, 부측(夫側) 동성 친족인 수양자에게 가계계승자로서의 역할을 기대하기도 하는 등의 변화가 있었다는 점을 언급하였다. 부측(夫側), 처측 친족은 물론이고 혈연관계가 없는 타인(他人)에 이르기까지 입양 대상이 될 수 있었던 수양·시양자녀의 입양에 이러한 변화가 나타났다는 것은 이제 계통에 관계없이 혈연을 중시하던 친족관계와 손외(孫外)에 재산을 증여·상속하지 않는 관행 때문에 배우자의 친족을 양자녀로 삼는 것을 꺼리던 현상이 점차 감소되어가고 있었다는 것을 의미한다. 이는 입후에 대한 거부감 역시 감소되어가고 있었음을 의미하는 것이라고 해석될 수 있다.

실제로 16세기에는 처가 입후에 적극적으로 나서는 사례들도 나타났다. 그 한 예로 『미암일기』에 실려있는 이여(李畬)의 처 이씨(李氏)의 사례를

---

29) 崔在錫(1980), 앞의 논문, 100쪽 〈표 2〉 國朝榜目을 通해 본 養子의 比率 참조 ; Mark A. Peterson(1996), 앞의 책(마크 피터슨 지음, 金惠貞 옮김(2000), 앞의 책), 164쪽 그래프 Adoption percentage 참조 ; 정긍식(2003), 앞의 논문, 109쪽 〈표 1〉 양자 비율 추이 참조.

들 수 있다. 이미 오래전에 사망한 이여의 계후자는 형의 2자인 봉남(鳳男)이 었으나 봉남이 후사가 없이 사망하자 이여의 처는 봉남의 동생인 응남(鷹男)을 계후자로 삼고자 하였다. 그러나 응남의 부모가 모두 사망하여 양가(兩家)의 부(父) 또는 모(母)가 함께 명하여 입후하도록 한『경국대전』입후조의 규정에 따르면 입후를 하지 못할 상황이었다. 그런데 앞에서도 언급하였듯이 16세기에 이르러 법에 어긋나더라도 왕의 특은에 의해 입후할 수 있는 길이 열리게 되었다. 이러한 방법으로 입후를 하기 위해 이씨는 유희춘에게 응남을 계후할 수 있도록 힘써달라고 하며 신도미(新稻米) 2두와 건치(乾雉) 2마리를 보내기도 하였다. 그리고 이후 예조참판이 된 유희춘은 이 입후가 성립될 수 있도록 힘썼다.30)

이렇게 친족관계와 상속 관행으로 인해 입후를 꺼리는 사람들이 감소하면서 부측(夫側) 동성 친족 중 소목에 합당한 자를 수양자나 시양자로 삼은 사람들 중에 그들을 다시 계후자로 삼고자 하는 사람들이 나타나게 되었다. 16세기에 이러한 사례들이 나타났다는 것은 입후가 상류층 입양의 대세가 되어가는 조선 후기 사회상의 단초가 된다는 점에서 중요한 의미를 가진다고 할 수 있다. 이러한 사례는 선조 20년(1587) 권호문(權好文)이 처에게 남긴 다음과 같은 유언을 통하여 확인할 수 있다.

가장 근심이 되는 것은 행가(行可)입니다. 비록 어려서부터 집에서 길렀으나 계후공문(繼後公文)을 아직 발급받지 못했으니, 금년 내에 예조에 소지를 바쳐 입안을 발급받되, 만약 형세가 어려우면 문중의 친장(親丈)으로 하여금 증필(證筆)을 갖추어 문서를 작성하도록 하여 관문(官門)의 사급(斜給)을 받을 일입니다.31)

---

30)『眉巖日記』8冊, 癸酉 8月 初5日 ;『眉巖日記』8冊, 癸酉 11月 初9日.
31) "最患者行可 雖自少養於家 繼後公文尚未出 今年內 呈禮曹 出立案 若勢難 則使門中親丈 俱證筆成文 官門斜給事"(李樹健(1981), 앞의 책, 557쪽).

　권호문은 수양자인 동성 3촌질 행가를 계후자로 세우지 못하고 죽게 될 것을 걱정하여 처 유씨(柳氏)에게 예조에 소지를 제출하여 계후입안을 발급받도록 유언하였다. 권호문은 수양자인 행가를 계후자로 삼아 가계를 안정적으로 이어가고자 하였던 것이다.

　이렇게 유교적 제사형태 정착을 위한 정부 정책들이 현실 사회에 정착되어 가면서 안정적으로 봉사자를 확보하고자 하는 사람들이 증가하였다. 이로 인해 자신과 혈연관계가 없는 부처(夫妻)의 봉사자이자 부가(夫家)의 가계계 승자인 양자에게 자신의 재산을 주는 것에 대한 여성들의 거부감이 약화되어 갔다. 그리고 이러한 변화가 입후 증가의 한 원인이 되었다.

2) 첩자 승중(承重)의 기피와 입후의 양상

　조선시대에는 법적으로 일부일처제가 확립되어 처가 사망하거나 처와 이혼하지 않는 한 한 사람의 처만 맞이할 수 있었다.[32] 그런데 첩의 수는 제한하지 않았기 때문에 적처와의 사이에서 아들이 없다 하더라도 첩자가 있을 가능성은 많았다. 『경국대전』 입후조에서는 적처와 첩에 모두 아들이 없는 경우에만 입후할 수 있도록 하였다. 그러나 실제로 첩자가 있더라도 모계의 신분이 천한 첩자에게 가계를 계승하게 하고자 하는 사람은 많지 않았다. 또한 아들이 없는 적처의 입장에서는 남편의 첩자나 남편의 동성 친족이나 자신과 혈연관계가 없기는 매한가지였다.[33] 이러한 상황에서

---

32) 장병인(1997), 『조선전기 혼인제와 성차별』, 일지사 54~79쪽 ; 박경(2000), 「朝鮮前期 妻妾秩序 確立에 대한 考察」, 『梨花史學研究』 27, 184~187쪽.

33) 명종 11년 예조판서 홍섬이 계한 다음 내용 중에는 첩자가 있는 경우에 입후를 원하는 부처(夫妻)의 마음이 언급되어 있다.
　"'비록 첩자가 있더라도 제(弟)의 아들을 후사로 삼기를 원하면 들어준다'고 한 것은, 대개 첩자의 아비가 살아 있을 때 그 뜻에 첩자의 손에 얻어먹고자 하지 않기 때문이니, 만약 그 아비가 이미 죽고 첩자의 적모만 있다면 그 남편의 첩자를

첩자가 있는 경우에 입후를 할 수 없도록 규정한『경국대전』규정으로 인해 입후를 하지 못하고 부측(夫側) 동성 친족 중 소목에 합당한 자를 수양자나 시양자로 삼아 봉사를 하도록 하는 사람들이 있었다. 그런데 이 시기의 수양자나 시양자는 자신에게 재산을 준 양부모의 상사를 관장하고 제사를 받들었을 뿐 그의 가계를 잇지는 않았다. 또한 첩자가 있는 경우에 수양자나 시양자는 재산상속분이 축소되었을 뿐 아니라 안정적으로 봉사권을 확보할 수도 없었다. 따라서 모계가 천한 첩자가 봉사하거나 가계계승하는 것을 꺼렸던 사람들은 입후를 원하게 되었다. 종중대 이후 특은에 의한 입후가 행해지고 적장자에게 첩자가 있는 경우에 동생제(同生弟)의 아들을 입후하는 것은 허락하도록 한 명종 8년의 수교가 내려짐에 따라 첩자가 있는 사람들 중에 입후를 하고자 하는 사람들이 나타나게 되었다.

권호문의 경우에도 얼자인 역가(亦可)가 있었다.『경국대전』규정을 살펴보면 첩자녀만 있고 수양자녀나 시양자녀가 있을 경우에는 아버지의 친자가

버리고 그 남편의 질자(姪子)를 취하여 후사로 삼을 수 없음이 명백합니다. 근세 이래로 국가에서 법을 집행하는 것이 확고하지 못하여, 혹 남편이 사망한 후에 그 처가 평소의 투기하는 마음을 잊지 못하여 첩자로 하여금 제사를 받들게 하고자 하지 않아 상언을 하여 그 남편의 조카를 후사로 삼기를 원할 때에 특은으로 허락을 받아 후사로 삼은 자가 자못 많습니다[雖有妾子 願以弟之子爲後者 聽云者 蓋以妾子之父生存 而其意不欲食於妾子之手 若其父旣沒 妾子之嫡母獨存 則不可捨其夫 之妾子而取其夫姪子爲後 明矣 近歲以來 國家執法不堅 或夫沒後 其妻未忘平日猜妬之心 不欲令妾子奉祀 呈上言 願以其夫之姪爲後時 蒙特恩許 以爲後者頗多]"(『明宗實錄』卷 20, 明宗 11年 2月 19日 戊申).

홍섬은 아버지는 첩자의 손에 제사를 받고자 하지 않으며, 적모는 투기하는 마음 때문에 첩자를 싫어하여 남편의 첩자에게 제사를 받들게 하고자 하지 않는다고 하였다. 그런데 적모가 첩자에게 제사를 받들게 하고자 하지 않는 원인에 대해서는 재고해 볼 여지가 있는 듯하다. 적모 입장을 고려해본다면 남편의 첩자나 조카가 모두 자신과 혈연관계가 없는 상황에서 사회적 약자인 첩자보다는 남편의 조카를 계후자로 삼는 것이 이득이 되리라고 판단할 수 있다. 자신의 핏줄이라는 점에서 첩자에게 애정을 가지고 있는 아버지에 비해 적모가 오히려 더 객관적으로 실익을 판단할 수 있는 입장에 있었다고도 판단할 수 있다.

되는 첩자녀는 적자녀가 있을 때에 비해 상대적으로 많은 재산을 상속받을 수 있었다. 더구나 수양자는 양부모의 제사를 지낼 수는 있지만 법적으로 봉사권을 보장받지는 못하였다. 따라서 권호문이 아무런 조치도 취하지 않고 사망한다면 첩자가 봉사권을 주장하며 소송을 제기하여 자신의 재산상속분을 늘리려 할 가능성도 있었다. 이렇게 되면 권호문이 자신의 봉사자로 생각하고 있었던 수양자가 패소하여 첩자에게 봉사권을 넘겨주게 되는 일도 발생할 수 있다. 권호문은 이것을 걱정하여 가속(家屬)들에게 남긴 유서에서 "만일 얼자(孽子)와 적자(嫡子) 사이에 망령되이 친소(親疎)를 비교하며 서로 재산의 다과(多寡)를 다투고 소송을 일으켜 서로 싸우면 마땅히 불효로 논단하고 전민(田民)을 감하여 주는 것이 가하니, 원컨대 송관(訟官)이 되는 사람은 다만 재주(財主)의 본의(本意)를 살펴 밝게 판결하고 한갓 법을 가지고 잘못되게 처결하지 않아서 유명지간(幽明之間)에 영영 한이 없도록 해 주실 일"[34]이라고 하고, 얼자인 역가에게 남긴 유언에도 이러한 내용을 언급하여 경계하였다. 이러한 상황에서 만약 수양자인 행가가 계후입안을 받아 계후자가 된다면 역가가 재산 분쟁을 일으키지도 못할 뿐 아니라 안정적인 가계계승도 가능하게 되는 두 가지 효과를 얻을 수 있었다. 권호문이 처 유씨에게 행가의 계후입안을 발급받을 것을 당부한 것도 이러한 이유 때문이었을 것이다. 안동 권씨 족보와 권호문의 문집에 행가가 권호문의 계자(系子)로 기재되어 있는 것을 보면 결국 행가는 계후입안을 발급받았던 것으로 보인다.[35]

　이렇게 조선 초부터 첩자의 승중권을 인정하였고, 『경국대전』이 완성되기

---

34) "萬一 孽嫡之間 忘較親疎 交爭多寡 起訟相鬪 則當以不孝論斷 除減田民 可也 窃願爲訟官 者 只察財主本意 而明決 不可徒法以曲處 俾其幽明之間永永無憾事"(李樹健(1981), 앞의 책, 556~557쪽).

35) 安東權氏大同譜所(1982), 『安東權氏大同譜』 卷2, 僕射公派 進士公系 2回, 明文社；『松巖集』(韓國文集叢刊 41, 1989), 松巖集世系, 민족문화추진회.

까지 여러 차례의 법 개정 과정을 거치면서 첩자의 법적 권리가 상당히 보장되었으나 사대부들은 신분이 낮은 첩자가 가계를 계승하여 가격(家格)이 떨어지는 것을 원하지 않았다. 그러나 적자녀가 없는 경우 수양자녀나 시양자녀가 있을지라도 첩자녀는 법제상으로 상당한 재산상속권을 보장받고 있었고, 봉사권도 주장할 수 있었다. 이 때문에 아버지가 첩자를 봉사자로 삼고 싶지 않았다 하더라도 아버지 사후 이를 증명할 뚜렷한 증거가 없는 경우 첩자는 더 많은 재산상속을 노리고 봉사권을 주장하며 소송을 제기할 가능성도 있었다. 따라서 특은에 의한 입후가 행해지면서 적처와 첩 모두 아들이 없는 경우에만 입후를 할 수 있도록 한 『경국대전』 입후조 규정의 적용이 완화되자 첩자가 가계계승을 하여 가격(家格)이 떨어지는 것을 원하지 않고 안정적인 가계계승자를 확보하기를 원하였던 사람들은 입후를 선택하게 되었던 것이다.

Ⅶ. 맺음말

본서에서는 수양, 시양, 입후 세 종류의 입양에 관한 정책과 실제를 검토함으로써 조선 전기의 사회상과 유교적 가족질서의 정착 과정에 대해 살펴보았다.

먼저 Ⅱ장에서는 15세기 수양, 시양 관련법의 제정에 대하여 살펴보았다.

조선 전기의 수양, 시양은 고려의 관행이 계승된 입양 형태였다. 고려 사회에서는 부처(夫妻) 양측 친족이 모두 입양 대상이 되었고, 법에서도 이를 인정하였다. 그리고 부처 양측 친족 입양의 목적은 가계계승을 위해서라 기보다는 봉양, 봉사 등 자식의 역할을 대신해 줄 사람이 필요해서였던 것으로 판단된다. 한편, 고려 후기에는 부처에 모두 혈연관계가 없는 타인(他人)을 입양한 사례도 나타난다. 이러한 고려의 입양 관행은 조선 건국 이후에도 지속되었다.

조선 건국 후 위정자들은 유교적 가족질서를 확립하기 위해 노력하였다. 이를 위해 유교적 제사형태와 가계계승체제 확립은 매우 중요한 요소였다. 그런데 아들이 없는 집안에서도 유교적 제사형태가 정착되도록 하기 위해서 는 유교 의례에 따라 제사를 주관할 계후자를 세우는 기준이 마련될 필요가 있었다. 그러나 국초에는 아직 가묘 설립과 같은 유교적 제사형태 확립을 위한 형식적 기반조차 형성되지 않은 상태였기 때문에 우선 기존 입양 관행을 정비하는 작업을 시작하였다. 이는 입양 시점의 양자녀의 나이가 3세 이하이면 '수양', 3세가 넘었으면 '시양'으로 구분하여 시양자녀의 상속분을 제한하는 것에서부터 시작되었다. 입양 대상에 제한이 없었고, 가계계승이 아닌 다른 목적의 입양이 성행하였던 기존의 입양 관행을 규제하기 위해 우선 시양자녀의 위상을 약화시키는 방법을 선택하였던 것이다. 이후에도 상속 규정상의 시양자녀의 상속분은 더욱 축소되었다. 그리고 수양부모에 대한 3년복을 법제화하면서도 시양부모에 대한 복상 규정은 제정하지 않았다. 조선의 위정자들은 이러한 방법을 통해 시양부모와 시양자녀간의 법제적인 관계를 약화시켜 나갔다.

이렇게 15세기 수양, 시양에 관한 법에서는 '수양'과 '시양'의 개념을 명확히 구분하여 시양자녀의 법제적 위상을 약화시킴으로써 기존 입양 관행을 간접적으로 규제하였다. 이러한 기존 입양 관행에 대한 간접적, 소극적 규제는 15세기에 다양한 목적의 양부모, 양자녀 관계가 형성되는 원인이 되기도 하였다.

Ⅲ장에서는 15세기 수양·시양자녀 입양 대상을 살펴보았다. 이 시기에도 고려시대와 마찬가지로 부처(夫妻) 양측의 친족과 부처에 모두 혈연관계가 없는 타인(他人)이 모두 수양·시양자녀 입양 대상이 되었다.

이 중 먼저 15세기에 부처(夫妻)의 친족을 수양자녀나 시양자녀로 삼은 사례를 살펴보면, 계통에 구애받지 않고 부처 양측의 친족을 입양하였으며, 항렬이 입양에 제한요소가 되지 않았음을 알 수 있다. 부처 양측의 친족이 모두 입양 대상이 되었던 것은 부처가 각각 계통을 구분하지 않고 자신과 혈연관계가 있는 친족을 입양하고자 했기 때문이었다. 이러한 현상이 나타나게 된 원인은 당시의 친족관계와 상속 관행에서 찾을 수 있다. 당시에는 계통을 구분하지 않고 혈연을 중시하던 고려시대의 친족관계가 지속되고 있었다. 또한 자신에게 재산을 준 조상의 손외(孫外)에 재산을 증여·상속하는 것을 꺼리는 관행이 있었다. 이에 따라 부처가 각각 계통을 구분하지 않고 자신과 혈연관계가 있는 친족이자 자신에게 재산을 준 조상의 혈손을 양자녀로 삼으려 하였다.

그 결과 당시의 친족관계와 상속 관행 하에서 다음과 같은 현상이 나타났다. 첫째 부처(夫妻)에 모두 자식이 없는 경우에 각각 자신의 친족을 양자녀로 삼아 각자가 입양한 자신의 친족에게 재산의 대부분을 증여·상속하였다. 또한 한 쪽에만 자식이 있는 경우 자식이 없는 사람은 따로 자신의 친족을 양자녀로 삼아 그에게 자신의 재산의 대부분을 증여·상속하였다. 둘째 부처 중 한 쪽의 친족을 양자녀로 삼고 그 양자녀를 다른 한 쪽의 친족과 혼인시켜 부처 재산의 대부분을 증여·상속하는 현상이 나타나기도 하였다.

다음으로 부처(夫妻)에 모두 혈연관계가 없는 타인(他人)의 입양 사례를 살펴보면, 신분이 같지 않더라도 양부모, 양자녀 관계를 맺는 사례가 나타날 정도로 입양 대상에 제한을 받지 않고 입양을 하였음을 알 수 있다. 이들은 각자가 처한 상황 속에서 자신의 이익을 극대화하기 위해, 혹은 현실적인 필요를 충족시키기 위해, 혹은 친밀감으로 인하여 입양 대상에 제한을 받지 않고 자유롭게 양부모, 양자녀 관계를 맺었다.

이렇게 수양·시양자녀 입양 대상을 살펴봄으로써 고려시대부터 이어져 온 친족관계, 상속 관행이 수양·시양자녀 선택에 많은 영향을 미쳤음을 확인할 수 있었다. 또한 당시 사람들이 아직 종법적 가계계승에 대한 필요성을 절실하게 느끼지 않았던 것도 계통을 따지지 않고 자신과 혈연관계가 있는 친족을 입양하거나 타인(他人)을 입양하는 등 자유롭게 입양 대상을 선정하는 풍속이 지속되는데 영향을 주었다.

그러나 양부모, 양자녀 관계는 양측의 필요에 의해 형성된다. 필요성을 느끼지 않으면 애초부터 입양 대상을 선정할 이유가 없어진다. 따라서 Ⅳ장에서는 당시 사람들이 어떠한 목적을 가지고 양부모, 양자녀 관계를 맺었는지를 구체적으로 살펴보았다.

15세기 상류층의 수양·시양자녀 입양의 주요 목적을 살펴보면, 다음과 같이 정리할 수 있다.

첫째 부모가 사망하였거나 기를 수 없는 상황이 된 어린아이의 양육을 위해, 혹은 양부모가 양자녀로부터 효도를 받고 사후에 상사(喪事)나 제사를 받기 위해 입양을 하였다. 그리고 양부모는 기른 정 때문에, 양자녀의 효도에 대한 고마움과 애정으로, 앞으로의 봉양, 행상(行喪), 봉사를 기대하며 양자녀에게 재산을 증여·상속하였다.

둘째 가족의 화합과 안정을 위해 입양이 이루어졌다. 왕실에서는 세종, 세조대를 중심으로 비(妃), 세자빈, 후궁이 왕자, 왕손을 양자로 삼은 사례가 나타난다. 세종과 세조는 왕실 여성들을 왕자, 왕손의 양모가 되게 함으로써 이들과 이들의 친족들이 자신을 중심으로 한 왕실에 협력하도록 유도했던 것으로 판단된다. 그리고 양모가 된 여성들은 왕실의 중심세력과 결속을 다질 수 있고, 자신에게 효도할 양자를 확보할 수도 있다는 점에서 이를 긍정적으로 받아들였던 것으로 보인다. 또한 민가(民家)에서 첩이 적손(嫡孫) 등의 적족(嫡族)을 양자로 삼은 사례가 나타난다. 이는 적족의 입장에서는 믿을만한 양육자를 확보한다는 이점이 있었다. 그리고 첩의 입장에서는 시가의 일원으로서의 정체성을 확보할 수 있었을 뿐 아니라 자식이 없는 여성의 경우 적족을 양자녀로 삼아 양육하고 그에게 재산을 줌으로써 봉양, 복상, 묘 관리를 제공받는 등 생시와 사후에 양자녀의 효도를 기대할 수 있었다. 이렇게 첩은 적족을 양자녀로 삼음으로써 부가(夫家)에서의 자신의 위상을 확고히 할 수 있었다.

셋째 왕자녀나 권세가의 자손이 다른 사람의 양자녀가 되어 왕자녀나 권세가 측에서는 양자녀로서 재산을 증여·상속받고, 양부모 측에서는 출세, 이권 등의 원하는 것을 얻기도 하였다. 이는 주로 15세기에 나타났던 입양 관행으로, 이에 대한 부정적 인식이 확산되어 가면서 16세기 이후로는 점차 사라져가게 되었다.

이렇게 15세기 수양·시양자녀 입양 목적을 살펴보면, 양육, 봉양, 봉사와 같이 흔히 기대되어지는 입양 목적 뿐 아니라 출세, 이권, 재물을 바라는 목적성이 강한 입양에 이르기까지 다양하게 나타났다. 15세기의 수양, 시양에는 당시의 친족관계, 상속 관행 등이 큰 영향을 미쳤지만, 때로는 각 개인의 필요가 이러한 관행을 넘어서서 더 중요하게 작용하기도 하였다. 다만 관행을 따를지 개인적인 필요와 이해관계를 우선시할지는 자신이 처한 상황을 고려하여 선택하면 되었다. 수양·시양자녀 입양에 이러한 현상이 나타나게 된 것은 수양, 시양이 가진 다음과 같은 속성에 기인한다.

첫째 수양·시양자녀의 자격 기준과 양부모, 양자녀 관계의 안정성을 보장하는 법이 제정되어 있지 않았으며, 관에서 수양, 시양의 관계의 성립과 해소를 관리·감독하지 않았다. 둘째 수양과 시양은 양부모와의 관계보다는 친부모와의 관계가 우선시되었다. 셋째 신분이 다른 사람끼리 양부모, 양자녀 관계가 성립되더라도 수양자녀나 시양자녀의 신분에 양부모의 신분이 영향을 미치지 않았다. 이러한 이유로 수양, 시양의 관계는 비교적 자유롭고 쉽게 형성될 수 있었으며, 사회 구성원들의 다양한 처지, 감정, 이해관계를 충족시키는 수단이 되었다.

그런데 유교적 생활 습관의 확산으로 수양, 시양을 통해 이해관계를 충족시키는 행위가 제한되고 안정적으로 봉사자를 확보하고자 하는 사람들이 증가하면서 양부모와 수양·시양자녀 관계의 불안정성은 입양 형태가 변화하는 요인이 되었다. 수양, 시양을 선택하는 사람이 감소하고, 법제적으로 보다 안정적인 봉사자 및 가계계승자로서의 지위와 권리를 보장받는 계후자를 세우는 사람이 증가하게 되었던 것이다.

Ⅴ장에서는 입후법의 제정과 운용, 15~16세기 입후법 정착을 위한 정부의

시책을 중심으로 살펴보았다.

입후법 제정 이전의 입양에 관한 정책은 수양과 시양을 구분하여 시양자녀의 법적 권리와 의무를 약화시키는 방향으로 이루어졌고, 수양자녀나 시양자녀가 유교적 제사형태에 의해 제사를 이행하는 봉사자로서의 역할을 하도록 유도하지는 못하였다. 따라서 아들 없는 가족의 유교적 제사형태 확립을 위해 봉사자 선정 기준을 마련할 필요가 있었다. 더구나 입후법 제정 이전 사대부들과 대소인리(大小人吏)들에게 강제적으로 가묘를 설립하도록 하는 조치가 행해져 유교적 제사형태 확립의 형식적 기반이 어느 정도 구축됨으로써 입후법 제정의 필요성은 더욱 증가하였다. 이에 따라 세종 19년(1437) 입후의 대상, 입후의 절차, 입후된 자의 지위 등을 규정한 입후법이 제정되었다.

입후 대상과 입후 절차를 살펴보면, 부측(夫側) 동성 친족 중 장자(長子)가 아닌 지자(支子)를 입후하도록 하는 기본 원칙을 세웠고, 양가(兩家)의 아버지가 관에 고하여 허가를 받도록 하되 입후하는 집에서는 아버지가 없으면 어머니가 관에 고할 수 있도록 하였다. 이 규정은 『경국대전』의 최종본인 『을사대전』 입후조에 다음 내용이 보완되어 수록되었다. 즉, 적처와 첩에 모두 아들이 없는 사람만 입후가 가능하도록 하는 부가 조건이 규정되고, 손자 항렬의 입후가 금지되었으며, 입후하는 집 뿐 아니라 양가(兩家) 모두 아버지가 사망하였으면 어머니가 관에 고할 수 있도록 하였다. 입후법의 제정은 가계계승을 위한 부측(夫側) 동성 양자 입양이 거의 이루어지지 않고 있는 상태에서 기존에 존재하던 입양 형태와는 별도로 가계계승을 원하는 사람을 위하여 입후의 기준을 마련한 법이라는 데 의미가 있다. 또한 입후 대상자를 선정하는 기준을 제시하는데 그치지 않고, 개별 입후에 대해 허가제를 실시하여 중앙 정부에서 감독함으로써 입후를 하고자 하는 개인들이 입후법을 준수하도록 하였다.

입후법이 제정됨으로써 입후를 하고자 하는 사람은 예조에 소지(所志)를 제출하여 입안(立案)을 발급받아야 했다. 예조에서 발급한 계후입안의 내용을 살펴보면, 계후입안의 발급 절차는 입후법을 충실히 이행했는지의 여부를 중앙 정부 차원에서 확인하는 절차였다는 점을 알 수 있다. 이렇게 정부에서는 입후법의 이행을 계후입안 발급 절차를 통해 감독함으로써 입후법을 준수하도록 하였다. 그런데 입후법은 입후를 강제하는 법이 아니라 입후의 기준을 제시한 법이었다. 따라서 이는 입후를 원하는 사람에게만 적용되던 규정이었다. 아들이 없는 부부가 딸이나 외손에게 봉사를 하도록 한다거나 자녀가 없는 부부가 각자 혹은 함께 수양자녀나 시양자녀를 들인다 하더라도 이러한 개인의 선택에 대해서까지 국가에서 관여하지는 않았다. 대신 유교적 가족질서 정착을 위한 조치들을 꾸준히 추진해 나가고 계후입안을 발급받은 계후자의 지위를 보장하기 위한 법을 제정함으로써 아들이 없는 사람들이 입후를 하도록 유도하였다.

입후된 집안에서의 계후자의 지위에 대한 규정은 복상 규정과 상속 규정이 대표적이다. 복상 규정에서는 양부모와 양부모 측 친족에 대해서는 친자와 같이 복을 입고, 친부모와 본종(本宗)의 친족에 대한 복은 1등급을 감하도록 하였다. 또한 상속 규정에서는 계후자는 법제적으로 적자승중자(嫡子承重子)의 대우를 받도록 한 반면 수양자녀나 시양자녀의 상속상의 지위는 약화되어 갔다.

이렇게 입후법을 제정한 후 중앙 정부 차원에서 입후법 준수를 감독하였고, 입후를 유도하기 위한 제도적 기반을 마련해나갔다. 그리고 이외에도 입후법 정착을 위한 다음과 같은 조치가 행해졌다. 세종은 입후법 제정 당일 자신의 아들인 광평대군과 금성대군을 공순공 방번과 소도공 방석의 계후자로 세우는 등 후사 없이 사망한 의친(議親)과 공신에게 입후법에서 규정한 입후 대상에 부합하는 부측(夫側) 동성 친족을 계후자로 세워 주고 가묘를 세우고 봉사하도록 하였다. 세종은 이러한 조치를 통해서 입후법의 현실 적용 의지를 표명하였다. 또한 공신인 김덕생에 대해서는 딸과 외손이 있는데도 동성 3촌질을 입후하도록 함으로써 아들이 없으면 딸이 있더라도 입후를 해야 한다는 점을 사대부들에게 인식시키고자 하였다.

한편, 중종반정 이후에는 입후법에 어긋나는 입후라고 하더라도 왕의 특명으로 허락하는 법외입후(法外立後)가 나타나게 되었다. 법에 어긋나는 데 특은에 의해 입후를 허락받은 경우는 첩자가 있는 경우, 입후 대상자가 장자인 경우, 양가(兩家) 중 한 쪽의 부모가 모두 사망한 경우가 있었다. 이는 연산조에 피화된 사람들의 후사를 이어준다는 명목으로 법에 어긋나는 입후라 하더라도 왕의 특명으로 허락해주었던 데서 비롯되었다. 그런데 이것이 전례가 되어 공신이나 재상이 청하는 경우나 일반 사대부들 중에 정리가 절박하다고 판단되는 경우 법에 어긋나더라도 왕의 특명으로 입후를 허락하는 현상이 나타나게 되었다. 이는 점차적으로 왕의 일시적인 은혜라는 측면에서 벗어나 입후를 장려하는 수단으로 이용되기도 하였다. 이러한 현상은 법이 유교적 사회질서 정착을 이끌었던 단계에서 유교 이념의 실천이 강조되고 법과 정책은 이를 도와주는 역할을 하는 단계로 나아가고 있었음을 보여준다.

Ⅵ장에서는 수양·시양자녀 입양 형태가 변화하고 입후가 증가해 가는 과정을 살펴보았다. 이를 통해 유교적 제사형태가 정착되어가는 상황 속에서 자식 없는 사람들이 사후에 제사를 안정적으로 받고자하면서 손외(孫外)에 재산을 주는 것을 꺼리던 관행의 기존 친족 질서 유지의 역할이 점차 약화되어 가는 과정을 파악할 수 있었다.

입후법이 제정된 후에도 15세기에 입후를 행하는 사람이 극소수였던 이유는 당시의 친족관계와 상속 관행에 기인한 바 크다. 부처(夫妻)가 각각 자신의 친족에 대한 소속감을 강하게 가지고 있으며, 자신과 혈연관계가 있는 친족에게 재산을 증여·상속하는 사회상속에서 처가 부측(夫側) 친족을 부부 공동의 양자인 계후자로 세우고 그에게 부처의 재산을 모두 상속하게 되는 입후를 선택하기가 쉽지 않았던 것이다. 더구나 종법적 가계계승의 측면보다 부모나 조상을 추모하는 차원의 봉사가 더 중요시되어 가묘제(家廟祭)보다는 기일제(忌日祭)나 묘제(墓祭)를 중시하였던 당시 상황에서는 계후자를 세워야 할 필요성을 느끼지 못하였다. 또한 당시 사람들은 아들이 없더라도 딸이 있는 경우에는 후사가 끊겼다는 생각을 하지 않았기 때문에 입후를 하려 하지 않았다. 그러나 효를 장려하고 유교적 제사형태 확립을 유도하는 조선 정부의 정책이 행해지는 가운데 제사의 중요도가 증가하였으며, 이에 따라 사후 제사를 안정적으로 받고자 하는 사람들 역시 증가하였다. 또한 계후자는 정부에서 인증한 봉사자였을 뿐 아니라 법제적으로 입후된 집안에서의 적자승중자로서의 권리와 의무를 보장받은 존재였다.

이러한 상황에서 15세기 말에는 자식 없는 사람들의 안정적 봉사자 확보의 바람을 충족시키면서 당시의 친족관계, 상속 관행과의 충돌을 최소화하는 방편의 입양이 나타났다. 그 하나는 입후법에 의해 계후자를 세우더라도 처는 자신의 친족을 수양자녀나 시양자녀로 삼음으로써 재산을 계후자에게 모두 증여·상속하지 않고 자신과 혈연관계가 있는 친족에게도 증여·상속하는 방법이었다. 또 다른 하나는 입후를 하지 않고 부측(夫側) 동성 친족을 수양자나 시양자로 삼아 봉사를 맡김으로써 그들에게 부처(夫妻)의 봉사를 맡기더라도 처의 재산은 일부만 증여하는 방법이었다.

이러한 변화는 16세기가 되면 더욱 두드러지게 나타났다. 16세기의 분재기에는 부(夫)의 친족을 수양자나 시양자로 삼아 처의 재산까지 증여한 사례들이 나타난다. 그런데 이들을 입양한 목적은 이들에게 봉사를 맡기고자 하거나 가계계승자로서의 역할을 기대해서였다. 이렇게 여성들이 안정적으로 봉사자를 확보하고자 하면서 부측(夫側) 동성 친족을 수양자나 시양자로 삼아 처의 재산까지 증여하며 부처(夫妻)의 제사를 맡기는 현상이 나타났다. 또한 가묘제(家廟祭)가 자리잡아나가면서 부측(夫側) 동성 친족인 수양자나 시양자에게 종법적 가계계승자로서의 역할을 기대하기도 하는 등의 모습이 나타나기도 하였다.

한편 16세기에는 입후도 점진적으로 증가하는 양상을 보였다. 입후의 증가는 19세기에 이르기까지 지속적으로 나타나지만 증가의 단초는 16세기에 이미 마련된 것으로 보인다. 16세기에 입후가 증가하게 되었던 실제적인 이유를 두 가지로 정리해 보면 안정적으로 봉사자를 확보하고자 하는 여성이 증가하였다는 점과 많은 사대부들이 첩자 승중(妾子承重)을 꺼렸다는 점을 들 수 있다.

16세기에 이르러 여성들이 안정적으로 봉사자를 확보하고자 하면서 자식이 없는 집안에서는 손외에 재산을 주는 것을 꺼리던 관행의 영향력이 감소되어갔다. 이는 사회적으로 입후에 대한 거부감 역시 감소되어가고 있었음을 의미하는 것이라고 할 수 있다. 그 결과 남편이 사망한 이후에도 적극적으로 계후자를 세우고자 하는 여성들도 나타나고, 수양자나 시양자를 계후자로 삼고자 하는 이들도 나타나게 되었다.

한편, 국초부터 법적으로 첩자 승중권을 인정하였고, 『경국대전』 입후조에서는 적처와 첩에 모두 아들이 없는 경우에만 입후할 수 있도록 하였다. 그러나 실제로 첩자가 있더라도 모계의 신분이 천한 첩자에게 가계계승을 시키고자 하는 사람은 많지 않았으며, 적처의 입장에서는 더욱 그러하였다. 이러한 상황에서 중종대 이후 특은에 의한 입후가 행해지면서 첩자가 있는 사람들 중에 입후를 하고자 하는 사람들이 나타나게 되었다. 동성 친족 중 소목에 합당한 자를 수양자나 시양자로 삼아 봉사를 맡긴다 하더라도 첩자가 있는 경우에는 이들의 봉사권이 불안정하였다. 그런데 16세기에 이르러 적처와 첩에 모두 아들이 없는 경우에만 입후를 할 수 있도록 한

『경국대전』 입후조 규정의 적용이 완화되자 첩자가 가계계승을 하여 가격(家格)이 떨어지는 것을 원하지 않고 안정적인 가계계승자를 확보하기를 원하였던 사람들은 입후를 선택하게 되었던 것이다.

이러한 논증을 바탕으로 서론에서 제시했던 네 가지 문제에 대하여 정리해 보고자 한다.

첫째 15세기 수양·시양자녀 입양 실태 분석을 통해서 이 시기 고려 풍속이 지속된 조선 전기의 사회상과 당시 사대부들의 의식 및 생활을 살펴볼 수 있었다.

먼저 이 시기에 부처(夫妻)가 각각 자신과 혈연관계가 있는 친족을 양자녀로 삼는 현상이 나타났음을 확인할 수 있었다. 이는 계통을 구분하지 않고 혈연을 중시하는 친족관계와 이러한 친족관계에서 파생된 손외여타 금지 관행으로 인해 나타나게 된 현상이었다. 계통을 구분하지 않고 혈연을 중시하였던 친족관계의 특성이 당시 사람들의 이와 같은 행위 패턴을 이끌어 내었던 것이다. 여성들은 혼인 후에도 친가와 혼인 전의 관계를 그대로 유지하였는데, 이는 친가와의 관계가 소원해지고 여성이 부가(夫家)에서 자신의 정체성을 찾는 조선 후기의 생활 모습과는 다르다는 점에서 기존의 많은 가족, 친족 관련 연구들에서 주목받아 왔던 부분이다. 이를 15세기에 부처(夫妻)가 각자 자신의 친족을 양자녀로 삼는 것을 선호하는 수양·시양 자녀 입양 실태를 통해서도 확인할 수 있었다.

기본적으로 이러한 입양 풍속이 나타날 수 있었던 것은 당시의 친족관계 때문이었지만 당시 사람들의 의식과 봉사 관행 역시 이러한 입양 관행이 유지되는 데 영향을 미쳤다. 수양·시양자녀가 계후자나 현대의 양자녀와 같이 법으로 그 지위의 안정성을 보장받지는 않았을지라도 양자녀가 된 이상 양부모를 봉양하거나 봉사를 담당하는 등 자녀로서의 역할을 하였다.

그런데 이 시기에는 불교나 민간신앙에 의해 제사가 행하였으며, 종법적 가계계승에 대한 관념이 희박하였으므로 아들이 없다 하더라도 조선 후기와 같이 부측(夫側) 동성 친족을 봉사자로 삼고자 하지 않았다.

또한 부처(夫妻) 양측의 친족 외에도 입양 대상에 제한을 받지 않고 다양한 목적을 가지고 수양·시양자녀를 입양하기도 하였다. 각자가 자신이 처한 상황에서 자신의 이익을 극대화하기 위해, 혹은 현실적인 필요에 의해, 혹은 서로간의 친밀감 때문에 부처에 모두 혈연관계가 없는 타인(他人)과도 양부모, 양자녀 관계를 맺었던 것이다. 양부모, 양자녀 관계가 개인들간의 합의만 있으면 성립되었기 때문에 이러한 현상이 나타났던 것은 자연스러운 현상일 수 있었다. 그런데 이러한 입양이 왕실과 상류층에서도 이루어졌다는 점이 주목된다. 유교적 가족질서 확립을 위한 법을 제정해나가고 있던 위정자들이 사적으로는 이와는 거리가 먼 입양을 행하고 있었던 것이다. 당시 관료들 중에는 공적으로는 유교사상에 입각하여 정책을 입안하고 시행하면서도 사적으로는 기존 관행들을 답습하는 경우가 많았다.

한편, 부처(夫妻)에 모두 혈연관계가 없는 타인(他人) 입양이 이루어지는 주요한 원인 중 하나로 양부모의 재산 획득을 들 수 있다. 재물 획득을 위한 양부모, 양자녀 관계 형성이 사대부층에서 자연스럽게 행해지고 있었던 것도 15세기 사회의 한 단면이라고 할 수 있다. 그리고 양부모 재산을 획득하기 위해 적극적으로 권리를 주장하며 소송에 임하는 모습이 나타나는데, 이는 재물을 두고 다투는 것을 비루하게 여기는 유자(儒者)의 삶과는 거리가 있는 것이다. 이를 통해 재산상속 대상자가 소송을 통해 적극적으로 자신의 권리를 찾는 것에 대한 사회적 비난이나 제재가 적었던 이 시기 사회상을 확인할 수 있었다.

둘째 15세기 수양, 시양 관련법과 입후법의 성격 및 그 운용 방식을 살펴보면, 유교적 가족질서를 확립하기 위한 정책의 추진과 현실에 대한 고려가 적절하게 조화를 이루었음을 알 수 있다.

　15세기 조선 정부에서는 유처취처(有妻娶妻) 행위나 가묘를 설립하지 않는 행위와 같이 유교적 가족질서를 확립하기 위한 기본적인 요소이면서 처벌이 효력을 발휘할 수 있는 사안에 대해서는 강제적 수단을 이용하기도 하였다. 그러나 처벌을 통해서 기존 관행을 쉽게 바꾸기 어려운 경우 기준을 제시하고 그 기준에 따르도록 유도하는 정책을 실시하였다. 입양 관련 정책도 이러한 정책이라 할 수 있다.

　건국 직후 조선의 위정자들은 기존 입양 관행을 정비하기 위해 수양과 시양을 구분하고, 시양자녀의 법제적 위상을 약화시켰다. 그런데 이는 기존 입양 관행에 대한 전면적 배척이나 이성 입양 금지와 같은 강제적인 조치가 아니었고, 시양자녀의 상속분 축소와 같은 간접적이고 소극적인 조치였다. 이는 당시 사회에서 성행하고 있던 입양 형태인 수양, 시양이 가지고 있던 긍정적 기능을 인정하는 것이기도 했다.

　또한 세종대에 제정된 입후법은 입후의 기준을 마련한 법이었고, 강제성이 있는 법은 아니었다. 그리고 입후법 제정 이후에도 수양, 시양을 금지하는 조치를 취하지 않음으로써 입후와 수양, 시양이 공존할 수 있도록 하였다. 이 때문에 조선 전기에는 상류층에서도 수양, 시양이 성행할 수 있었다. 대신 입후를 원하는 사람들은 예조의 허가를 받도록 함으로써 중앙 정부에서 개별 입후가 법에 어긋나지 않도록 감독하였으며, 입후법이 자리잡을 수 있도록 계후자의 적자승중자(嫡子承重子)로서의 위상을 확고히 하는 법들을 제정하였다. 특히 계후자가 적자승중자로서 양모의 재산까지 모두 상속받을 수 있도록 한 것은 유교적 제사형태 정착을 명분으로 하여 손외여타 금지의 상속 관행을 완화시킨 가장 대표적인 조치라 할 수 있다. 이러한 조치들로 인해 소후부모(所後父母)와 계후자의 관계는 정부에서 인증하고 법에 의해 보호받는 안정적인 관계가 되었고, 계후자의 봉사권이나 재산상속권 역시 안정적으로 보장받게 되었다. 이에 따라 입후는 안정적인 봉사자 및 가계계승자 확보를 위한 최선의 방편으로 부상하게 되었다.

한편, 유교적 제사형태 확립을 위한 정부 정책이 점차 실효를 거두게 되면서 사후 제사를 안정적으로 받고자 하는 사람들이 늘어나게 되었다. 안정적인 봉사자를 확보하고자 하는 사람들이 증가하면서 법으로 봉사자 및 가계계승자의 지위를 안정적으로 보장받는 계후자를 세우는 사람들이 증가하게 되었다. 이렇게 법에 의해 강제되지 않고 개인의 필요에 의해 입후가 증가하게 됨으로써 입후가 더욱 견고하게 정착되어 나갈 수 있게 되었다. 강제적인 수단을 이용하지 않고 기존 관행을 적절하게 인정하며, 아들이 없는 사람이 입후를 선택할 수 있도록 하는 법제적 기반을 조성해 나갔던 정책이 장기적인 관점에서 보았을 때는 더욱 효과적인 정책이었던 것이다.

셋째 입양 관련 정책의 변화를 통해 15~16세기 사회상의 변화를 확인할 수 있었다.

15~16세기의 입양 관련 정책은 기존 입양 관행의 정비 단계, 입후법의 제정과 계후자 위상의 강화 단계, 법외입후(法外立後)의 허용을 통한 입후법의 탄력적 운용 단계로 나눌 수 있다. 우선 조선 건국 후 위정자들은 유교적 제사형태 정착에 장애가 되는 기존 입양 관행을 수양과 시양으로 구분하여 시양자녀의 법제적 위상을 축소시켰다. 이는 유교적 가족질서 확립을 위한 적극적인 조치가 아니었고, 입후법 제정의 전단계로서 기존 입양 관행을 정비하는 조치였다.

이후 세종대에 입후법과 계후자 위상을 강화하는 법을 제정함으로써 아들 없는 사람들이 입후를 선택할 수 있도록 하는 법제적 기반을 마련하였다. 입후법을 제정함으로써 입후의 기준을 제시하고 중앙 정부 차원에서 이 법의 이행을 감독하였으며, 계후자의 적자승중자로서의 법제적 위상을 확립함으로써 입후를 유도하였다.

중종반정 이후에는 첩자가 있는 경우, 입후 대상자가 장자인 경우, 양가(兩家) 중 한 쪽의 부모가 모두 사망한 경우 등 입후법에 어긋나는 입후라고 하더라도 왕의 특명에 의해 허가해 주는 법외입후(法外立後)가 출현하게 되었다. 이는 처음에는 정치적 이유에서 시작되었지만 점차적으로 부측(夫側) 동성 친족 중 소목에 합당한 친족이 있는데도 법조문에 저촉되어 입후를 하지 못하는 사람을 구제해주는 역할을 함으로써 입후를 장려하는 수단으로 변화하였다.

이를 통해 15세기에 법이 유교적 사회질서 정착을 이끌었던 단계에서 16세기가 되면 유교 이념의 실천이 강조되고 법과 정책은 이를 도와주는 역할을 하는 단계로 변화해갔음을 알 수 있다. 즉, 법보다도 사족들 사이에 형성된 도덕적 기준이 유교적 사회질서 정착을 이끌어 가는 방향으로 변화해 갔던 모습을 확인할 수 있는 것이다.

넷째 16세기 수양·시양자녀 입양 형태가 변화하고, 입후가 증가해가는 과정을 통해 사대부들의 의식 및 생활의 변화를 살펴볼 수 있었다.

16세기 수양·시양자녀 입양 형태를 살펴보면, 15세기에 나타났던 다양한 형태의 입양이 사라져가고 주로 봉양이나 봉사를 바라고 부측(夫側) 동성 친족을 수양자나 시양자로 삼는 방향으로 입양 형태가 변화하는 현상이 나타났다. 이는 사대부 사회가 적어도 표면적으로는 유교적 윤리 기준에 합당한 욕구 표출만이 용인되는 방향으로 변화해 갔음을 알려준다. 유교 이념의 실천성이 강화되어 가는 사회 분위기 속에서 당시의 사대부들에게 성리학을 공부하는 사인(士人)으로서 이에 걸맞는 행동이 요구되었으며, 이에 따라 이들의 욕구 표출 방식도 변화해가고 있었던 것이다.

한편, 이 시기에는 자식 없는 부처(夫妻)가 각각 자신의 친족을 양자녀로 삼아 자신의 조상에게서 받은 재산을 그 양자녀에게 증여·상속하고자 하였던 형태에서 부측(夫側) 친족을 양자로 삼아 그에게 봉사를 맡기고 처의 재산까지 증여·상속하는 형태로 변화하는 현상이 나타났다. 이러한 변화는 사회 구성원들이 안정적 봉사자 확보를 원하면서 기존의 친족관계나 상속 관행이 변화해나가고 있었다는 것을 의미한다. 즉, 종래의 친족관계보다 부가(夫家)를 중심으로 한 봉사와 가계계승이 더 중요해지게 되어가는 과정을 입양 형태의 변화를 통해 생생히 파악할 수 있다. 이는 자식 없는 집안에서 부계(父系)중심 가족질서가 형성되어가는 과정을 보여주는 것이기도 하다.

_ 부록

15, 16세기 양자녀 재산 증여 관련 고문서

범 례

1. 문서 수록 기준

1) 15, 16세기 수양자녀나 시양자녀에게 재산을 증여한 분재기와 이러한 분재기가
   포함된 점련문서를 탈초하여 수록하였다.
2) 문서의 원본을 확인할 수 있는 자료에 한하여 수록하였다.

2. 탈초 원칙

1) 행 바뀜, 각 행의 첫 글자의 위치, 대두, 격자 등을 가능한 한 원 문서와
   동일한 형태로 수록하였다.
2) 결락된 글자는 □로 표기하였다. 글자의 추정이 가능한 경우도 있으나 추정
   글자를 기입하지 않고, 원문대로 표기하였다. 결락된 글자 수의 파악이 가능한
   경우는 결락된 글자 수만큼 □를 기입하였고, 글자 수를 알 수 없는 경우는
   □…□로 표기하였다.
3) 판독하기 애매한 글자는 ▨로 표기하였다.
4) 이두에는 밑줄을 그어 표시하였다.
5) 소지 및 공함 답통의 접수일과 소지의 제사는 굵은 글씨로 기입하였다.

1. 승니 장씨가 수양녀 박씨에게 노비를 허여한 문기와 사급 입안(斜給立案)

1) 문서 작성 연도 : 1408년(태종 8, 戊子)

2) 증여자 : 승니(僧尼) 장씨(張氏)

3) 수급자 : 임을재(林乙材) 처 박씨(朴氏) [수양녀, 6촌 손녀]

4) 문서 개요 : 이 점련문서는 1408년(태종 8) 승니 장씨가 수양녀인 6촌 손녀 임을재 처 박씨에게 노비 1구를 허여한 분재기를 공증받은 문서로, 소지, 분재기, 증인 및 필집의 초사, 입안의 순으로 점련되어 있다. 이 문서는 조선 초기 양반 출신 승니의 수양녀 입양 실례를 확인할 수 있는 자료이다.

[소지]

01　□…□

02　□…□<u>段收養六</u>□…□

03　□…□<u>成給爲白臥乎</u>□…□

04　相考<u>斜只</u>

05　□<u>踏印立案</u>

06　<u>成給</u><u>向敎是事</u><u>望內白臥乎事是亦在謹言</u>

07　楊州府官　　處分

08　永樂六年二月　日所志

09　　　　　　　　　　　付

10　　　　　　　　同月卄六

11　　　　　　　　　　監

12　　　　　　府使〈押〉

[분재기]

01　永樂六年戊子正月十八日<u>成文爲臥乎事段女矣身</u>□…□

02　扶護隅<u>無乎等用良</u>六寸孫女子故聞慶監務林乙材妻□…□

03　□微少時<u>始叱</u>長養<u>爲乎在亦</u>　<u>自矣亦</u>前後如一誠□孝□…□

04　<u>用良父邊傳來婢長夫伊矣</u>二所生婢目隱□…□

05 肆拾己酉生矣身乙 曾只許給爲乎亦中右婢亦累□…□

06 推尋不得乙仍于明文成給不冬爲有如乎右婢亦□…□

07 有臥乎等用良許與成給爲臥乎子孫傳持鎮長使用爲□…□

08 萬分爭望隅有去等此文字內事意乙用良告官辨別□…□

09   財主尼僧張□…□

10   證人前神虎衛精勇散員朴□…□

11   筆執幼學申〈手決〉□…□

[증인, 필집의 초사]

01   永樂六年二月卄六日佇音

02   前神虎衛精勇散員朴弘義年六十五

03   幼學申緝年二□□

04   節進來推考敎是臥乎事段尼僧張氏亦收養六寸孫女子故□

05   慶監務林乙材妻朴氏處亦中婢目隱加伊矣身乙許□

06   成給次朴弘義矣段訂人申緝矣段筆執爲等如□…□

07   □爲白臥乎所的是白臥乎在等以□…□乎所乙用良斜只敎□…□

08   乃各各是白乎所⊠白乎事是亦在

09   帖問

10   白〈手決〉

11   白〈手決〉

12 府官〈押〉

[입안]

01   永樂陸年戊子貳月貳拾陸日立案

02   右所志連次奴婢許與乙良證筆進來推考佇音□…□

03   上粘連斜只監踏印爲置立案退向事合行立案□…□

04 楊州府使〈押〉

224

◇ 탈초 저본 전거 : 남권희 교수 제공 홍해 배씨 고문서 CD

2. 김효지 처 황씨가 계후자, 수양녀, 시양녀 등에게 노비를 허여한 문기와 사급 입안

1) 문서 작성 연도 : 1480년(성종 11, 庚子)

2) 증여자 : 김효지(金孝之) 처 황씨(黃氏)

3) 수급자 : 김효로(金孝盧) [계후자, 김효지의 4촌 손자], 명주(明珠) [수양녀, 김효지의 4촌 손녀], 김간(金澗) 처 김씨(金氏) [시양녀, 황씨의 3촌 질녀], 김효지의 3촌질 및 4촌 손자·손녀 6인

4) 문서 개요 : 이 점련문서는 1480년(성종 11) 김효지 처 황씨가 계후자, 수양녀, 시양녀 및 남편의 3·4촌 친족들에게 남편 김효지의 노비를 허여한 분재기를 공증받은 문서로, 분재기, 증인 및 필집의 초사, 공함(公緘) 문비(問備), 재주 황씨의 공함 답통(答通), 입안의 순으로 점련되어 있다. 사급 입안을 청한 소지는 분리되어 분실된 것으로 보인다. 이 문서는 기존 입양 관행에 의한 양녀인 수양녀, 시양녀와 15세기 입후법 제정에 의해 출현한 양자인 계후자가 함께 재산 증여 대상자로 등장하는 조선 전기 입양 연구의 중요한 자료이다. 또한 처가 사망한 남편의 노비를 계후자, 수양녀, 시양녀 및 남편의 3·4촌 친족들에게 증여한 문서로, 15세기 친자녀 없이 사망한 사람의 재산 분급 실례를 보여준다.

[분재기]

01 成化拾陸年庚子拾貳月拾伍日許與<u>爲臥乎事段</u>女<u>矣</u>身亦無子息<u>爲沙餘</u>□…□

02 賤妾子女<u>無白乎等用良吾矣</u>使用<u>爲如乎</u>家翁邊奴婢<u>乙</u>繼後子收養侍養□…□

03 中論功差等分給<u>爲臥乎</u>繼後子生員孝盧衿婢龍粉二所生奴凡伊年貳婢□…□

04 今年拾壹三所生婢貴非年玖婢訥叱之二所生奴嚴同年貳婢內隱伊二所生□…□

05 捌婢龍德四所生婢龍莊年拾捌奴紅萬良妻幷産二所生奴加音金年拾陸□…□

06 年拾貳婢甘時三所生婢耳德年肆拾參婢四月二所生婢正月年參拾壹五所生□…□

07 拾參婢內隱伊四所生奴小山年拾婢耳莊二所生婢義今年拾參主祀婢亐乙莊□…□

08 參拾捌婢內隱德二所生逃奴金仇知收養女子明珠衿婢求瑟二所生婢屎□…□

09 二所生婢德今年拾婢甘莊一所生婢桂樹年拾參婢四月一所生故婢仍邑德□…□

10 參奴莫知良妻并産二所生奴亡乃年拾肆婢龍粉一所生婢權德年玖婢亐□…□

11 年參拾陸同婢一所生奴嚴山年伍婢元非一所生婢元今年貳拾壹婢耳德一□…□

12 婢內隱加年陸奴紅萬良妻并産一所生婢訥叱非年拾玖侍養三寸姪女故別侍衛□…
□

13 婢屎非一所生婢屎今年拾參婢甘莊五所生奴貴山年壹三寸姪別侍衛鄭仁老□…□

14 槨准備爲沙餘良連連進退爲旀女矣得病時盡情侍病爲臥乎等用良奴莫之良妻并□
…□

15 拾婢內隱伊一所生婢內隱代年貳拾貳婢亡吾之四所生婢四月年伍拾柒四寸孫子忠
贊□…□

16 矣父母上京爲去乙二年乙女矣家長養爲沙餘良時時往來孝道爲臥乎等用良婢內隱
□…□

17 婢今伊所生逃奴內隱松四寸孫女別侍衛周鐵守妻鄭氏段數數來往孝道爲臥乎等□
…□

18 音代年拾陸三寸姪故參軍金蔡妻李氏段其矣家翁死後良中置來往孝道爲臥乎□…
□

19 隱伊年肆拾捌二所生婢耳莊年肆拾陸四寸孫女幼學權叔平妻金氏段數數往來孝道
□…□

20 生婢哲非年拾陸孼四寸孫子金長龍段兒時始叱往來孝道爲旀女矣得病時晝□…□

21 良遠處奴婢等乙有功捉來爲臥乎等用良婢耳莊一所生婢文德年貳拾柒同婢一所□
…□

22 生奴末之年貳拾玖爲等如各衿亦中分給爲臥乎各各後所生幷以子孫傳持鎭長使用
爲□…□

23 爲行去等此文字內事意乙用良告官辨別爲乎事是亦在

24 　　　　　　　　　　　　　財主故別侍衛金孝之□…□

25 　　　　　　　　　　　　　證保錄事□…□

26 　　　　　　　　　　　　　證保勵節校□…□

27 　　　　　　　　　　　　　四寸孫壻進□…□

28　　　　　　　　　　　　　　　　　　　筆執前□…□

[증인, 필집의 초사]

01　　　　庚子十二月十八日

02　　　　　前司勇林克仁年六十六進士金萬鈞年卅　勵□…□

03　　　　　錄事禹亨元年卅一

04　　　節推考白等故別侍衛金孝之妻黃氏敎是□…□

05　　　金孝盧及收養女子明珠侍養三寸姪女故別□…□

06　　　姪別侍衛鄭仁老四寸孫子忠贊衛金孝源四寸孫□…□

07　　　妻鄭氏三寸姪故參軍金蔡妻李氏四寸孫女幼學□…□

08　　　擧四寸孫子金長龍等亦中論功差等奴婢分給□…□

09　　　林克仁段筆執金萬鈞尹秋禹亨元等段訂保□…□

10　　　叱乎所的是白乎事是良厼科科以相考施行□…□

11　　　　　　　　　　　　　　　　　　白□…□

12　　　　　　　　　　　　　　　　　　白□…□

13　　　　　　　　　　　　　　　　　　白□…□

14　□府使〈押〉　　　行判官

[공함 문비]

01　別侍衛金孝之妻黃氏宅　上狀

02　　　消息相考

03　　告課爲白乎所有良厼繼姓子生員□…□

04　　　女子明珠侍養三寸姪女故別侍衛□…□

05　　　三寸姪別侍衛鄭仁老四寸孫子□…□

06　　　四寸孫女別侍衛周哲[1]守妻鄭□…□

---

1) 분재기, 재주의 공함 답통, 입안에서 모두 '周鐵守'라고 기재되어 있다는 것을
　감안하면, '哲'은 '鐵'의 오기로 판단된다.

07　　　軍金蔡妻李氏四寸孫女幼學□…□

08　　　氏孼四寸孫寸2)金長龍等亦中□…□

09　　　揀奴婢傳係敎眞僞相考

10　　　記下向敎是事 右味

11　　　　知乎白次

12　　　成化十六年十二月十八日

[재주의 공함 답통]

01　　　消息節

02 公緘內繼後子生員金孝盧收養女子明珠侍養三寸姪女故別侍衛金□…□

03　　　老四寸孫子忠贊衛金孝源四寸孫女別侍衛周鐵守妻鄭氏三寸□…□

04　　　女幼學權叔平妻金氏孼四寸孫子金長龍等亦中論功差等奴婢□…□

05 公緘是白有亦女矣夫妻亦無子息家翁先沒爲白乎等用良家翁邊□…□

06　　　爲白乎矣繼後子生員金孝盧衿奴婢主祀條幷拾伍口收養女子□…□

07　　　養三寸姪女故別侍衛金澗妻金氏衿奴婢幷貳口三寸姪別侍衛□…□

08　　　孫子忠贊衛金孝源衿奴子貳口四寸孫女別侍衛周鐵守妻鄭□…□

09　　　軍金蔡妻李氏衿婢子貳口四寸孫女幼學權叔平妻金氏□…□

10　　　龍衿奴婢幷參口爲等如證筆俱成文許給爲白乎事是良□…□

11 相考施行向敎是事 右味

12　　　聞是白次

13 成化十六年十二月十九日　　　故別侍衛金孝之妻黃□〈圖書〉

[입안]

01　　　成化十六年十二月　日安東府立案

02　　　右立案爲奴婢事連次所志內乙用良係□…□

03　　　盧收養女子明珠三寸姪女故別侍衛金□…□

04　　　侍衛鄭仁老四寸孫子忠贊衛金孝源四□…□

---

2) '寸'은 '子'의 오기로 판단된다.

228

05 鐵守妻鄭氏三寸姪故參軍金蔡妻李□…□

06 權叔平妻金氏孼四寸孫子金長龍等亦□…□

07 僞筆訂各人進來閱實爲所財主故□…□

08 黃氏處公緘問備答通內上項各處奴婢□…□

09 是乎味答通是乎等用良傳來賤籍推□…□

10 順五年十一月十三日故別侍衛金孝之妻□…□

11 婢花名件記乙用良禮安官以成給立案粘連□…□

12 內亡夫金氏婢亐乙莊矣一所生婢龍德矣一所生□…□

13 申生婢亐乙莊矣三所生婢甘莊年十九癸亥□…□

14 叱之年十七甲子生婢內隱伊年六十三己卯□…□

15 六十壬午生婢甘時三所生婢內隱伊年三十□…□

16 貴德年二十七乙卯生五所生婢貴莊年二十□…□

17 士伊二所生婢同飛年十八甲子生婢元德二所□…□

18 廿八甲寅生是如施行同官斜出件記是齊□…□

19 酉十二月日財主前朝奉大夫典醫少監金□…□

20 子金崇之等子息同着名無斜只白文□…□

21 之衿母邊奴季龍良妻大召史幷産所生□…□

22 二十七故奴亐石良妻小斤幷産婢內□…□

23 婢甘莊所生婢甘時年二十七婢亡吾之所生□…□

24 奴之奇良妻延加幷産婢內隱伊年□…□

25 生婢亐乙莊故奴末乙彦良妻仇叱加幷□…□

26 年三十是如施行他奴婢幷付許與□…□

27 斜只葉作粘連退向事合行立□…□

28 行安東大都護府使〈押〉　行判官〈押〉

◇ 탈초 저본 전거 : 왕실도서관 장서각 디지털 아카이브(http://yoksa.aks.ac.kr),
문중고문서, 안동 광산김씨 후조당(安東 光山金氏 後彫堂)

3. 김효지 처 황씨가 계후자, 수양녀, 시양녀에게 가사(家舍)와 전답(田畓)을 허여한 문기와 사급 입안

1) 문서 작성 연도 : 1480년(성종 11, 庚子)

2) 증여자 : 김효지(金孝之) 처 황씨(黃氏)

3) 수급자 : 김효로(金孝盧) [계후자, 김효지의 4촌 손자], 명주(明珠) [수양녀, 김효지의 4촌 손녀], 김간(金澗) 처 김씨(金氏) [시양녀, 황씨의 3촌 질녀]

4) 문서 개요 : 이 점련문서는 1480년(성종 11) 김효지 처 황씨가 계후자, 수양녀, 시양녀에게 가사와 전답을 허여한 분재기를 공증받은 문서로, 분재기, 재주 황씨의 공함 답통, 증인 및 필집의 초사, 입안의 순으로 점련되어 있다. 사급 입안을 청한 소지는 분리되어 분실된 것으로 보인다. 이 문서는 기존 입양 관행에 의한 양녀인 수양녀, 시양녀와 15세기 입후법 제정에 의해 출현한 양자인 계후자가 모두 재산 증여 대상자로 등장한다. 이들에게 노비를 증여한 기록인 2의 문서와 함께 15세기 양자녀에 대한 재산 증여·상속의 실례를 확인할 수 있는 중요한 자료이다.

[분재기]

01 成化拾陸年庚子拾壹月貳拾伍日許與爲臥乎事段女矣耕作爲如乎田畓等乙繼後子收養侍養□…□

02 分給爲臥乎繼後子生員孝盧衿瓦家及家入田陸拾卜參束烏川員田肆拾肆卜壹束先院畓下邊陸

03 拾玖卜于里岩畓貳拾陸卜主祀月古介員畓下邊參拾柒卜伍束收養女子明珠衿烏川員代田

04 川邊肆拾柒卜家前路西邊田麻田并參拾卜先院畓上邊陸拾玖卜侍養三寸姪女金氏衿烏川員代

05 田內邊肆拾柒卜壹束川南田參拾壹卜捌束月古介員畓上邊參拾柒卜伍束梨谷員畓參拾貳

06 卜高老洞員畓貳拾參卜捌束同員畓拾卜陸束同員畓貳拾壹卜肆束爲等如分給爲臥乎子孫

07 傳持鎭長耕作爲乎矣後次別爲所有去等此文字內事意乙用良告官辨別爲乎事是亦

　　在

08　　　　　　　　　　　　財主故別侍衛金孝之妻黃氏〈圖書〉

09　　　　　　　　　　　　證保前司直尹〈手決〉〈手決〉

10　　　　　　　　　　　　證保錄事禹〈手決〉〈手決〉

11　　　　　　　　　　　　筆執前司勇林〈手決〉〈手決〉

[재주의 공함 답통]

01　　　消息節

02 公緘內繼後子生員金孝盧收養女子明珠侍養三寸姪女金氏等亦中家舍及田

03　　　畓傳係許與眞僞相考記下向事

04 公緘是白有亦繼後子生員金孝盧衿瓦家及代田六十卜烏川員田壹庫先院員畓

05　　壹庫于里岩員畓壹庫主祀位月所古介畓壹庫收養女子明珠衿代田內

06　　參拾卜壹庫烏川員田壹庫先院員畓壹庫侍養三寸姪女金氏衿烏

07　　川員田壹庫川前員田壹庫梨谷員畓壹庫古老洞員畓參庫月所古

08　　介員畓壹庫爲等良證筆俱成文許給爲白臥乎事是良尓科科

09 相考施行向敎是事右味

10　　知乎白次

11 成化十六年十二月十九日　　故別侍衛金孝之妻黃氏〈圖書〉

[증인, 필집의 초사]

01　　　庚子十二月十八日

02　　　　前司勇林克仁年六十六錄事禹亨元年卅一

03　　　　前司直尹敉年四十三

04　　節推考白等故別侍衛金孝之妻黃氏亦繼後子

05　　生員金孝盧收養女子明珠侍養三寸姪女金氏等

06　　亦中家舍及田畓等乙許與成置時林克仁段筆執

07　　尹敉禹亨元等段證保爲等如使內白叱乎所的是白

08　　乎事是良尒相考施行<u>敎事</u>

09　　　　　　　　　　　　白〈手決〉

10　　　　　　　　　　　　白〈手決〉

11　行府使〈押〉　　行判官〈押〉　　白〈手決〉

[입안]

01　　成化拾陸年庚子十二月二十日立案

02　　右立案爲田地事粘連所志及<u>侤音 是乎</u>等用良

03　　相考<u>爲乎矣</u>故別侍衛金孝之妻黃氏<u>亦</u>繼後子生

04　　員金孝盧收養女子明珠侍養三寸姪女金氏等<u>亦中</u>

05　　家舍田畓等<u>乙</u>證筆具許與成<u>置的是置有等以</u> 葉

06　　<u>作粘連作退向</u>事合行立案者

07　行安東大都護府使〈押〉　行判官〈押〉

◇ 탈초 저본 전거 : 왕실도서관 장서각 디지털 아카이브(http://yoksa.aks.ac.kr),
문중고문서, 안동 광산김씨 후조당(安東 光山金氏 後彫堂)

4. 김효원 처 오씨가 수양자 김연에게 노비와 전답을 허여한 문기와 사급 입안

　1) 문서 작성 연도

　　　- 분재기 작성 : 1508년(중종 3, 戊辰)

　　　- 입안 발급 : 1509년(중종 4, 己巳)

　2) 증여자 : 김효원(金孝源) 처 오씨(吳氏)

　3) 수급자 : 김연(金緣) [수양자, 김효원의 3촌질]

　4) 문서 개요 : 이 점련문서는 1508년(중종 3) 김효원 처 오씨가 수양자인 김연에게
　　　노비 20구, 전답 3결을 허여한 분재기를 공증받은 문서로, 소지, 분재기, 재주
　　　김효원 처 오씨의 공함 답통, 오씨의 남편 김효원의 초사, 증인 및 필집의
　　　초사, 입안의 순으로 점련되어 있다. 오씨는 남편의 3촌질인 수양자 김연에게
　　　자신과 남편의 상사(喪事)와 추천(追薦)을 당부하며 자신의 재산을 증여하였

다. 그러나 이는 자신에게 재산을 준 조상의 손외(孫外)에 재산을 증여·상속하는 것을 꺼리던 관행에 어긋나는 일이었다. 오씨는 이를 이유로 친족들이 분쟁을 일으키는 것을 방지하기 위해 김연을 4촌 손녀인 조씨(曺氏)와 혼인시켰다. 이 문서에는 사후 자신의 상사 및 제사 담당자를 지정해두고자 했던 한 여성이 손외여타(孫外與他)를 꺼리던 당시의 관행에 어떻게 대응하였는지 그 실례가 나타나 있다.

[소지]

01 □…□

02 □…□<u>斜只立案</u>

03 □…□<u>乎事是亦在謹言</u>

04 □…□都護付　處分

05 □德四年　正月　日所志　　　　　**初五日刑**

06　　　　**斜**

07　　　**正德四年正月十三日**

08　　　　　**付**

09 行府使〈押〉　　　行判官

[분재기]

01 正德參年戊辰拾貳月拾伍□…□家翁參寸姪幼學金緣<u>亦</u>

02 <u>中許與成給爲臥乎事叱段女矣身無子息乙仍于汝生壹月之內</u>

03 奉巢長養雖有乳母女矣身親自寤寐[3]抱懷相愛之情無異

04 親子<u>爲乎等用良女矣田民乙全給向意爲在果女矣族親等</u>

05 <u>亦不顧國憲徒以祖上田民乙孫外與他是可向入巧生謀計爭</u>

06 <u>訟非無故汝矣身乙女矣四寸孫女曺氏處成婚先可奴婢并貳拾</u>

07 口臨河伏田畓并參結等<u>乙許給爲臥乎後所生并以子孫傳持鎭</u>

---

3) 원문에는 '寤寐'의 "宀"가 두 글자 모두 '穴'로 기재되어 있다.

08 長使用耕作爲乎矣女矣參寸叔母權氏亦無子息田民乙族親

09 處平均分給同權氏死後無一人專掌治喪不入守墳行祭奴

10 至有不測之變誠可哀憫予懲此事數小田民乙族親處均分不冬爲

11 臥乎汝悉此意我等身後良中喪事及追薦乙無有怠慢不輕

12 使內乎矣後次別爲所有去等此文字內事意乙用良告官辨別

13 爲乎事

14 後

15 父邊傳來婢末德矣壹所生婢末今年參拾壹戊戌生貳所生婢末眞年

16 貳拾貳丁未生同婢末眞矣所生婢經眞年貳丁卯生末德婢矣參

17 所生奴墻同年拾捌辛亥生四所生婢亡眞年拾陸癸丑生伍所生奴奉

18 同年拾貳丁巳生陸所生奴穩同年拾己未生奴末金良妻古未幷

19 産壹所生奴李忠年參拾壹戊戌生參所生奴李山年貳拾陸

20 癸卯生四所生婢莫今年貳拾壹戊申生伍所生婢亡莊年拾伍

21 甲寅生婢莫德矣壹所生婢末里年貳拾伍甲辰生同婢末里矣所

22 生婢五月年貳丁卯生莫德婢矣貳所生婢江阿之年貳拾壹

23 戊申生同婢江阿之矣所生奴仲孫年貳丁卯生莫德婢矣參所

24 生婢觀音年拾柒壬子生奴李忠矣良妻永今幷産所生奴李萬年

25 貳丁卯生母邊傳來奴大山矣良妻莫非幷産故婢伊乙非矣壹所生

26 婢長非年拾玖庚戌生貳所生婢文今年拾伍甲寅生婢彔今矣貳所

27 生奴金伊同年拾柒壬子生印

28 川汲員律丁貳田玖束拾貳田壹卜玖束貳田伍卜柒束拾壹田捌卜

29 貳束拾柒田壹卜玖束貳拾田玖拾伍卜玖束呂丁參拾壹畓捌卜柒

30 束結丁貳拾田陸卜玖束調丁陸拾壹田貳拾陸卜玖束陽丁陸拾玖分

31 田捌卜壹束余田拾貳卜參束捌拾參田貳拾玖卜壹束雨谷員

32 參畓伍束四畓參拾伍卜參束呂丁川汲員參拾參田壹卜貳束

33 松丁業入員貳拾畓伍卜玖束貳拾參畓陸拾參卜壹束印

34　　　　　　　財主吳氏〈圖書〉

35　　　　　　　家翁忠贊衛敦勇校尉金〈手決〉〈手決〉

36　　　　　　　證保前參奉金〈手決〉〈手決〉

234

37	幼學權〈手決〉〈手決〉
38	筆執幼學李〈手決〉〈手決〉

[재주의 공함 답통]

01　　　　　　　　　　　　　　　　　　十二日刑

02　　節

03 公緘內及時相考啓課爲乎所有等以幼學金緣處奴婢并二十口田畓并三結等乙區處
　　緣由相考

04　　記下向事

05 公緘是白有亦女矣身亦無子息乙仍于家翁三寸姪金緣乙奉巢長養作收養奴婢并貳
　　拾口

06　　田畓并參結等乙許給爲乎所的是白乎事

07　　正德四年正月十一日

08　　　　　　　　　　　　　忠贊衛金孝源妻吳氏〈圖書〉

[재주 남편의 초사]

01　　　己巳正月初八日

02　　　　忠贊衛金孝源年六十

03 白等妻吳氏敎是無子息乙仍于矣三寸姪子

04 幼學金緣乙奉巢長養作收養自矣奴婢并

05 貳拾口田畓并參結等乙同金緣處傳係的

06 是白乎事

07　　　　　　　　　白〈手決〉

08 行府使〈押〉　行判官

[증인, 필집의 초사]

01　　己巳正月初八日

02　　　　　幼學李鐵柱年五十七幼學權炯年卄七
03　　　　　前參奉金璘年五十九
04　白等忠贊衛金孝源妻吳氏敎是無子息乙仍于
05　家翁三寸姪子幼學金緣乙奉巢長養作收養
06　自矣邊奴婢幷貳拾口田畓參結等乙同金緣亦
07　中傳係時矣徒等亦證筆以 使內白乎所的是
08　白乎事
09　　　　　　　　　　　　　　白〈手決〉
10　　　　　　　　　　　　　　白〈手決〉
11　行府使〈押〉　　行判官　　　白〈手決〉

[입안]

01　正德四年己巳正月十三日立案
02　右立案爲斜給事連次所志內乙用良奴婢田
03　畓傳係眞僞財主吳氏處公緘問備爲置有亦
04　家翁金孝源及證筆各人進來閱實爲置傳
05　來賤籍推納相考爲乎矣宣德十年乙卯十一月日
06　財主中領別將吳名署子息三兄弟亦中成置白
07　文許與內三子季曈衿三寸叔母申氏前傳得奴□
08　乙彦三所生婢內隱藏年二十九婢良衣藏四所生婢珎
09　伊加年十九他衿他奴婢幷付許與是齊宣德八
10　年癸丑十二月初五日成置吳季曈妻權氏同腹四
11　娚妹和會平均分執白文許與內末女吳季曈妻
12　權氏衿父邊傳來婢多每三所生婢亐河年十三
13　婢龍伊一所生婢㫆只年十二是如他衿他奴婢
14　幷付許與是齊成化七年八月二十五日吳季
15　曈子息四兄弟和會自中分執白文許與內末女
16　金孝源妻衿父邊傳來婢珍伊加所生奴末乙金
17　年二十一同婢矣所生婢末德年十二婢內隱莊所

18 生婢莫德年二十五母邊傳來婢㐫只所生婢㐫今年

19 二十二婢亏河所生奴大山年二十七是如施行他衿他

20 奴婢幷付許與是齊 爲等如許與是置有亦相考爲乎矣婢末乙今

21 婢末眞奴墻同婢亡眞奴奉同奴穩同等段末德矣

22 得後所生是齊婢京眞段末眞矣得後所生是

23 齊奴李忠奴李山婢莫今婢亡莊等段奴末邑矣

24 良妻幷産得後所生是齊婢末里婢干阿之婢觀

25 音等段婢莫德矣得後所生是齊婢五月段婢末

26 里矣得後所生是齊奴仲孫段婢干阿之矣得後

27 所生是齊奴李萬段奴李生矣良妻得後所

28 生是齊婢長丹婢文今等段大山所生故婢伊乙女

29 矣得後所生是齊奴金伊同段婢㐫今矣得後

30 所生是齊丁卯年衿記內私奴巨萬名字付

31 川汲員律丁二田九束十二田一卜九束二田五卜七束十一

32 田八卜二束十七田一卜九束廿田九十五卜九束呂丁卅一畓

33 八卜七束結丁廿田六卜九束調丁六十一田廿六卜九束陽丁

34 六十九分田八卜一束余田十二卜三束八十三田廿九卜一束雨

35 谷員三畓五束四畓三十五卜三束呂丁川汲員卅

36 三田一卜二束松丁業入廿畓五卜九束廿三畓六十三卜

37 一束是如他田他衿幷付衿記是齊 爲等如賤籍及衿記

38 是乎等用良前件田畓奴婢乙良金緣亦中斜

39 給爲遣 葉作粘連退作合行立案者

40 行安東府使〈押〉　　　　行判官[4]

◇ 탈초 저본 전거 : 왕실도서관 장서각 디지털 아카이브(http://yoksa.aks. ac.kr),

---

4) 『경북지방고문서집성』에는 '判官'이라고 판독되어 있다. 그러나 점련된 문서 중
소지, 초사의 원문에 '行判官'이라고 기재되어있는데, 『경북지방고문서집성』에서
는 모두 '判官'이라고 판독한 것을 감안하면 여기에서도 '行判官'을 '判官'으로 판독한
것으로 생각된다. 따라서 '行判官'이라고 기재하였다.

문중고문서, 안동 광산김씨 후조당(安東 光山金氏 後彫堂)

　* 단, 이 이미지 파일에 입안이 앞의 몇 줄을 제외하고는 잘려있어 원문을 확인할 수 없으므로 이 부분에 한해서 『경북지방고문서집성』 '233. 김효원 처 오씨 점련문기'의 입안 부분을 전재하였다.

5. 권통 처 전씨가 시양자 권주에게 노비와 전답을 허여한 문기와 사급 입안

1) 문서 작성 연도 : 1509년(중종 4, 己巳)

2) 증여자 : 권통(權通) 처 전씨(全氏)

3) 수급자 : 권주(權柱) [시양자, 권통의 3촌질]

4) 문서 개요 : 이 점련문서는 1509년(중종 4)에 권통 처 전씨가 남편과 자신이 각각 1484년(성종 15, 갑진)과 1495년(연산군 원년, 을묘)에 남편의 3촌질인 시양자 권주에게 증여하였다 회수한 재산을 재분급하면서 작성한 분재기를 공증받은 문서이다. 분재기, 재주 전씨의 공함, 증인 및 필집의 초사, 입안의 순으로 점련되어 있으며, 입안을 청한 소지는 분실된 것으로 보인다. 재분급 경위를 살펴보면 다음과 같다. 1484년에는 권통이 자신의 노비 10구와 전답 7석락지를, 1495년에는 전씨가 사망한 남편의 노비 3구와 자신의 노비 1구를 권주에게 증여하였다. 그런데 권주가 1505년(연산군 11, 을축)에 피화(被禍)되자 전씨는 남편과 자신이 증여한 재산이 적몰될까 염려하여 이 두 건의 문기를 소각하고 권주에게 증여하였던 재산을 남편의 다른 친족들에게 분급하였다. 그 후 중종반정이 일어나 상황이 바뀌자 전씨는 상언하여 이 재산을 회수한 후 권주에게 재분급하는 분재기를 작성하고 입안을 사급받았다. 1484년에 분급했던 노비 10구 중 2구가 사망하고, 16구의 득후소생이 태어났으며, 1495년에 분급한 노비 4구의 득후소생 4구가 태어나 이때 재분급한 재산은 총 노비 32구, 전답 7석락지였다. 한편, 이 문서에는 15세기 말 16세기 초 시양자의 역할이 잘 드러나 있다.

[분재기]

01　正德四年己巳拾壹月□…□三寸姪卒參判權柱<u>亦中成文爲臥乎</u>

238

02 事<u>段</u>家翁<u>亦</u>無子息□…□養家內長養視同親子教誨立

03 成生前登科榮孝□…□情意深<u>重爲</u>於<u>權柱段</u>置親

04 父母一樣<u>以</u>孝養□…□婢貴山孟松從山婢權德權非桂

05 花藥非莫德莫非等□…□甲辰年自手筆執訂具成文安

06 東官斜出許給<u>爲</u>□…□<u>道爲乎矣權柱亦</u>中田民<u>乙</u>□…□

07 數少許給<u>爲在</u>□…□親子情意罔極<u>爲昆吾矣</u>□…□

08 妾子萬一生長<u>爲乎</u>□<u>良</u>□□…□用<u>爲</u>如可<u>權柱亦</u>中加給<u>亦</u>遺言

09 <u>是</u>於家翁<u>亦</u>丙午年<u>分</u>身故□…□仕務朝官陪柩下來<u>凡矣</u>喪事<u>乙</u>

10 專掌措辦曲盡護□□三年助祭<u>爲沙余</u>□三年後<u>乙良</u>置時時下來掃墳<u>分叱</u>

11 <u>不喩</u>女<u>矣</u>身向<u>爲良</u>置□…□<u>爲乎等</u>用<u>良</u> <u>加于</u>情意感動家翁

12 願意<u>導良</u>乙卯年□…□蒙同女<u>矣</u>邊婢擧今等四口訂筆具

13 成文安東官斜出□…□乙丑年<u>分權柱亦</u>被罪籍沒<u>爲去乙</u>上項

14 許給田民<u>置</u> <u>並只</u>沒官丁寧□…□<u>仍于</u>家翁異姓三寸姪金用石等以上項

15 田民付文記二度<u>乙</u>焚毀<u>爲遣</u>金□…□區處分給<u>爲乎在亦權柱亦</u>無

16 <u>辜</u>被罪情意哀憐<u>爲沙余良</u>□…□文記<u>乙</u>一朝輕率破毀家翁平生願意

17 從行<u>不得爲乎</u>可至極痛恨□…□前金用石等處妄量區處文記<u>乙</u>

18 還收取<u>爲遣</u>同田民<u>乙</u>家翁願意□…□<u>亦</u>成文<u>權柱亦</u>中成文還給<u>爲白良結</u>

19 呈　　上言前成甲辰乙卯年□…□付奴婢田畓等<u>乙</u>後所生庫員<u>并以</u>小名

20 後錄改成文許與<u>爲</u>□<u>乎</u>後所生<u>并以</u>□孫傳持鎮長使用耕食<u>爲乎矣</u>後次

21 別<u>爲所</u>有去等此文記內<u>乙</u>用<u>良</u>告官辨□<u>爲乎</u>事

22　　　後

23 甲辰年家翁親給奴婢田□家□…□田甫良妻<u>幷</u>産四所生婢莫德年五十四

24 七所生奴貴山年五十三奴與積□…□所生婢桂花年五十四同婢桂花一所

25 生婢藥非年二十九二所生奴□…□婢藥非一所生奴挨音孫年六二所生□

26 黃非年三奴同良良妻<u>幷</u>産□□□□莫非年四十三母邊奴權龍良妻<u>幷</u>産一所

27 生婢權德年四十六同婢權德二所生婢崔非年廿五三所生奴崔元年廿四所生奴四

28 同年十七五所生奴莫同年十四□□□婢四今年十七所生奴莫孫年八八所生奴順

29 山年四奴權龍良妻□産二□□□權非年四十三同婢權非一所生故奴李金良妻

30 <u>幷</u>産一所生婢李德年五婢權□□所生奴得金年二十三所生婢玉枝年十八四所生

31　奴玉江年十五五所生婢玉今年□□□所生婢後今年十七所生婢仍邑德年七

32　八所生婢莫德年二婢衆生二所生□…□年四十奴從山權升<u>段</u>無子息身故

33　莫洞女子池員畓十六卜四束拾□…□同員畓三十六卜拾五斗落只陽光員

34　畓三十四卜九束拾斗落只元堂員□□十六卜二束拾四斗落只迤村員畓三十五卜

35　六束拾五斗落只枝谷員畓三十一卜四束拾斗落只廻之樹員田一結二十一卜九束參
　　拾

36　斗落只同員田拾五斗落只同□…□四卜五束拾五斗落只女<u>矣</u>乙卯年許與奴婢

37　家翁母邊婢衆生三所生奴蒙同□…□四四所生婢蒙德年三十二婢蒙德一所生婢

38　命德年九婢六月四所生婢玉只年十八婢玉只一所生婢玉今年四女<u>矣</u>父邊奴內隱

39　山良妻幷産三所生婢擧今年□…□同婢擧今一所生婢鐵今年八二所生婢鐵伊

40　年三權柱子息<u>等亦</u>萬一各處□…□<u>爲去等</u>家翁墳墓<u>乙</u>並只看修拜墓一一

41　<u>不得爲乎所</u>不無<u>爲昆</u> <u>右良</u>□…□<u>乙良</u>長子權碩<u>亦中</u>後所生幷<u>以</u>別例

42　<u>傳給爲乎事</u>

43　　　　　　財主故承議郎□□□監判官權通妻全氏〈圖書〉

44　　　　　　證七寸姪宣略□□行副司直李〈手決〉〈手決〉

45　　　　　　證六寸甥宣略□軍行副司正李〈手決〉〈手決〉

46　　　　　　筆執□…□姪婿幼學梁〈手決〉〈手決〉

[재주의 공함]

01　　<u>節</u>

02　公緘內某條<u>以</u>某<u>亦中</u>某邊奴婢幾口田畓幾□…□許與<u>爲乎矣</u>某某人<u>乙</u>用證筆文記
　　成置<u>爲乎喩</u>緣由記下

03　　<u>向事</u>

04　公緘<u>是置有亦</u>相考<u>爲乎如中</u>家翁<u>亦</u>無□息<u>爲</u>□…□<u>等用良</u>三寸姪權柱<u>乙</u>微少時<u>始</u>
　　<u>叱</u>作侍養情同己子<u>爲沙餘良</u>

05　　盡情孝養<u>乙仍于</u>甲辰年<u>分</u> <u>自矣</u>父邊奴貴山從山婢莫德莫非母邊奴孟松婢權德權非
　　　桂花藥非買得奴

06　　權承等十口田畓幷全柒石落只<u>乙</u>自手筆執□□具成文經官許給<u>爲遣</u>家翁<u>亦</u>女<u>矣</u>身
　　　茂火自少長養無異親子

240

07　爲沙餘良權柱段置親父母一樣以孝養爲□吾矣身死後自亦使用爲如可加給亦常常
　　說導爲旀吾矣妾

08　子萬一生長爲乎喩良置權柱向意無□爲昆□數傳係許給亦遺言是旀家翁死後一應
　　喪事拜墓

09　及女矣身向爲良置家翁生存時一樣□…□不小爲乎等用良家翁願意導良乙卯年分
　　家翁母邊

10　婢蒙德奴蒙同婢玉只女矣父邊婢擧今□…□口乙證筆具成文經官許給爲有如可乙
　　丑年權柱亦被罪籍

11　沒爲去乙右良文記付田民置並只沒官□…□喧說乙仍于家翁姪金用石等乙以上項
　　文記貳度乙燒破爲遣

12　金用石等處妄量分給爲在而亦家翁□…□從行不得爲乎去加于哀憐痛恨未忘金用
　　石等處妄量

13　區處文記乙還收取爲白遣權柱亦中改成文還給爲白良結呈　　上言還收爲白遣前成
　　文記貌如改成文

14　爲乎矣甲辰年家翁親給爲在自矣父邊奴貴山從山婢莫德莫非母邊奴孟松婢權德權
　　非桂花藥非

15　買得奴權承等幷十口同奴婢得後所生段權德所生婢崔非奴崔元四同莫同婢四今奴
　　莫孫順山

16　等果權非所生婢李德奴得金伊婢玉□奴玉江婢玉今厚今仍邑德婢莫囚等果婢桂花
　　所生內隱叱伊果

17　藥非所生檢孫婢黃非等幷得後所生十六口□權升從山段身故爲白齊田畓全柒石落
　　只段女子池員畓

18　十斗落只同員畓十五斗落只陽光員畓□□落只元堂員畓十四斗落只述村員畓十五
　　斗落只枝谷員畓十斗

19　落只廻之樹員田四十五斗落只同員田十五斗□□庫幷全柒石落只果乙卯年女矣許
　　給家翁母邊奴蒙同

20　婢蒙德玉只女矣父邊婢巨今等四口□…□得後所生段蒙德所生婢命德果玉只所生
　　婢玉今果巨今

21　所生婢鐵今鐵伊等幷得後所生四□□□女矣七寸姪李枝孫六寸甥李亨七寸姪婿梁

致洪爲等如

22　證筆乙用良改成文許給爲白臥乎事是良尒

23　相考施行向敎是事 右味

24　聞是白次

25　正德四年十一月二十九日　　　　　　　　□…□郎守軍資監判官權通妻全氏〈圖書〉

[증인, 필집의 초사]

01　己巳十一月廿九日

02　幼學梁致洪年□十□

03　宣畧將軍李枝孫年三十三

04　宣畧將軍李亨年五十八

05　節推考白等故軍資判官權通妻全氏亦家翁侍養三寸姪

06　卒參判權柱亦中去甲辰□分家翁邊奴權升貴山孟松從

07　山婢權德權非桂花藥非莫德莫非等十口田畓幷全七石落

08　只等及去乙卯年分婢蒙德玉只奴蒙同全氏邊婢擧今等四口

09　許與爲有如可權柱亦去乙丑年分被罪籍沒爲去乙上項田民

10　付文記二度乙燒爲遣金用石等亦中區處爲有如可節呈

11　上言行移金用石等處贈與□…□燒毀權柱亦中前給田民等乙

12　後所生幷以改許與成□…□矣徒等亦訂筆執以文記

13　成置的只白乎事　　　　　　　白〈手決〉

14　官〈押〉　　　　　　　白〈手決〉

15　　　　　　　白〈手決〉

[입안]

01　正德四年十一月二十九日安陰□□□

02　右立案爲斜給事粘連所志及□…□是乎等用良全氏當爲率

03　參判權柱亦中前給田民□…□改許與□置眞僞公緘捧上訂筆各

04　人推考爲置傳來賤籍推□相考爲乎矣成化十年甲午正月

05 　初四日通善郎行喬桐縣監□別侍衛司正金軾代婿

06 　李奉訓郎前安奇道察□權成均生員權忠義衛迪順副

07 　尉金訂筆俱成置同腹和□文記內二男權建袗父邊奴田甫

08 　良妻幷産七所生奴貴山年十八□所生婢莫德年二十六母邊

09 　奴權龍年三十二婢衆生年二十九婢六月年二婢衆生二所生奴孟松年三父邊奴奴同

　　　良良妻幷産婢莫非年八

10 　奴與積良妻幷産四所生婢桂花年十九<u>是如</u>施行他袗

11 　他田民幷付白文都許<u>與是齊成</u>□五年己丑二月初十日生員

12 　權內禁衛邊別侍衛全吏曹參議李訂筆俱成置同生和會文

13 　記內生員權建妻袗父邊奴內隱□年二十二<u>是如</u>施行他田

14 　民幷付白文許<u>與是乎等用良</u> 葉作粘連退給<u>爲遣合</u>

15 　行立案者

16 行縣監金〈押〉

◇ 탈초 저본 전거 : 한국국학진흥원의 문서 이미지 파일

6. 권사수와 처 금씨가 시양자 권벌에게 노비와 전답을 별급한 문기와 사급 입안

1) 문서 작성 연도 : 1509년(중종 4, 己巳)

2) 증여자 : 권사수(權士秀), 권사수 처 금씨(琴氏)

3) 수급자 : 권벌(權橃) [시양자, 권사수의 3촌질]

4) 문서 개요 : 이 점련문서는 1509년(중종 4) 권사수와 처 금씨가 부처의 재산을 시양자인 권사수의 3촌질 권벌에게 별급(別給)한 분재기를 공증받은 문서로, 분재기, 재주 권사수의 초사, 재주 금씨의 공함 답통, 증인의 초사, 입안의 순으로 점련되어 있다. 분재기 앞에 본래 입안 발급을 청한 소지가 점련되어 있었으나 분리되어 분실된 것으로 보인다. 별급한 재산은 총 노비 30구, 전답 2결 33복이다. 이 중 노비는 소종래(所從來)가 기입되어 있는데, 총 30구의 노비 중 권사수의 노비는 5구이고, 금씨의 노비는 25구이다. 권벌이 금씨의

친족이 아님에도 불구하고 많은 수의 금씨의 노비를 증여하였음을 알 수 있다. 이는 조상으로부터 물려받은 재산을 조상의 손외에 증여·상속하는 것을 꺼려하여 부처(夫妻)가 각각 자신의 친족을 양자녀로 삼던 관행이 유교적 제사형태와 가계계승형태가 정착되어가면서 점차 약화될 수 있음을 보여준다.

[분재기]

01 正德四年三月二十七日侍養三寸姪承政院注書權橃亦中成

02 文事叱段汝亦兒時始叱家內率養今捷巍科揚歷顯要榮幸無

03 比是乎等用良奴婢幷三十口田畓幷二結三十三卜等乙別給爲臥乎

04 傳子傳孫永執耕使爲乎矣吾夫妻兩邊族人等如有後辭以此

05 文告卜爲乎事是亦在

06 　　　後

07 母邊傳來婢莫之一所生婢卜守年貳拾貳己酉奴加叱朴良妻幷

08 産四所生奴准德年肆拾陸甲申同奴准德良妻幷産一所生奴

09 戒中年拾貳戊午二所生婢戒莊年玖辛酉三所生婢小莊年伍乙丑

10 妻父邊傳來奴象伊良妻幷産一所生婢德今年肆拾玖辛巳四所生

11 奴末伊年參拾捌壬辰五所生婢末非年參拾參丁酉六所生奴末孫

12 年參拾庚子同婢德今一所生奴李孫年參拾壹己亥同奴末伊

13 良妻幷産一所生婢銀非年拾伍乙卯二所生婢莫德年參丁卯

14 同奴末孫一所生婢卯今年拾庚申二所生奴石乙石伊年參丁卯

15 同奴末孫良妻幷産三所生婢守非年拾庚申四所生奴末終年

16 肆丙辰婢莫非一所生奴文叱知年肆拾壹己丑同奴文叱知良

17 妻幷産一所生婢靑德年拾陸甲寅二所生奴干阿之年柒癸亥

18 婢石乙非一所生婢內隱今年參拾陸甲午同婢內隱今一所

19 生奴金同改名金山年拾柒癸丑二所生婢二月年拾壹

20 己未婢萬德一所生婢萬今年貳拾庚戌妻母邊傳來奴

21 叔老良妻幷産一所生奴軍才年陸拾壹己巳同奴良妻

22 幷産肆所生婢黑太改名甘隱伊年拾伍乙卯婢叱達五

23 所生婢六月年肆拾肆丙戌六所生奴長命年肆拾壹

244

24 己丑同婢六月一所生奴石辰年拾肆丙辰奴黃莫山良妻
25 幷産一所生婢莫今年參丁卯婢今音德三所生
26 婢貴今庚申賓字乃半員四十畓貳拾陸卜貳久同員四
27 拾七畓拾伍卜陸束樹字古里內員二百七畓內貳拾玖卜捌束
28 鱗字大樹介員五十六畓肆拾柒卜貳束歸字古里內員二十八田參
29 拾伍卜陸束率字八十六田參拾伍卜貳束八十五田肆拾參卜四束
30 　　際　(추기：今半田二庫)
31 　　　　　財主自手承訓郎前敎授權〈手決〉〈手決〉
32 　　　　　　妻宜人琴氏〈圖書〉
33 　　　　　　證保忠武衛勵節校尉琴〈手決〉〈手決〉
34 　　　　　　龍驤衛進勇校尉權〈手決〉〈手決〉

[재주의 초사]

01 　己巳三月二十七日
02 　財主承訓郎前敎授權士秀年
03 節呈所志粘連文記內乙用良推考白等侍養三寸姪承
04 政院注書權橃亦兒時始叱懷抱長養今捷巍科揚歷
05 顯要榮幸無比是乎等用良奴婢幷三十口田畓幷二□
06 三十三卜等乙別給爲臥乎傳子傳孫永執耕使爲乎味
07 自手筆執有訂成文爲白乎事是良尒相考施行
08 敎事
09 　　　　　　　　　　白〈手決〉
10 行官〈押〉

[재주의 공함 답통]

01 　　　　　　　　　承訓郎前敎授權士秀妻琴氏〈圖書〉
02 　節到
03 公緘內某邊傳來田民等乙某人亦中某條以傳係爲有臥乎喻相考記下□…□

04 公緘是白有亦相考爲白乎矣侍養三寸姪注書權橃亦兒時始叱□…□

05 今捷巍科楊歷顯要榮幸無比是乎等用良母邊傳來婢莫之一□

06 生婢卜守等奴婢幷三十口賓字乃牛員及古里內員等田畓幷二結三□

07 三卜等乙別給爲臥乎味家翁自手筆執證保族親琴元福權士華等成文的是□…□

08 事是良尒 右味

09 聞是白次

10   廿七日刑

[증인의 초사]

01   己巳三月二十七日

02   證保忠武衛勵節校尉琴元福年

03   龍驤衛進勇校尉權士華年

04   節呈所志粘連文記內乙用良推考白等前敎授權士秀

05   亦侍養三寸姪注書權橃亦中巍科楊5)歷顯要榮□

06   無比是如奴婢幷三十口田畓幷二結三十三卜等乙別給

07   爲臥乎味自手筆執成文爲去乙矣徒等亦證保以使

08   內白乎所的是白乎事是良尒相考施行敎事

09   白〈手決〉

10 行官〈押〉   白〈手決〉

[입안]

01   正德四年己巳三月二十七日奉化官立案

02   右立案爲斜給事連次所志內乙用良田民傳

03   係眞僞財主及訂筆各人閱實爲置傳來賤籍

04   推納相考爲乎矣弘治十五年正月十五日財主宣署將

05   軍前行司直權名署筆執前主簿李名署訂保禦

---

5) '楊'은 '揚'의 오기로 판단된다.

06　侮將軍前行副司果朴名署內禁衛具名署子息同着

07　名各衿白文都許與內五男士秀衿母邊傳來莫之一所生婢卜守

08　年十四奴加叱朴良妻幷産四所生奴准德年三十八同奴准德

09　良妻幷産一所生奴戒中年五二所生戒莊年二婢小莊

10　年五乙丑生段准德得後所生是齊弘治六年癸丑二

11　月初六日財主故將仕郞琴徽妻朴氏圖書筆執長壻

12　幼學崔名署訂保三寸姪進士琴名署末壻前訓導權

13　名署等成置各衿白文許與內二女權士秀妻衿奴

14　衆伊良妻幷産一所生婢德今年三十二四所生奴末乙伊

15　年二十二五所生婢末乙非年十七六所生奴末孫年十四

16　同婢德今一所生奴李孫年十五婢莫非一所生奴文叱▨

17　年二十五婢石乙非一所生婢內隱今年二十婢萬德一所生婢□

18　今年四奴升老一所生奴君才年四十五婢叱達五所生

19　婢六月年二十八六所生奴長命年二十五婢今音德三所

20　生婢貴今年五十四婢銀非婢莫德等段奴末伊得後□

21　生是齊婢卯今奴石乙石等段末孫得後所生是齊婢守非奴末終

22　等段置奴末孫良妻得後所生是齊婢靑德奴干阿之等段

23　奴文叱▨得後所生是齊奴金山婢二月等段婢內隱今得□

24　所生是齊婢甘隱伊段奴君子得後所生是齊奴石□…□

25　六月得後所生是齊婢莫今段奴莫山得後所生是齊

26　爲等如他衿他奴婢幷付許與是乎等用良上項□

27　民等乙良權橃亦中斜給爲遣合行立案者

28 行奉化縣監〈押〉

◇ 탈초 저본 전거 : 국가기록유산(http://www.memorykorea.go.kr), 보물 제901-9
호 권벌 종가 고문서-분재기, 2번 문서

7. 이계세가 수양여서 김연에게 노비를 별급한 문기

1) 문서 작성 연도 : 1510년(중종 5, 庚午)

2) 증여자 : 이계세(李繼世)

3) 수급자 : 김연(金緣) [수양여서(收養女壻), 5촌 질녀의 남편]

4) 문서 개요 : 이 문서는 1510년(중종 5) 이계세가 수양여서인 김연에게 자신의
   노비 3구를 별급한 분재기이다. 이계세는 별급의 이유로 김연의 처 조씨를
   3살 때 수양녀로 삼아 정의(情意)가 진중(珍重)할 뿐 아니라 조씨가 자신을
   효성스럽게 봉양한다는 점과 김연이 생원이 되어 일문을 영광스럽게 하였다는
   점을 들었다. 수양여서에 대한 생원 별급의 실례를 확인할 수 있는 자료이다.

01 正德伍年肆月拾捌日五寸姪女夫生員金緣處成文別給爲臥乎事段 自矣妻曺氏乙年
    參歲時

02 作收養常時情意珍重爲沙餘良 矣身乙甘心孝養分叱不喩 節得生員一門榮光不

03 小爲乎等乙用良父邊陳告受賞奴上佐良妻幷産壹所生奴內隱大年拾柒甲寅貳所生

04 奴內隱孫年拾參戊午父邊奴金同良妻幷産婢金德年拾參戊午等乙 先可別給爲臥乎

05 子孫傳持鎮長使用爲乎矣後此別爲有去等此文字內乙用良告官辨正爲乎事在

06   財主幼學　李繼世〈手決〉〈手決〉

07   證三寸姪　李迪〈手決〉〈手決〉

08   證五寸姪　李寬〈手決〉〈手決〉

09   筆執五寸姪幼學李弘〈手決〉〈手決〉

◇ 탈초 저본 전거 : 왕실도서관 장서각 디지털 아카이브(http://yoksa.aks.ac.kr),
문중고문서, 안동 광산김씨 후조당(安東 光山金氏 後彫堂)

8. 김채 처 김씨가 시아버지의 수양자 김연에게 노비를 허상(許上)한 문기

1) 문서 작성 연도 : 1531년(중종 26, 辛卯)

2) 증여자 : 김채(金綵) 처 김씨(金氏)

3) 수급자 : 김연(金緣) [김효원(金孝源, 김씨의 시아버지)의 수양자, 김효원의
   3촌질]

4) 문서 개요 : 이 문서는 1531년(중종 26) 김채 처 김씨가 시아버지 김효원의 수양자 김연에게 김효원의 자기비첩자(自己婢妾子) 북간(北間)의 양처병산(良妻幷産) 소생 8구를 허상한 분재기이다. 김씨는 이 증여의 이유를 골육지친(骨肉之親)을 부리기 미편하다며 김연에게 북간 소생을 허여하고자 했던 남편 김채의 유의(遺意)에 따른 것이라고 설명하였다. 이 문서를 통해 당시 자기비첩자의 처지와 수양자의 재산상속 대상자로서의 위상을 파악할 수 있다.

01 嘉靖拾年辛卯二月初二日家翁四寸兄興海郡守金緣前成文許上爲
02 臥乎事段家翁父忠贊衛金孝源敎是自己婢妾子北間矣良
03 妻幷産所生等乙家翁處依止後家翁亦骨肉之親以使用未便
04 自矣亦家翁父矣三歲前收養是乎等用良右奴婢等乙自矣亦中許上
05 爲乎爲常常說導爲白如可許與成置不得不意身死爲白去乙家翁
06 遺言願意導良向前北間矣一所生奴豆乙彦年參拾玖癸丑生二所生婢豆乙
07 今年參拾捌甲寅生參所生奴億孫年參拾壬戌生及豆乙今一所生奴奉孫年
08 拾伍丁丑生二所生婢奉今年拾貳庚辰生參所生婢於也粉年拾壬午生肆所生
09 奴奉年年柒乙酉生伍所生奴奉山年肆戊子生等乙永永許上爲去乎
10 後所生幷以子孫傳持鎭長使用爲乎矣別爲所有去等此文字內
11 事意乙用告官辨正爲乎事
12 　　　　　　　　　財主故金綵妻　金氏〈右寸〉
13 　　　　　　　　證　　　幼學金〈手決〉〈手決〉
14 　　　　　　　　　　　□…□〈手決〉〈手決〉
15 　　　　　　　筆執□…□

◇ 탈초 저본 전거 : 왕실도서관 장서각 디지털 아카이브(http://yoksa.aks.ac.kr), 문중고문서, 안동 광산김씨 후조당(安東 光山金氏 後彫堂)

9. 손중돈 처 최씨가 수양여서 손광서에게 노비와 전답을 허여한 문기와 사급 입안

1) 문서 작성 연도 : 1537년(중종 32, 丁酉)

2) 증여자 : 손중돈(孫仲暾) 처 최씨(崔氏)

3) 수급자 : 손광서(孫光曙) [수양여서, 손중돈의 장손]

4) 문서 개요 : 이 점련문서는 1537년(중종 32) 손중돈 처 최씨가 자신의 노비와 전답을 수양여서이자 남편의 장손인 손광서에게 허여한 분재기를 공증받은 문서로, 소지, 분재기, 재주 최씨의 공함 답통, 증인 및 필집의 초사, 입안의 순으로 점련되어 있다. 손광서는 최씨의 남편 손중돈과 그 전처의 장손으로 최씨와는 혈연관계가 없었다. 따라서 최씨가 손광서에게 재산을 증여하는 것은 자신에게 재산을 준 조상의 손외에 재산을 증여·상속하는 것을 꺼리던 당시 관행에 배치되는 일이었다. 그러나 손광서와 손중돈 처 최씨의 3촌 질녀이자 수양녀인 최씨가 혼인함으로써 이러한 문제가 해결되었다. 그런데 이후 손광서 처 최씨가 후사없이 사망함에 따라 최씨가와 손씨가 사이에 재산분쟁이 발생하게 된다. 이 문서는 16세기 자식 없는 여성의 재산 증여·상속의 한 실례를 보여준다.

[소지]

01　　　　□…□

02　　　　□…□上典<u>敎是</u>繼祖母前奴婢田畓□…□

03　　　　<u>行下向敎是事亦在</u>

04　府官　處分

05　　　　嘉靖十六年七月　日所志

[분재기]

01　嘉靖十六年丁酉正月十五日家翁長孫忠義衛光曙<u>亦中許與</u>

02　右許與成置事<u>段</u> <u>矣身亦</u>無子女<u>乙仍于汝矣妻是在</u> <u>矣</u>三寸姪女<u>乙</u>三歲前收養情愛重
　　大<u>叱分不喩汝亦</u>

03　<u>矣身乙</u>朝夕奉養無異親子<u>爲乎等用良</u> <u>矣</u>邊田民終當專給<u>爲乎喩在果</u>別得婢石非壹
　　所□…□

250

04 年參拾伍癸亥同婢壹所生婢靑今年拾參乙酉貳所生婢從今年捌庚寅參所生婢從臺
　　年□…□

05 肆所生奴千石年肆甲午同石非貳所生婢熊伊年貳拾玖己巳生及金山蘆蒲員田柒拾
　　貳卜參束庫

06 果家翁卒後我矣私備買得內豆爾李字一百七十一畓三十三卜同字一百七十二畓七
　　卜外豆爾李字五十二畓十二卜二束

07 丹字一百六畓二十三卜皇字一百九十四田二十四卜六束同字一百九十田二十一卜
　　八束皇字九十五田三十八卜六束同字一百八十九田五十

08 卜八束等乙 先可別給爲去乎後所生并以鎭長使用執持爲如可同奴婢田畓等乙良汝
　　亦擅自任意區處爲

09 乎矣 矣邊族類等爭望隅有去等此文記內乙用良告官辨正爲乎事
10　　　　　　　　　　　　　　　財主繼祖母貞夫人崔氏〈圖書〉
11　　　　　　　　　　　　　忠順衛權舜卿〈手決〉〈手決〉
12　　　　　　　　　　證保
13　　　　　　　　　　　　　忠義衛孫曘〈手決〉〈手決〉
14　　　　　　　　　　　筆執孼三寸叔孫映〈手決〉〈手決〉

[재주의 공함 답통]

01　　　節

02 公緘內及時相考施行爲乎所有等以某某奴婢及某某田畓等庫乙某人亦中傳係與否
　　相考記下向事

03 公緘是白有亦 矣邊別得婢石非一所生婢獸生同婢一所生婢靑今二所生婢從今三所
　　生婢從臺四所生奴千石同石非二所生婢熊伊等及金山蘆

04　　浦員田七十二卜三束家翁卒後私備買得內豆爾李字畓三十三卜同字畓七卜外豆爾
　　　李字畓十二卜二束丹字畓二十三卜皇字田二十四卜六束

05　　同字田二十一卜八束同字田三十八卜六束同字田五十卜八束等乙家翁長孫忠義衛
　　　光曙亦中俱證筆成文傳係爲白乎事是良尔相考施行

06　　向敎是事 右味

07　　聞是白乎次

08　　嘉靖十六年七月二十　日

09   故孫仲暾妻崔氏〈圖書〉

[증인, 필집의 초사]

01   丁酉七月二十一日忠順衛權舜卿年四十九忠義衛孫曬年
02   卅七　孫映年卅七
03 節孫光曙戶奴京山所志內乙用良推考白等貞夫人崔氏敎
04 是亦婢石非一所生婢獸生同婢一所生婢靑今二所生婢從今
05 三所生婢從臺四所生奴千石同石非二所生婢熊伊等及金
06 山蘆蒲員田七十二卜三束內豆爾李字畓三十三卜同字畓七卜
07 外豆爾李字畓十二卜二束丹字畓二十三卜皇字田二十四卜六
08 束同字田二十一卜八束皇字田三十八卜六束同字田五十卜八束
09 等乙孫光曙處許給爲去乙權舜卿孫曬等段訂保孫映
10 段筆執以明文成置同着名署的是白乎事是良厼相考施
11 行敎事
12   白〈手決〉
13   白〈手決〉
14   白〈手決〉
15 府尹〈押〉   判官

[입안]

01   嘉靖十六年丁酉七月卅日慶州府立案
02   右立案爲斜給事粘連所志文記及財主貞夫人崔氏處
03 公緘答通是沙余良各人招辭是置有亦文記推納相考爲乎矣成化
04   二年丙戌七月十八日自筆父訂同生生員崔等同着名署成置白文許與內
05   子漢男亦中婢敦之等別給爲臥乎味許與是齊嘉靖二年庚寅九
06   月十一日財主母德山李氏着圖書訂前參奉李筆執前萬戶奉
07   等同着名署成置白文許與內女子月城君妻亦中婢敦之三所生婢石
08 非是如施行爲有臥乎等用良向前婢石非所生婢獸生婢靑今婢從今婢

09 從臺奴千石婢熊伊等及金山蘆浦員田七十二卜三夕及內豆爾員李字畓

10 三十三卜同字畓七卜外豆爾員李字畓十二卜二夕丹字畓二十三卜皇字田二十
四卜

11 六束同字田二十一卜八夕同字田三十八卜六夕同字田五十卜八夕等<u>乙良傳得
爲在光曙</u>

12 <u>亦中斜給爲遣</u>合行立案者

13   已上奴婢六口

14   田畓幷

15 府尹〈押〉   判官

◇ 탈초 저본 전거 : 왕실도서관 장서각 디지털 아카이브(http://yoksa.aks.ac.kr),
문중고문서, 경주 양동 경주손씨 서백당(慶州 良洞 慶州孫氏 書百堂)

10. 이반 처 김씨가 시양자 이용에게 노비, 전답, 가사를 허여한 문기와 사급
  입안

1) 문서 작성 연도 : 1539년(중종 34, 己亥)

2) 증여자 : 이반(李胖) 처 김씨(金氏)

3) 수급자 : 이용(李容) [시양자, 이반의 3촌질]

4) 문서 개요 : 이 점련문서는 1539년(중종 34) 이반 처 김씨가 남편 이반의
노비, 전답, 가사를 이반의 3촌질인 시양자 이용에게 허여한 분재기를 공증받은
문서로, 분재기, 재주 김씨의 공함 답통, 증인의 공함 답통, 증인 및 필집의
초사, 입안의 순으로 점련되어 있다. 분재기 앞에 본래 입안 발급을 청한
소지가 점련되어 있었으나 분리되어 분실된 것으로 보인다. 김씨는 증여의
이유를 다음 두 가지로 설명하였다. 첫째 이반이 후사 없이 일찍 사망하자
제사가 끊길 것을 염려하여 이반의 3촌질인 이용을 어려서부터 양육하여
제사를 잇고자 하였다는 점을 들었다. 둘째 이반이 생전에 받은 노비 24구를
김씨가 생전에 사용하다가 3촌 질자 중 반부(班祔)할 만한 사람을 택하여
후사가 끊어지지 않도록 하고 노비 10구를 전답과 함께 허급(許給)하라는

시어머니의 유서를 들었다. 그리고 나머지 노비도 자신이 구처하지 못하고
사망하면 자신이 깃득한 노비 소생과 함께 합집(合執)하여 부리도록 하였다.
이 문서는 제사를 염두에 둔 시양자의 선정과 재산 증여의 실례를 보여준다.

[분재기]

01 嘉靖十八年己亥正月二十日侍養子李容亦中許與成給爲臥乎事段家翁無後早逝矣
　　身亦寡獨無依絶祀可慮

02 家翁三寸姪是右李容乙少時始叱撫養欲繼綿綿之祀叱分不喩母主遺書內子金山郡
　　守胖亦無子早死絶祀☑如

03 情理痛憐爲乎等用良 其矣生前傳得奴婢貳拾四口其矣妻金氏亦生前使用爲有如可
　　三寸姪子中擇其班祔可當

04 人乙用良俾不絶祀爲遣 向前奴婢幷拾口田畓幷以許給亦遺書遵亦同容亦中奴婢幷
　　拾口家舍田畓幷以 先可許給爲

05 在果他得奴婢乙良置 矣身亦同生及姪子女中未及區處身死爲去等汝矣身亦 矣衿得
　　奴婢所生幷以合執使用爲乎矣上項

06 先給奴婢口數家舍田畓等後錄爲去乎子孫傳持鎮長使用耕食爲旀汝矣身段置子孫
　　中擇付絶祀安徐爲乎事

07 是亦在

08 　　後

09 奴於里同一所生奴金伊年二所生奴貳金三所生婢多毋沙里婢甫今一所生婢麻今婢
　　得今同婢一所生婢鄭粉奴山同奴良妻幷

10 産一所生奴注叱石二所生婢注叱德三所生奴今年生已上拾口

11 瓦家一坐代田五斗落只南山員畓一石落只城前洞畓一石落只☑沙亇田一石落只加
　　峴畓一石落只一直注坪畓一石落只同員畓八斗

12 落只府內麻田四斗落只隮

13	財主奉直郎金山郡守李胖妻金氏〈圖書〉
14	證保忠義衛李〈手決〉〈手決〉
15	證保通訓大夫行淸河縣監李〈手決〉〈手決〉

254

16   筆執承訓郎前行典醫監奉事李〈手決〉〈手決〉

[재주의 공함 답통]

01　公緘節

02　公緘內及時相考　　聞是白乎所有良厼幼學李容處田民傳係與否相考記下向事

03　公緘是白有亦女矣身亦家翁早逝寡婦以無依絶祀可慮家翁三寸姪子李容□…□

04　　奴婢幷十口田畓幷八庫瓦家一坐等乙證筆俱成文傳係爲白乎所的是乎事

05　　嘉靖十八年正月二十二日

06　　　　　　　　　　　　　　　　財主奉直郎金山郡守李胖妻金氏〈圖書〉

[증인의 공함 답통]

01　公緘節

02　公緘內及時相考　　聞是白乎所有良厼幼學李容處田民傳係成文時證保與否相考記下
　　向事

03　公緘是白有亦相考爲乎矣同生兄故金山郡守李胖妻金氏亦侍養子李容亦中奴婢十
　　口瓦家一坐

04　　田畓幷八庫等乙傳係時證保以使內乎所的是乎事

05　　　　　　　　　　　　　　　　　　通訓大夫行淸河縣監李〈手決〉

[증인, 필집의 초사]

01　　己亥正月二十二日

02　　　承訓郎前行典醫監奉事李世側年六十四

03　　　忠義衛李宅年三十六

04　白等故金山郡守李胖妻金氏亦侍養子李

05　容亦中奴婢幷十口瓦家一坐田畓幷八庫

06　等乙傳係時矣徒等亦證筆以使內乎所的

07　只白乎事

08　　　　　　　　　　　白〈手決〉
09　　　　　　　　　　　白〈手決〉
10 行府使〈押〉　　判官

[입안]

01　　嘉靖十八年己亥正月　日立案
02　　右立案爲斜給事連次所志及文記是乎等用良田民傳係眞僞財主及淸河
03　　縣監等處公緘問備他余證筆進來閱實爲置傳來賤籍及衿記推納相考爲
04　　乎矣嘉靖十四年乙未五月二十五日財主故中直大夫刑曹佐郎李洺妻文氏圖書俱證
05　　筆成置子故金山郡守胖妻金氏處田民許給遺書內奴於里同一所生奴
06　　金伊二所生奴二金婢甫今一所生婢麻今婢得今奴山同是如施行文記是在果婢
07　　多勿沙里段奴於里同得後婢鄭今段得今得後婢鄭粉段鄭今得後奴注叱
08　　石婢注叱德今年生奴等段奴山同得後所生是齊丙申年衿記內同戶奴善奇
09　　名字施行爲有臥乎等用良上項田民乙良狀者亦中斜給爲遣合行立案者

10 行府使〈押〉　　　判官

◇ 탈초 저본 전거 :『古文書集成』49, 安東 法興 固城李氏篇, 한국정신문화연구원,
2000, 127~131쪽

11. 김부필과 처 하씨가 수양자 노미에게 노비, 전답, 가사를 허여한 문기와 사급 입안

　1) 문서 작성 연도 : 1567년(선조 즉위년, 丁卯)
　2) 증여자 : 김부필(金富弼), 김부필 처 하씨(河氏)
　3) 수급자 : 노미(老眉) [수양자, 김부필의 3촌질]
　4) 문서 개요 : 이 점련문서는 1567년(선조 즉위년) 김부필과 처 하씨가 부처의
　　　노비, 전답, 가사를 김부필의 3촌질인 수양자 노미에게 허여한 분재기를
　　　공증받은 문서로, 분재기, 재주 하씨의 공함 답통, 재주 김부필의 초사, 증인의

초사, 입안의 순으로 점련되어 있다. 분재기 앞에 본래 입안 발급을 청한 소지가 점련되어 있었으나 분리되어 분실된 것으로 보인다. 김부필 부처는 종사(宗祀)를 공경히 받들고 학문을 게을리하지 말고 가업을 이어가기를 당부하며 부처 양측의 재산을 모두 노미에게 주었다. 이 문서에서는 양육자가 필요한 아이와 자식이 필요한 아이의 백부, 백모 사이에 수양의 관계가 맺어지는 과정이 나타나 있다. 또한 16세기 계후자적 성격이 가미된 수양자의 실례를 확인할 수 있다.

[분재기]

01 □…□三歲前收養子老眉處□□

02 □□□□已久生子望絶承祀無人□□孝之罪難乎免矣加以夙遭險□…□

03 □…□父娶權正郎習之女□□汝母汝母乙卯二月二十七日遽得弄璋是□…□

04 □…□以產疾越七日奄忽捐世呱呱之聲所□…□

05 □…□身□□□□□□□□余等曰汝旣無子此兒之生必是餘□…□

06 □…□此兒之成長乎然天道□□□□知則此兒之成長猶或可冀也□…□

07 □…□子此兒無母而得母恩義之道豈不兩全余等聞敎感愴□…□

08 □…□母上以計繼嗣之重下以顧一身之私其撫育顧復之念何異於己出□…□

09 □…□知余等之爲何如人也貞夫人抱汝問之曰汝父誰也汝母誰也則必頤指□…□

10 □…□其保存曰此天誘其衷也未幾貞夫人□世余痛毒三年僅存視息□…□

11 □…□等爲爺孃而呼汝父爲叔父自少至□無或誤稱則余等愛憐之情曷有□…□

12 □…□就月將學庶幾期於爲儒則余等喜幸之心亦無窮矣汝年已過十□…□

13 □…□立祀堂前月□□□□□神主于新廟吾事畢矣雖死何恨余聞□…□

14 □…□則雖無□券必無□患第以世末俗薄人心巧詐訟起錙銖爭□…□

15 □…□夫婦兩邊衿得家舍田民前所生後所生前買得後買得并以無遺傳□…□

16 □…□爲學繼祖之業則豈但余等一時之喜先祖之靈應感泣□…□

17 □…□學無知聲色遊畋敗壞家業者頗多汝百倍功力勿以爲效惟愛護□…□

18 □…□但余等生時兩邊切親或登名科第或有不得已贈與之事任意處□…□

19 □…□有不肖之人生謀爭望持此文進辨則可折於片言之間如承重家舍奴婢田□…
□

20 □…□及之

21　　　　　　　　自筆財主養父成均生員金富弼〈手決〉〈手決〉

22　　　　　　　　財主養母晋州河氏〈圖書〉

23　　　　　　　　　證異姓四寸弟成均生員琴應夾〈手決〉〈手決〉

24　　　　　　　　　證同姓四寸弟成均生員金富倫〈手決〉〈手決〉

[재주의 공함 답통]

01　　　公緘

02 □…□某事以某人處家舍田民傳係眞僞備細相考

03 □…□緘是白有亦矣等結髮已久生子望絶承祀無人則不孝之罪難乎免矣

04 □□□□險釁　慈父見背及其外除汝父娶權正郞習之女是爲汝母汝母乙卯□…□

05 □…□得弄璋是謂汝也汝將承宗重則豈徒一家私喜抑亦一門之慶而□…□

06 □…□疾越七日奄忽捐世呱呱之聲所不忍聞母氏貞夫人曹氏以襁褓裹汝□

07 親自抱持來余房泣余等曰汝旣無子此兒之生必是餘慶所及而旋遭罔極□

08 變則何能保此兒之成長乎然天道不可謂無知則此兒之成長猶或可冀也汝姑□

09 養終或保生汝等無子而有子此兒無母而得母恩義之道豈不兩全余等聞教感□…□

10 □…□下卽擇婢之有乳者以爲乳母上以計繼嗣之重下以顧一身之私其撫育顧復之
　　□…□

11 □…□己出纔及孩提汝應惟知乳母之爲母不知余等之爲何如人也貞夫人□…□

12 □…□曰汝父誰也汝母誰也則必頤指余等擧家或悲或笑以喜其保存曰□…□

13 □…□未幾貞夫人下世余痛毒三年僅存視息而汝亦保養纔能言汝呼余等□

14 爺孃而呼汝父爲叔父自少至長無或誤稱則余等愛憐之情曷有旣已年旣六七

15 授以文字才不及日就月將學庶幾期於爲儒則余等喜幸之心亦無窮矣汝年

16 □過十歲汝之成長今則可期重創宗家又立祀堂前月十六日移安神主于新廟吾事畢
　　矣

17 □□□□余聞　國法三歲前收養雖路人卽同己子則雖無文券必無後患第以世末俗

18 □□□□□訟起錙銖爭出毫末防微杜漸不可不慮茲以吾夫婦兩邊衿得家

19 □□□前所生後所生前買得後買得幷以無遺傳係爲去乎汝明白一心敬奉□…□

20 □…□懈爲學繼祖之業則豈余等一時之喜先祖之靈應感泣於九泉□…□

258

21 □…□余見世之豪富子孫例爲不學無知聲色遊畋敗壞家業者頗多汝百倍

22 功力勿以爲效惟愛護余奴婢勿使逃散墾闢余田畓勿使汚菜6)但余等生

23 □兩邊切親或登名科第或有不得已贈與之事任意處置爲乎事昆勿

24 □□□死之後或有不肖之人生謀爭望持此文進辨則可折於片言之間

25 □□□家舍奴婢田畓非余所私而汝應得之物故不及之爲臥乎所家翁同議□

26 □成文的只白乎事

27 隆慶元年十二月初六日　　　財主養母成均生員金富弼妻河氏〈圖書〉

[재주의 초사]

01　丁卯十二月初六日縣接生員金富弼年五十二

02　白等養子老眉處家舍田民傳係成文與否推考敎

03　是臥乎在亦矣等結髮已久生子望絶承重無人則不

04　孝之罪難乎免矣加以夙遭險釁慈父見背及其

05　外除汝父娶權正郎習之女是謂汝母汝母乙卯二月二十□□

06　遽得弄璋是謂汝也將承宗重則豈徒一家私喜

07　抑亦一門之慶而權氏以産疾越七日奄忽捐世呱呱之

08　聲所不忍聞母氏貞夫人曺氏以襁褓裹汝身親自抱

09　持來余房泣謂余等曰汝旣無子此兒之生必是□□

10　所及而旋遭罔極之變則何能保此兒之成長乎然□□

11　不可謂無知則此兒之成長猶或可冀也汝姑收養終

12　或保生汝等無子而有子此兒無母而得母恩義之道豈

13　不兩全余等聞敎感愴奉置膝下卽擇婢之有乳者

14　以爲乳母上以計繼嗣之重下以顧一身之私其撫育顧

15　復之念何異於己出爰及孩提汝應惟知乳母之爲

16　母不知余等之爲何如人也貞夫人抱汝問之曰汝父誰也

17　汝母誰也則必頤指余等擧家或悲或笑以喜其保

18　存曰此天誘其衷也未幾貞夫人下世余痛毒

---

6) '菜'는 '萊'의 오기로 판단된다.

19　三年僅存視息而汝亦保養纔能言汝呼余等爲
20　爺孃而呼汝父爲叔父自少至長無或誤稱則余
21　□愛憐之情曷有旣已年旣六七授以文字才不及日
22　就月將學庶幾期於爲儒則余等喜幸之心亦無窮
23　矣汝年已過十歲汝之成長今則可期重創宗家又立
24　祀堂前月十六日移安神主于新廟吾事畢矣雖死何
25　恨余聞　國法三歲前收養雖路人卽同己子則雖無
26　文券必無後患第以世末俗薄人心巧詐訟起錙銖爭
27　出毫末防微杜漸不可不慮茲以吾夫婦兩邊衿得
28　家舍田民前所生後所生前買得後買得并以無遺
29　傳係爲去乎汝明白一心敬奉宗祀不懈爲學繼祖之
30　業則豈但余等一時之喜先祖之靈應感泣於九泉
31　之下矣余見世之豪富子孫例爲不學無知聲色遊畋
32　敗壞家業者頗多汝百倍功力勿以爲效惟愛護余□
33　婢勿使逃散墾闢余田畓勿使汚菜7)但余等生時兩邊
34　切親或登名科第或有不得已贈與之事任意處置
35　爲乎事昆汝勿爲惜余死之後或有不肖之人生謀爭辨
36　則可折於片言之間如承重家舍奴婢田畓非余所私而
37　汝應得之物故不及之爲臥乎所夫妻同議俱訂成
38　文傳係的只白乎事
39　　　　　　　　　　　　　白〈手決〉
40 官〈押〉

[증인의 초사]

01　同日縣接生員琴應夾年四十二
02　　　　生員金富倫年卅七
03　白等生員金富弼所志招辭及河氏公緘據養子

---

7) ‘菜’는 ‘萊’의 오기로 판단된다.

04   老眉處家舍田民傳係成文時參訂與否推考

05   <u>敎是臥乎在亦</u>上項生員金富弼<u>亦 向前</u>老眉<u>乙三</u>

06   歲前保養緣由論理夫婦同議家舍田民傳

07   係時<u>矣徒等亦</u>四寸<u>以</u>參訂成文同着名<u>的只白乎事</u>

08   白〈手決〉

09 官〈押〉   白〈手決〉

[입안]

01   隆慶元年十二月　日立案

02   右立案爲斜給事連次所志文記及公

03   緘財主證筆各人招辭<u>是在如中 向前</u>老

04   眉<u>乙三</u>歲前收養家舍田民傳係成文

05   <u>的只乎等用良</u>斜給<u>爲遣</u>合行立案者

06 行禮安縣監〈押〉

◇ 탈초 저본 전거 : 왕실도서관 장서각 디지털 아카이브(http://yoksa.aks.ac.kr),
문중고문서, 안동 광산김씨 후조당(安東 光山金氏 後彫堂)

　　* 이 점련문서는 김부필 처 하씨의 공함 답통과 김부필의 초사에 분재기의 내용이 그대로
　　전재되어 있어 분재기, 하씨의 공함 답통, 김부필의 초사를 대조하면 이 세 문서의
　　결락된 부분을 대부분 복원할 수 있다. 그러나 이 부록 전체의 탈초 원칙에 따라 결락된
　　부분은 □로 표기하였다. 다만 결락된 글자 수를 파악할 수 있기 때문에 가급적 결락된
　　글자 수 대로 □를 기입하였다. 그리고 문서 위쪽과 아래쪽이 훼손되어 전체 결락된
　　글자 수는 알 수 있지만 행의 첫부분과 끝부분에 각각 몇 글자씩 결락되었는지를 파악할
　　수 없는 경우에는 □…□로 표기하였다.

12. 이언적의 첩 임씨가 수양자 이의윤 등에게 노비와 전답을 허여한 문기

　　1) 문서 작성 연도 : 1595년(선조 28, 乙未)

　　2) 증여자 : 이언적(李彦迪)의 첩 임씨(林氏)

　　3) 수급자 : 이의윤(李宜潤) [수양자, 이언적의 적손(嫡孫)], 이언적의 손자, 손녀

9인

4) 문서 개요 : 이 문서는 1595년(선조 28) 이언적의 첩 임씨가 이언적에게서
   받은 노비와 전답을 수양자인 적손 이의윤과 이언적의 여러 손자, 손녀들에게
   분급한 분재기이다. 이 문서에서는 유일한 혈육인 딸이 사망하여 소생이
   없는 첩이 남편에게 받은 재산을 남편의 혈손에게 분급함으로써 손외여타(孫外
   與他)를 꺼렸던 재산 증여·상속의 관행을 지켰던 모습을 확인할 수 있다.
   또한 첩과 적족(嫡族) 사이의 수양모, 수양자 관계 형성의 면모에 대하여
   파악할 수 있다.

01 萬曆二十三年乙未九月二十三日收養嫡孫李宜潤許
02 與文 右文女自早世濫奉 先□…□於
03 謫所侍 側累年適有女兒謬蒙 恩眷玆得田民喩分之
04 授常懷感激隕涕而已不意凶變天禍斯極奉 橇還
05 鄕頑命尙餘幸被 夫人之化竟賴嫡子之孝子孑孤身依以爲生
06 爲如乎唯我嫡孫遽生於一家苦望之際上自夫人下至卑屬
07 莫不慶而重之者無非爲之宗祀也女亦以是特加鍾愛以至
08 撫育況於中年女兒夭折尤念身後專心收養情理之重一如
09 己出只以女之田民非所自擅而因念嫡子有他子女以是持難則
10 嫡子亦許任意卽欲成文傳給而遷延未果以至亂離之後
11 嫡子損世三霜已過嗟我老病尤無意於世豈不以前日之意
12 屬之於吾嫡孫乎然而他嫡孫□…□憐之情不可忽
13 然視之而嫡孫又以專受爲未安故他嫡孫及諸孫處各給田民如
14 後錄其餘田民乙錄而許之爲去乎婢莫金一所生婢萬金癸亥生
15 年三十三身及柳里員始字田一石落只乙良他孫一樣以衿給
16 爲㫆婢延之二所生奴貴同丁卯生年二十九婢萬金一所生婢香
17 蘭壬午生十四身及錄川員沙字畓十三斗落只乙良於諸孫
18 外別給爲去乎一以助 先君子宗祀之重一以望吾母女兩
19 墓之護爲乎乙事是昆後有爭者以此文告官辨正者
20   諸孫所給後錄

21 進士趙　端前貴同一所生奴貴生乙未生年一印

22 參奉曺以咸前內隱介二所生奴兪生乙未生年一印

23 李京澄前內隱介一所生奴文生庚寅生年六柳里田一石落

24 　只錄川畓十三斗落只印

25 宜渾前延之一所生婢內隱介甲子生年三十二基川田十斗落

26 　只魚見畓十一斗落只印

27 宜潛前凡年一所生婢凡代癸酉生年二十三野頭田五斗落只

28 　魚見畓十一斗落只印

29 縣令李　浚前命今一所生奴凡年甲寅生年四十二同奴二所生奴永

30 　希壬辰生年四野頭田一石落只松下畓八斗落只印

31 李宜溫萬金三所生奴彦祥癸巳生年三島內田三斗落只石

32 　橋畓十斗落只印

33 大召史萬金二所生婢靈梅丙戌生年十野頭田一石落只印

34 次召史野頭田一石落只蓮澤畓三斗落只印

35 　右所給甚似不均而量其情理而然也願諸孫知悉

36 　財主文元公妾林氏〈右掌〉(우장내 기록 : 無圖書用手掌)

37 　　證嫡三寸姪李應期〈手決〉

38 　　集慶殿參奉孫曄

39 　　筆嫡從孫李宜澍〈手決〉

◇ 탈초 저본 전거 : 嶺南大學校 民族文化硏究所編, 『嶺南古文書集成』(Ⅱ), 영남대학교 출판부, 1992, 25~27쪽

참고문헌

1. 사료

1) 법전류

『唐律疏議』, 법제처, 1988(영인본).
『宋刑統』, 薛梅卿 點校, 북경 법률출판사, 1998.
『大明律講解』, 서울대학교 규장각, 2001(영인본).
『大明律直解』, 보경문화사, 1986(영인본).
『經國大典』, 서울대학교 규장각, 1997(영인본).
『經國大典註解』, 東京 : 學習院大學 東洋文化研究所, 1971(영인본).
『大典續錄』, 서울대학교 규장각, 1997(영인본).
『大典後續錄』, 서울대학교 규장각, 1997(영인본).
『受敎輯錄』, 서울대학교 규장각, 1997(영인본).
仁井田陞, 『唐令拾遺』, 東京 : 東京大學出版會, 1964(1933년판의 복간판).

2) 연대기자료

『高麗史』.
『高麗史節要』.
『朝鮮王朝實錄』, 국사편찬위원회, 1955~1958(영인본) ; 국사편찬위원회, 조선왕조
　　　실록 사이트〈http://sillok.history.go.kr〉.

3) 고문서 · 금석문

金龍善, 『高麗墓誌銘集成』 第3版, 한림대학교 출판부, 2001(활자본).
盧明鎬 외, 『韓國古代中世古文書研究』(上), (下), 서울대학교 출판부, 2000(활자,
　　　도판).

서울大學校 附屬圖書館 편, 『서울大學校 所藏 古文書集眞』, 同文社, 1972(영인본).
嶺南大學校 民族文化硏究所編, 『嶺南古文書集成』(Ⅰ), (Ⅱ), 영남대학교 출판부,
　　　　1992(영인본).
李樹健, 『慶北地方古文書集成』, 영남대학교 출판부, 1981(활자본).
鄭求福 외, 『朝鮮前期古文書集成』, 국사편찬위원회, 1997(활자, 영인본).
『光山金氏烏川古文書』, 한국정신문화연구원, 1982(활자, 영인본) ; 왕실도서관 장
　　　　서각 디지털 아카이브〈http://yoksa.aks.ac.kr〉, 문중 고문서, 安東 光山金
　　　　氏 後彫堂.
『古文書集成』 32, 慶州 慶州孫氏篇, 한국정신문화연구원, 1996(영인본) ; 왕실도서
　　　　관 장서각 디지털 아카이브〈http://yoksa.aks.ac.kr〉, 문중 고문서, 慶州
　　　　良洞 慶州孫氏 書百堂.
『古文書集成』 49, 安東 法興 固城李氏篇, 한국정신문화연구원, 2000(영인본) ; 왕실
　　　　도서관 장서각 디지털 아카이브〈http://yoksa.aks.ac.kr〉, 문중 고문서,
　　　　法興 固城李氏文書.
『全北地方의 古文書』(1), 전라북도 전북향토문화연구회, 1993(활자본).
興海 裵氏 고문서 CD(남권희 제공).
국가기록유산 사이트〈http://www.memorykorea.go.kr〉

4) 족보류

宗簿寺, 『璿源錄』, 1681(한국학중앙연구원, MF35-685-690).
『安東權氏世譜』(安東權氏成化譜 1919년 重刊本).
趙從耘 편, 『氏族源流』, 보경문화사, 1991(영인본).
安東權氏大同譜所 편, 『安東權氏大同譜』, 명문사, 1982.
光山金氏良簡公派譜所 편, 『光山金氏良簡公派譜』, 회상사, 1984.
全義禮安李氏大同譜刊行委員會 편, 『全義李氏族譜』, 농경출판사, 1979.
晉州姜氏大同譜編纂委員會 편, 『晉州姜氏大同譜』, 광일사, 1994.
『烏川世稿』, 한국정신문화연구원, 1982.

5) 일기, 문집류

『默齋日記』 上·下, 국사편찬위원회, 1998(활자본).
『眉巖日記草』, 조선총독부, 1936(활자본).
『西厓集』(韓國文集叢刊 52), 민족문화추진회, 1990(영인본).
『松巖集』(韓國文集叢刊 41), 민족문화추진회, 1989(영인본).

金武鎭, 「조선사회의 遺棄兒 收養에 관하여」, 『啓明史學』 4, 1993.

金性叔, 「李朝初期의 祭祀相續法理와 冢婦法」, 『崇田大學校論文集』 15, 사회과학편, 1985.

金容晩, 「朝鮮時代均分相續制에 關한 一研究－그 변화요인의 역사적 성격을 중심으로」, 『大丘史學』 23, 1983.

김윤정, 「朝鮮中期 祭祀承繼와 兄亡弟及의 변화」, 『朝鮮時代史學報』 20, 2002.

金一美, 「朝鮮의 婚俗變遷과 그 社會的 性格－李朝前期를 中心으로」, 『梨花史學研究』 4, 1969.

김현영, 「호남지방 고문서를 통해 본 조선시대의 가족과 친족」, 『호남지방 고문서 기초연구』, 한국정신문화연구원, 1999.

文叔子, 「朝鮮前期 無子女亡妻財産의 相續을 둘러싼 訴訟事例」, 『古文書研究』 5, 1994.

문옥표, 「분재기를 통해 본 여성 재산상속권의 변화」, 『조선양반의 생활세계－義城 金氏 川前派 고문서 자료를 중심으로』, 백산서당, 2004.

박 경, 「조선전기 妻妾秩序 확립에 대한 고찰」, 『梨花史學研究』 27, 2000.

박 경, 「조선 전기 收養·侍養 자녀의 입양 형태－16세기 分財記에 나타난 입양 형태의 변화를 중심으로－」, 『古文書研究』 27, 2005.

박 경, 「15세기 立後法의 운용과 繼後立案」, 『역사와 현실』 59, 2006.

박 경, 「15세기 王子女·權勢家子女 입양의 성격」, 『朝鮮時代史學報』 38, 2006.

朴秉濠, 「우리나라率婿婚俗에 由來하는 親族과 禁婚範圍－母族·妻族을 中心으로－」, 『法學』 4-2, 1962.

朴秉濠, 「異姓繼後의 實證的 研究」, 『法學』 14-1, 1973.

박연호, 「조선전기 士大夫禮의 변화양상－「家禮」와 宗子法을 중심으로」, 『청계사학』 7, 1990.

朴賢淳, 「16세기 士大夫家의 親族 秩序－李滉 집안을 중심으로－」, 『韓國史研究』 107, 1999.

宋俊浩, 「韓國에 있어서의 家系記錄의 歷史와 그 解釋」, 『歷史學報』 87, 1980.

안승준, 「異姓養子의 繼後와 分財」, 『문헌과해석』 12, 2000.

연세대학교 국학연구원 편, 「해제」, 『經濟六典輯錄』, 신서원, 1993.

오영선, 「조선초기 家系記錄에 대한 일고찰」, 『典農史論』 7, 2001.

이배용, 「유교적 전통과 변형속의 가족윤리와 여성의 지위」, 『여성학논집』 12, 1995.

李丙洙, 「우리 나라의 異姓不養考」, 『法史學研究』 6, 1981.

李樹健, 「朝鮮前期의 社會變動과 相續制度」, 『歷史學報』 129, 1992.

李樹健, 「朝鮮前期 姓貫體系와 족보의 編纂體制」, 『水邨 朴永錫敎授華甲紀念 韓國
        史學論叢』上, 1992.
李樹健, 「朝鮮後期 姓貫意識과 編譜體制의 변화」, 『九谷 黃鍾東敎授 停年紀念
        史學論叢』, 1994.
李舜九, 「朝鮮初期 朱子學의 普及과 女性의 社會的 地位」, 『清溪史學』 3, 1986.
李舜九, 「朝鮮中期 冢婦權과 立後의 강화」, 『古文書研究』 9·10합집, 1996.
李鍾書, 「'전통적' 계모관(繼母觀)의 형성과정과 그 의미」, 『역사와 현실』 51, 2004.
李海濬, 「朝鮮後期 門中活動의 社會史的 背景」, 『東洋學』 23, 1993.
李海濬, 「조선후기 '문중화' 경향과 친족 조직의 변질」, 『역사와 현실』 48, 2003.
장병인, 「조선중기 혼인제의 실상-반친영(半親迎)의 실체와 그 수용여부를 중심으
        로-」, 『역사와 현실』 58, 2005.
전경목, 「分財記에 나타난 조선시대 生活 風俗의 변화」, 『대동사학』 1, 2002.
전경목, 「分財記를 통해서 본 分財와 奉祀 慣行의 변천-부안김씨 고문서를 중심으
        로」, 『古文書研究』 22, 2003.
정구복, 「부안김씨 가문의 생활모습-부안김씨 김석필가문의 삶을 중심으로」, 『호남
        지방 고문서 기초연구』, 한국정신문화연구원, 1999.
鄭肯植, 「16세기 奉祀財産의 實態」, 『고문서연구』 9·10, 1996.
鄭肯植, 「朝鮮中期 祭祀承繼의 實態-安東 周村 眞城李氏 家門의 예」, 『朝鮮의
        政治와 社會』, 집문당, 2002.
鄭肯植, 「전기 자료에 나타난 16세기 양자의 특징 : 『사마방목(司馬榜目)』의 분석」,
        『國際地域研究』 12-4, 2003.
鄭肯植, 「16세기 財産相續과 祭祀承繼의 실태」, 『古文書研究』 24, 2004.
鄭震英, 「조선후기 동성마을의 형성과 사회적 기능-영남지역의 한 두 班村을
        중심으로」, 『韓國史論』 21, 국사편찬위원회, 1991.
朱雄英, 「家廟의 設立背景과 그 機能-麗末鮮初의 社會變化를 중심으로-」, 『歷史
        敎育論集』 7, 1985.
池斗煥, 「朝鮮前期 宗法制度 理解過程」, 『泰東古典研究』 창간호, 1984.
崔在錫, 「朝鮮時代의 相續制에 關한 一研究-分財記 分析에 依한 接近」, 『歷史學報』
        53·54합집, 1972.
崔在錫, 「朝鮮時代 族譜와 同族組織」, 『歷史學報』 81, 1979.
崔在錫, 「朝鮮時代의 養子制와 親族組織 上·下」, 『歷史學報』 86·87, 1980.
崔在錫, 「高麗時代의 親族組織」, 『歷史學報』 94·95합집, 1982.
韓基範, 「17世紀 庶孽의 宗法的 地位-『禮問答書』의 分析을 중심으로-」, 『國史館
        論叢』 81, 1998.

服部民夫,「朝鮮時代後期의 養子收養에 관한 研究－東萊鄭氏派譜의 分析－」,『한
　　국학보』11, 1978.

4. 기타

법제처 국가법령정보센터(http://www.law.go.kr)

찾아보기

ㄱ

가계계승 127, 139, 143, 153, 201, 203,
    210, 220
가계계승 관념 37, 89, 90
가계계승자 197, 198, 213
가묘(家廟) 44, 104, 145, 170, 181, 210
가묘제(家廟祭) 198, 213
가족의 화합과 안정 87
『갑오대전』 152
강복(降服) 64, 142, 147, 163, 164, 166
건직(乾直) 120, 125
걸양(乞養) 62
『경국대전(經國大典)』 27, 46, 50, 51, 77,
    148, 149, 151, 152, 153, 163, 164,
    165, 166, 184, 210
『경국대전』 봉사조(奉祀條) 171
『경국대전』 입후조(立後條) 147, 157, 159,
    160, 161, 170, 171, 173, 174, 176,
    200, 202
『경국대전주해(經國大典註解)』 51
경순공주(慶順公主) 167
『경제육전(經濟六典)』 48
경제적 이득 86, 88
경혜공주(敬惠公主) 100
계모(繼母) 145
계목(啓目) 156, 157, 173
계통 37, 70, 71, 76, 83, 84, 89, 102, 139,
    178, 199, 206, 215
계후(繼後) 78
계후공문(繼後公文) 200
계후입안(繼後立案) 27, 154, 156, 157, 161,
    162, 167, 181, 204, 211
계후자(繼後子) 36, 104, 143, 159, 162,
    163, 164, 165, 166, 167, 168, 170,
    172, 175, 177, 181, 182, 184, 185,
    188, 198, 199, 209, 217, 218
계후자(繼後子)의 지위 147
『고려사(高麗史)』 27, 29, 31, 32
『고려사절요(高麗史節要)』 39
『고려사』 형법지(刑法志) 30
공녕군(恭寧君) 123
공순공(恭順公) 방번(芳蕃) 150, 167, 211
공신 170
공신전(功臣田) 166
공음전시(功蔭田柴) 34
공함(公緘) 157
공함 답통(公緘答通) 157, 159, 161
공혜왕후 한씨(恭惠王后韓氏) 130, 134
과방(過房) 62
과전(科田) 166
『관습조사보고서(慣習調査報告書)』 17
관직자 귀근법(歸覲法) 142
광평대군(廣平大君) 여(璵) 150, 167, 211
『국조방목(國朝榜目)』 36, 199

『국조인물고(國朝人物考)』 188
궁녀 86, 133
권도(權蹈) 129, 133
권문(權門) 39
권세가 33, 39, 40, 128, 131, 133, 135,
    137, 142, 208
권세가 자녀 118, 128, 137
권세가 자손 139
권재(權載) 38
권주(權柱) 68, 73, 101, 186, 190, 192,
    195
권총(權聰) 50, 129
권통(權通) 68, 73, 101, 186
권통(權通) 처 전씨(全氏) 101, 186, 190,
    192, 195
권학절목(勸學節目) 140
권행가(權行可) 191, 192, 196
권호문(權好文) 200, 203
권호문(權好文) 처 유씨(妻柳氏) 191, 192,
    196
귀생(貴生) 107
귀인 권씨(貴人權氏) 70
균분(均分) 상속 145
근친(覲親) 102
금성대군(錦城大君) 유(瑜) 85, 107, 110,
    111, 112, 151, 167, 211
기년(期年) 57
기년복(期年服) 163, 198
기일제(忌日祭) 213
김간(金澗) 처 김씨(金氏) 70, 75, 182, 183,
    190, 192, 193
김감(金勘) 121, 127
김녹숭(金祿崇) 34
김덕생(金德生) 168, 170, 180, 212
김륜(金崙) 85, 92, 115, 117
김부필(金富弼) 192, 196
김부필 부처(夫妻) 98, 99, 198

김부필(金富弼) 처 하씨(妻河氏) 191, 192,
    196
김사원(金士元) 39
김사원의 유서 77
김수녕(金壽寧) 130, 134, 135
김심(金諶) 68, 187
김안세(金安世) 68, 187
김연(金緣) 190, 192, 195
김유(金維) 191
김응기(金應箕) 187
김자지(金自知) 48, 55
김전(金詮) 68, 73, 187, 188
김제신(金悌臣) 68, 73, 187, 188
김종직(金宗直) 처 문씨(文氏) 80, 194
김준(金俊) 38
김해(金垓) 98, 99, 191
김회(金淮) 158, 161
김회(金淮) 처 노씨(盧氏) 157, 158, 160
김효로(金孝盧) 152, 154, 156, 157, 159,
    164, 182
김효원(金孝源) 처 오씨(吳氏) 82, 190, 192,
    195, 197
김효지(金孝之) 67, 157, 158, 161, 164,
    183, 193
김효지(金孝之) 처 황씨(黃氏) 70, 75, 157,
    158, 159, 164, 182, 184, 190, 192,
    193
김희(金希) 68

ㄴ

남은(南誾) 부처(夫妻)의 유서 78
남조원(南調元) 172
낭성군(琅城君) 한보(韓堡) 103
내금위 140
노미(老眉) 191, 192, 196, 198
노비 소송 135
노산군(魯山君) 187

272

노회신(盧懷愼) 120, 125

ㄷ

담정(湛淨) 130, 134, 135
답통(答通) 157
당령(唐令) 30
『당률소의(唐律疏議)』 29
『대명률』 118
『대명률직해(大明律直解)』 41, 50, 60, 118
『대전후속록(大典後續錄)』 165
동종(同宗) 30, 32, 41, 78, 146, 147, 159, 161
동종지자(同宗支子) 32, 147, 150, 153, 159, 170, 173
득후소생(得後所生) 186
딸 169, 180, 212

ㅁ

명주(明珠) 67, 75, 182, 190, 192
모계(母系) 18, 33, 37, 89, 149
묘 관리 180
묘제(墓祭) 94, 104, 213
묘지명(墓誌銘) 28, 36, 37
무사(無嗣) 101
무안군(撫安君) 151
『미암일기(眉巖日記)』 200
민설(閔渫) 처 강씨(姜氏) 101
민오(閔悟) 처 한씨(韓氏) 121, 124

ㅂ

박승약(朴承爚) 119
방여권(方輿權) 120
방응성(房應星) 처 소씨 192, 196
배묘(拜墓) 102, 103, 104, 187
배원룡(裴元龍) 39
배지눌(裴止訥) 130, 134
100일복 56

법외입후(法外立後) 170, 171, 175, 212, 218, 219
별사전(別賜田) 166
병조 140, 155
복상 208
복상(服喪) 규정 33, 54, 92, 102, 142, 163, 206, 211
복제(服制) 33, 55, 162, 163, 198
본족(本族) 77, 78, 81, 83, 145, 184, 185
본종(本宗) 163, 164, 211
봉사 26, 35, 36, 117, 138, 143, 145, 184, 187, 195, 196, 199, 205, 208, 215, 220
봉사 관행 27, 180, 181, 215
봉사권 204
봉사위(奉祀位) 80, 185
봉사조(奉祀條) 166
봉양 26, 35, 36, 95, 100, 102, 103, 117, 138, 205, 208, 215
부가(富家) 84
부계(父系) 18, 33, 37, 89, 149
부계(父系)중심 가족질서 25, 220
부모 3년상 55, 58
부부(夫婦)관계 43
부자(父子)관계 43
부측(夫側) 동성 친족 150, 153
분재기(分財記) 28, 77, 116, 189, 195, 213
분할봉사(分割奉祀) 94

ㅅ

『사마방목(司馬榜目)』 199
4촌 손자 151, 159
사헌부 132, 154
사헌부 입안 154
삼가(三嫁) 81
3세전 32, 46, 48
3세전 수양 49, 56, 93, 164

상례 103

상사(喪事) 36, 102, 104, 139, 186, 188,
    197, 208

상속 관행 27, 76, 84, 90, 139, 178, 181,
    188, 206, 220

상속 규정 145, 211

상속법 164

상속 분쟁 133

서미성(徐彌性)의 딸 101

성균관 140, 143

성녕대군(誠寧大君) 151

성비(誠妃) 원씨(元氏) 107, 109, 112

성종/자을산군(者乙山君) 혈(娎) 106, 107,
    114, 119, 128

세가(勢家) 84

세자 장(暲) 113

세자 황(晄) 107

세조/수양대군(首陽大君) 107, 112, 114,
    120, 208

세종/충녕대군(忠寧大君) 107, 110, 120,
    208, 211

소도공(昭悼公) 방석(芳碩) 150, 167, 211

소목(昭穆) 30, 37, 41, 167, 170

소분(掃墳) 186

소종래(所從來) 192

소지(所志) 156, 157, 159, 161, 200, 211

소후부모(所後父母) 217

소훈(昭訓) 권씨(權氏) 105, 107, 114

소훈(昭訓) 윤씨(尹氏) 107, 114

손광서(孫光曙) 191, 192, 194

손외(孫外) 33, 52, 76, 78, 89, 90, 105,
    139, 163, 165, 178, 199, 206, 212

손외여타(孫外與他) 77

손외여타(孫外與他) 금지 관행 145, 179,
    215, 217

손자 항렬 151, 159, 210

손중돈(孫仲暾) 194

손중돈(孫仲暾) 처 최씨(崔氏) 191, 192,
    194

송면(宋勉) 67, 74, 75, 80, 81

송면(宋勉) 처 신씨(申氏) 74, 80, 81

송반(宋盤) 67, 74, 75, 80, 81

송처관(宋處寬) 56

『수교집록(受敎輯錄)』 173

수빈(粹嬪) 한씨(韓氏) 107, 113, 114

수양 16, 206

수양부모 3년상 56, 57

『수양시양등록(收養侍養謄錄)』 19, 21

수양, 시양의 개념 62

숙정옹주(淑貞翁主) 85, 86, 120, 126

승니(尼僧) 장씨(張氏) 100

승려 87

승전환자(承傳宦者) 86

승중(承重) 164, 201

승중권 204

승중의자(承重義子) 81

승중자(承重子) 145

승중조(承重條) 184

승중첩자(承重妾子) 81

시마복(緦麻服) 57

시양 16, 206

시양부모 복상 규정 58

신개(申槩) 169

신녕옹주(信寧翁主) 123, 126

신덕왕후(神德王后) 168

『신묘대전(辛卯大典)』 57

신분 142

신빈(愼嬪) 김씨(金氏) 108

신용계(申用啓) 처 김씨(金氏) 80, 191, 192,
    194

신윤관(申允寬) 149, 153

신의군 129, 133

신자근(申自謹) 149, 152

신효창(申孝昌) 123, 151

심상(心喪) 3년　57, 163, 198

ㅇ

안노생(安魯生)　84
안맹담(安孟聃)　129, 133
안순왕후(安順王后) 한씨(韓氏)　69, 83, 130
양육　26, 94, 95, 101, 108, 138
양자사거조(養子捨去條)　29
양첩자녀(良妾子女)　47, 52, 53, 54, 165
얼자　203
여진인　88
역가　203
연산군(燕山君)　187
열산정(列山正)　151
염흥방(廉興邦)　39
영수(靈壽)　121, 123
영응대군(永膺大君)　100, 108, 120, 122,
　　　124, 125
영응대군의 처 송씨　125
예조　140, 149, 154, 156, 161, 168, 173,
　　　176, 201, 217
예조 계목　160, 161
예조 입안　156
오복조(五服條)　147
오정(吳靖) 처 성씨(成氏)　69, 83, 130
오제(吳儕) 처 신씨(申氏)　129, 133
오천정(烏川正) 사종(嗣宗)　121, 122
옥매(玉梅)　85, 92, 115, 117
왕손　105, 106, 114, 118, 208
왕자　105, 106, 114, 118, 208
왕자녀　118, 121, 125, 127, 131, 139, 208
왜인(倭人)　88
외손　34, 36, 169, 180, 181, 212
원재주(原財主)　76, 89, 178
월산군(月山君) 정(婷)　107
유교적 가계계승체제　167
유기소아(遺棄小兒)　29, 31, 32, 40, 41,

　　46, 50
유언강(庾彦剛)　85, 86, 120, 122, 126
유한(柳漢)　120, 122
유한(柳漢) 처 박씨(朴氏)　122
유희춘(柳希春)　200
윤회봉사(輪回奉祀)　94
『을사대전(乙巳大典)』　57, 147, 152, 153
음직(蔭職)　34
의경세자　113
의경왕(懿敬王)　113
『의례(儀禮)』　150
의빈(懿嬪) 권씨(權氏)　85, 107, 110, 111,
　　　112
의자(義子)　81, 145
의자녀(義子女)　194
의정부　149, 164, 166, 169
의지(懿旨)　112
의창군(義昌君)　120, 124
의친(議親)　170
이공수(李公遂)　35
이권　208
이맹균(李孟均)　166
이보기(李保基)　166
이봉남(李鳳男)　200
이사종　123
이성(異姓)　29, 30, 31, 147
이순몽(李順蒙)　100, 120, 122
이순몽(李順蒙) 처 구씨(具氏)　122
이언적(李彦迪)의 첩 임씨(林氏)　116, 117
이여(李畬)의 처 이씨(李氏)　200
이우양(李遇陽) 부처의 유서　79
이윤(李閏)　167
이응남(李鷹男)　200
이의윤(李宜潤)　116, 117
이적(李績)　35
이전인(李全仁)　116
이촌(李村)　129, 133

이홍직(李興直) 69, 74
인수대비(仁粹大妃) 130
인수왕대비(仁粹王大妃) 113
인수왕비(仁粹王妃) 112, 135, 136
임영대군(臨瀛大君) 구(璆) 107, 108, 110
임을재(林乙材) 처 박씨(朴氏) 100
입안(立案) 154, 164, 211
입양의 주체 72, 89
입적자위법조(立嫡子違法條) 41
입후(立後) 16, 26, 27, 104, 146, 147, 152,
      156, 157, 159, 160, 162, 168, 169,
      174, 177, 179, 180, 199, 202, 210,
      213, 217, 219
입후 대상 146, 147, 148, 159
입후된 자의 지위 146
입후법 16, 25, 27, 63, 146, 148, 149, 150,
      161, 162, 163, 164, 166, 167, 168,
      170, 174, 176, 177, 181, 209, 210,
      216, 217, 218
입후 절차 146, 148, 153, 156
입후조 214
입후 조건 148, 159

ㅈ
자최(齊衰) 3년 57, 142
자최(齊衰) 3년복 64
장미(薔薇) 129, 133
장예원 132
장자(長子) 150, 171, 173, 219
재가(再嫁) 80
재물 209, 216
재산상속 규정 46
재산상속권 204
재산 증여·상속 139, 143
재주(財主) 78, 178
적녀(嫡女) 166
적모(嫡母) 53, 145

적손(嫡孫) 105, 208
적자녀(嫡子女) 46, 52
적자승중자(嫡子承重子) 164, 165, 166,
      181, 211, 213, 217
적장자(嫡長子) 171, 173
적족(嫡族) 116, 117, 118, 208
전모(前母) 145
전여생(全與生) 120, 124
정미수(鄭眉壽) 121, 122, 123, 127
정빈(貞嬪) 113
정의공주(貞懿公主) 120, 122
정의궁주(貞懿宮主) 111
정체성 116, 117, 208
정치적 결속 86
정효전(鄭孝全) 126
정흠지(鄭欽之) 58
정희왕후(貞熹王后) 112, 136
제사 104, 181, 208
조말생(趙末生) 129, 133
조상의 유서 52, 163
『조선왕조실록(朝鮮王朝實錄)』 27
조아(趙雅)의 딸 74, 75, 80
조유례(趙由禮) 100
족녀(族女) 35, 36
족보 36
족손(族孫) 146, 148, 150
존비(尊卑)의 명분 93
존속(尊屬) 147, 159
종가(宗家) 197, 198
종법적 가계계승 87, 90, 94, 99, 180, 187,
      207, 213
종법적 가계계승자 53, 63, 104, 214
종자(宗子) 173
주사위(主祀位) 183, 184
주사조(主祀條) 164
『주자가례』 45
중종반정 27, 127, 128, 138, 170, 175,

276

212, 219

즉동기자(卽同己子) 53

지자(支子) 146, 148, 150, 153, 159, 161, 170, 210

_ㅊ

참최(斬衰) 3년 142

참최(斬衰) 3년복 64

창녕대군(昌寧大君) 121, 123, 127

천인(賤人) 57

천첩(賤妾) 105

천첩자(賤妾子) 149

천첩자녀(賤妾子女) 47, 52, 165

첩 105, 116, 117, 118, 208

첩자(妾子) 81, 145, 149, 153, 171, 172, 201, 202, 212, 214

첩자녀(妾子女) 46, 52, 53

첩자 승중(妾子承重) 214

청원군 심종(靑原君沈淙) 120

최일(崔一) 129

추천(追薦) 197

출세 208

출후(出後) 152, 156, 157, 160

친족관계 27, 76, 83, 90, 139, 178, 181, 188, 206, 215, 220

_ㅌ

타인(他人) 26, 38, 42, 77, 78, 79, 81, 83, 84, 85, 89, 90, 91, 103, 105, 119, 128, 133, 137, 145, 150, 162, 178, 199, 205, 206, 207, 216

태종 99, 127

_ㅍ

파계(罷繼) 172

평균분급(平均分給) 197

풍천위 124

피병(避病) 86, 97, 99, 100

피액(避厄) 97, 99

_ㅎ

하연(河演) 169

한남군(漢南君) 120, 125

한명회 135, 136

한보(韓堡) 130, 134

한성부 132

항렬 70, 71, 89, 206

해양대군(海陽大君) 황(晄) 113

행상(行喪) 94, 102, 208

허계지(許繼智) 130, 134, 135, 136

허만석(許晩石) 처 권씨(權氏) 69, 82

허모지리(許毛知里)〈허모지이(許毛知伊)〉 82

허반(許磐) 70, 106

허안석(許安石) 처 이씨(李氏) 69, 74,82

현숙공주(顯肅公主) 121, 124

혈연 139, 178, 199, 206, 215

혈연관계 37, 76, 78, 83, 89, 179, 180, 215

혈연의식 27

형제 147, 159

형조 132

호조 166

환관 86, 87, 133

환자(宦者) 87

황보영(黃甫穎) 34

황정직 191, 192, 196

황희(黃喜) 55

효 142

효도 101, 117, 208

효령대군(孝寧大君) 120, 125

효양(孝養) 102, 186

흥안군(興安君) 이제(李濟) 167